Collection *Questions de société*
dirigée par Laurent Mucchielli

Ouvrage publié avec l'aide de CRESPPA-GTM-CNRS, CEIC/IKI,
Université Paris Ouest Nanterre La Défense

 La maison d'édition reçoit le soutien
de la Région Languedoc-Roussillon

Photos 1ʳᵉ de couverture : coll. personnelle Sabine Fortino, 2006 (à gauche), site
http://www.lalsace.fr (à droite)

© **Champ social éditions**, 2012
34 bis, rue Clérisseau – 30 000 Nîmes
contact@champsocial.com
www.champsocial.com

Diffusion/distribution Pollen
ISBN : 978-2-35371-278-6

Crise sociale et précarité

Travail, modes de vie et résistances en France et en Espagne

sous la direction de

Sabine Fortino
Benjamin Tejerina
Beatriz Cavia
José Calderón

SOMMAIRE

Ont contribué à cet ouvrage :

Luis Enrique ALONSO est sociologue et économiste, Professeur Catedratico à l'Université Autonome de Madrid.

Lorenzo CACHÓN est sociologue, Professeur Catedratico à l'Université Complutense de Madrid.

José CALDERÓN est sociologue, maître de conférences à l'Université de Lille1, membre du laboratoire Clersé-CNRS (Lille).

Juan-Jose CASTILLO est sociologue, Professeur Catedratico à l'Université Complutense de Madrid, directeur du laboratoire Charles Babbage (Madrid).

Beatriz CAVIA est sociologue, enseignante au département de Sociologie-2 de l'Université du Pays Basque, membre du Centre d'Études sur les Identités Collectives (CEIC-IKI), Bilbao.

Yves CLOT est psychologue du travail, Professeur titulaire de la Chaire de psychologie du travail du CNAM (Paris).

COLLECTIF ASPLAN est un groupe de jeunes chercheurs composé de Pierre BARRON (sociologue, Université Paris VIII, Paris), Anne BORY (sociologue, maître de conférences à l'Université de Lille1, CLERSE-CNRS, Lille), Sébastien CHAUVIN (sociologue, Université d'Amsterdam), Nicolas JOUNIN (sociologue, Université Paris VIII, CRESPPA-CSU-CNRS, Paris), et Lucie TOURETTE (journaliste).

Eduardo CRESPO est psychosociologue, Professeur à l'Université Complutense de Madrid.

Sabine FORTINO est sociologue, Maître de conférences à l'Université Paris Ouest Nanterre La Défense, membre du laboratoire CRESPPA-GTM-CNRS (Paris).

Danièle LINHART est sociologue, Directrice de recherche au CNRS, membre du laboratoire CRESPPA-GTM-CNRS (Paris)

Pablo LÓPEZ CALLE est sociologue, professeur à l'Université Complutense de Madrid, membre du laboratoire Charles Babbage (Madrid).

- 7

María MARTÍNEZ est sociologue, membre du Centre d'Etudes sur les Identités Collectives (CEIC-IKI), Bilbao.

Pascale MOLINIER est psychologue du travail, Professeur à l'Université de Paris XIII (Paris).

María PAZ MARTÍN, est chercheuse à l'Université Complutense de Madrid.

Ramón RAMOS TORRE est sociologue, Professeur Catedratico à l'Université Complutense de Madrid.

Andrés SEGUEL est anthropologue, chercheur à l'Université Autonome de Barcelone et au Centre d'Etudes sur les Identités Collectives (CEIC-IKI), Bilbao.

Amparo SERRANO est psychosociologue, Professeur Titulaire à l'Université Complutense de Madrid, membre du laboratoire EGECO (Empleo, Género y cohesión social), UCM-Madrid.

Benjamín TEJERINA est sociologue, Professeur Catedratico de l'Université du Pays Basque, directeur du Centre d'Etudes sur les Identités Collectives (CEIC-IKI), Bilbao.

Teresa TORN est sociologue, Professeur titulaire à l'Université Autonome de Barcelone, membre du laboratoire QUIT (Centre d'Estudis Sociologics sobre la Vida Quotidiana i el treball) de l'UAB-Barcelone.

Introduction

Sabine Fortino, Benjamin Tejerina,
Beatriz Cavia et José Calderón

Dans les sociétés contemporaines, le mécontentement vis-à-vis des différentes formes de précarité qui ont affecté de nombreux domaines du social semble s'étendre. Récemment, on a assisté à une augmentation significative des mobilisations sociales et des formes nouvelles d'action collective tant en Europe que dans les pays d'Afrique du Nord. Les mobilisations et occupations de places publiques en Tunisie, en Egypte, en Libye, au Maroc, au Yémen ou encore en Syrie ont fait émerger la notion de « Printemps arabe ». En Europe, les deux années qui se sont écoulées ont été particulièrement chargées en luttes sociales contre la crise et la précarité. Que l'on songe à la mobilisation française contre la réforme des retraites en 2010, aux actions et aux grèves en Grèce contre les mesures économiques prises en réponse à la crise de la dette publique, aux manifestations des étudiants britanniques contre l'augmentation des frais d'inscription universitaires (2011) ou encore au « Movimiento del 15M » (Mouvement du 15 mai 2011) en Espagne qui a mobilisé des centaines de milliers de personnes et s'est fait connaître comme un mouvement motivé par « l'indignation »… Indignation devant l'absence de consultation populaire au sujet des mesures économiques et sociales particulièrement douloureuses pour les salariés espagnols ; indignation devant le peu de cas que les gouvernements de ce pays semblent faire d'une jeunesse laissée à la marge du marché du l'emploi…

Nous ne nous risquerons pas à affirmer que ces luttes sociales ont une origine similaire ayant favorisé leur apparition sur la scène publique, car chaque société est dotée de particularités sociales, culturelles, politiques et économiques qui lui sont propres. Mais il convient, selon nous, de retenir que tous ces mouvements sociaux ont exprimé un vaste mécontentement face aux perspectives socioprofessionnelles limitées qui s'offrent désormais aux jeunes (notamment les classes moyennes éduquées), un rejet des modes traditionnels de l'action politique et syndicale, une condamnation explicite des réponses sociales et juridiques à la crise financière privilégiées en Europe… Ils sont aussi le témoignage d'une résistance de plus en plus forte à l'encontre des processus de précarisation qui, de manière souvent silencieuse et insidieuse, se sont déployés au cours des dernières décennies et qui constituent le cœur même de la réflexion avancée dans cet ouvrage. Ce livre se propose, en effet, d'explorer les différentes facettes de la précarisation sociale, dans un contexte de transformation touchant à la fois le modèle économique, les mécanismes de solidarité sociale et les modalités prises par les actions collectives tentant de s'y opposer. Si un intérêt particulier est porté à l'étude des transformations du rapport au travail et des pratiques du travail des précaires, à l'analyse des marchés de l'emploi, notre regard sur la précarité va au-delà de la seule sphère socio-économique. La question du rapport aux enjeux temporels, aux modèles de consommation, à la culture et aux identités est également développée car ce sont toutes ces dimensions du social et du privé que la précarité impacte désormais, dans un contexte où le fait d'avoir un emploi n'est pas nécessairement synonyme d'intégration sociale. Les processus de disciplinarisation et d'individualisation des individus ne sont pas oubliés, pas plus que les résistances et les luttes par lesquelles certains groupes essaient de recomposer des *vies normalisées* plutôt que subir des *vies précarisées*. Une autre singularité de cet ouvrage est d'offrir des regards croisés entre la France et l'Espagne, deux pays frontaliers constituant des modèles sociétaux qui, à bien des égards, se ressemblent et s'opposent tout à la fois. C'est par le nécessaire exercice de la comparaison internationale que nous démarrons cet ouvrage avant de convier le lecteur à une exploration des travaux scientifiques conduits par les contributeurs. trices français et espagnols de ce livre.

1) LES RAPPORTS ENTRE CRISE DE L'EMPLOI ET PRÉCARITÉ SOCIO-ÉCONOMIQUE DES DEUX CÔTÉS DES PYRÉNÉES

La précarité, côté espagnol : une détérioration sans précédant du marché du travail depuis 2007

Selon des données de *l'Instituto Nacional de Estadística* (INE), le taux de chômage en Espagne est passé de plus de 20 % au début des années 1990 à 8 % en 2007 (soit, juste avant l'éclatement de la crise actuelle). Cette croissance soutenue, qui a duré 14 ans, avait même conduit à parler de « miracle espagnol ». Le déclenchement de la récession économique fin 2007 a fait croître le taux de chômage jusqu'à 20,3 % au dernier trimestre 2010, ce qui correspond à une progression de 12 points dont tout porte à croire qu'elle n'a pas encore atteint son maximum. En trois ans et demi, le nombre de chômeurs est passé d'1,7 millions à 4,7 millions. Or, 46 % d'entre eux cherchent du travail depuis plus d'un an. Si l'on met de côté la crise du début des années 1980, jamais une telle disparition d'emplois n'avait été constatée en Espagne, sachant que ces dernières années, la population active occupée est passée de 20,3 millions au 2ᵉ trimestre 2007 à 18,4 millions au 4ᵉ trimestre 2010. Près de 2 millions d'emplois ont été perdus depuis le début de la crise.

Les répercussions de cette brusque destruction d'emplois diffèrent selon les catégories de la population et la situation géographique mais on peut affirmer que les jeunes sont les premiers à en être victimes. En 2007, pour une population active occupée de 20 millions de personnes, 8 millions de jeunes entre 16 et 34 ans travaillaient ; en 2010, les jeunes ayant un emploi ne sont plus que 6 millions (pour une population occupée de 18,4 millions). Deux millions d'emplois occupés par des jeunes ont été détruits. Si l'on dénombrait un peu moins d'un million de chômeurs de moins de 34 ans en 2007 (0,9), le chiffre est passé à 2,2 millions en 2010. Dit autrement : sur les 4,6 millions de chômeurs espagnols recensés aujourd'hui, les personnes âgées de moins de 34 ans en représentent 48,5 % et l'on sait désormais que près de 90 % des personnes ayant perdu leur emploi ont moins de 35 ans.

De fait, plus la population est jeune et plus le manque d'emplois se fait sentir. Si le taux de chômage des 25-34 ans se situe autour de la moyenne nationale, celui des 20-24 ans est deux fois supérieur, celui des 16-19 ans, trois fois supérieur. En d'autres termes, les conditions d'accès au marché du travail sont de plus en plus dures, et les plus jeunes en sont exclus. En effet, si l'on note un taux de chômage de 27,5 % chez les jeunes de 16 à 34 ans, il grimpe à 38,4% pour les 20-24 ans et jusqu'à 63,8 % pour les 16-19 ans. De même, c'est du côté des 16-19 ans que l'on trouve le plus de jeunes concernés par les contrats temporaires (37,7 % sont en CDD) et le travail à temps partiel (16,6 % sont dans ce cas).

Le niveau d'études des demandeurs d'emploi constitue également un élément particulièrement clivant pour ce qui concerne la quantité et la qualité des emplois disponibles. Ainsi, plus le niveau d'études est faible et plus le taux de chômage est élevé. Ainsi, si 10-11% des personnes ayant fait des études secondaires ou supérieures sont au chômage, c'est le cas de 30 % de ceux qui ont arrêté leurs études après la primaire et de 43 % pour les personnes analphabètes.

Globalement, les femmes espagnoles subissent les effets du chômage plus fortement que les hommes mais, paradoxalement, la crise récente a plus touché les hommes que les femmes. En 2007, la différence entre le taux de chômage masculin (6,1%) et féminin (10,4%) était d'un peu plus de 4 points. En 2010, même si la différence existe toujours, elle n'est que d'un point : 19,9 % pour les hommes et 20,7% pour les femmes. Pendant cette période, alors que le chômage des femmes était multiplié par 2, celui des hommes l'était par 3.

La répartition géographique du chômage montre également des différences significatives. En général, les communautés autonomes du nord, comme le Pays basque, la Navarre et la Rioja, affichent des taux de chômage jusqu'à 10 points inférieurs à la moyenne espagnole, tandis qu'en Catalogne, en Andalousie, aux Baléares et à Murcie, le taux dépasse de 5 à 10 points la moyenne nationale[1]. Ces différences régionales s'expliquent essentiellement par les caractéristiques de leurs structures productives : tandis que dans le premier cas, le secteur industriel occupe une place importante alors que le secteur du tourisme et du bâtiment sont plus réduits, dans le second cas, le bâtiment et le tourisme conservent un poids considérable. Or ce sont justement ces deux secteurs qui ont été les plus touchés par la récente récession économique.

Le marché du travail présente d'autres aspects liés aux conditions d'emploi qui s'avèrent importants pour comprendre les processus de précarisation. D'un côté, il y a le type de journée de travail et de l'autre, le type de contrat ou de relations professionnelles. L'Espagne compte peu de personnes employées à temps partiel mais accuse l'un des taux de contrats temporaires les plus élevés d'Europe. Ainsi la part du travail à temps partiel était de 12,4 % en 2007 et est restée stable en 2010 (13,4 %). Bien que le pourcentage ait augmenté d'un point pendant la crise, il n'a guère évolué, ce qui pourrait signifier que cette forme d'embauche n'est pas envisagée comme une alternative éventuelle à un emploi à temps complet. Cependant, il existe des différences significatives entre les sexes à ce niveau. En 2010, le pourcentage d'hommes sous contrat à temps partiel était de 5,5 % mais celui des femmes atteignait 23,3 %. L'embauche à temps partiel – volontiers perçue comme un sous-emploi quand il ne s'agit pas d'un choix personnel – peut être considérée comme une alternative provisoire qui permet de se former, de se consacrer à d'autres activités ou de faire face

1. Données tirées de l'enquête réalisée par B. Tejerina, B. Cavia et M. Martínez : « Condiciones de empleo y de trabajo de la juventud en España », Objovem 4º Trimestre 2010, Madrid.

d'une manière moins traumatisante que le chômage, aux changements drastiques de la production, en introduisant une certaine flexibilité dans la manière de calculer la journée de travail, comme cela se pratique déjà dans de nombreuses entreprises dans plusieurs pays.

Les contrats temporaires, de type CDD, sont un autre élément important pour comprendre les caractéristiques du marché du travail espagnol. Au troisième trimestre 2006, le taux de CDD se situait à 34,6 %, soit le taux le plus élevé observé au cours des dernières décennies. Notons qu'il est plus important chez les femmes (37,4 %) que chez les hommes (32,6 %). Paradoxalement, le pourcentage de CDD a baissé ces cinq dernières années pour atteindre 24,8 %, soit 10 points de moins et ce, avec un double effet. D'une part, la différence entre les hommes et les femmes s'est réduite de 2 points même si les CDD restent plus fréquents chez les femmes ; et d'autre part, la part des CDD en Espagne tend à se rapprocher du niveau constaté chez les pays voisins. Une interprétation possible serait qu'une partie de l'ajustement dû à la crise se fait par le biais de la disparition des CDD.

Les effets du chômage sur les dynamiques familiales sont aujourd'hui considérables. En effet, dans près de 1,3 millions de familles, tous les membres sont au chômage. Notons en outre que le taux de chômage des étrangers vivant en Espagne dépasse 30 %, soit 12 points de plus que celui de la population espagnole.

La précarité en France : une accentuation continue depuis le début des années 1980

Selon l'Institut national de la statistique et des études économiques (INSEE), en France, en moyenne sur le troisième trimestre 2010, le taux de chômage au sens du BIT (Bureau international du travail) s'établit à 9,7 % de la population active (y compris Dom). Il affecte plus de 2 600 000 personnes, et bien davantage encore – 3,3 millions – si l'on inclut celles qui sont privées d'emploi et veulent travailler mais ne sont pas immédiatement disponibles ni en situation de recherche active d'emploi. En fait, l'ampleur du chômage est allée en s'accroissant depuis le début de la crise (passant de 7,5% en 2008 à presque 10%). La situation actuelle renoue ainsi avec la sombre période de la fin des années 1990 où, entre 1995 et 1999, le taux de chômage dépassait la barrière symbolique des 10%. Il n'en demeure pas moins que depuis les années 1980, le chômage en France est élevé, comparativement à d'autres pays européens comme les Pays-Bas, l'Autriche ou encore le Danemark, par exemple, qui ont su contenir durablement le chômage en dessous des 5%. Rien de tel en France : à partir de 1979, le taux de chômage a été systématiquement supérieur à 5% et l'objectif du « retour au plein emploi » n'a jamais été véritablement considéré comme un objectif réaliste par les différents gouvernements qui se sont succédés.

À l'instar de la situation espagnole que nous venons d'évoquer, depuis l'apparition du chômage dans l'Hexagone, certains groupes sociaux ont été particulièrement affectés : les femmes, les jeunes ainsi que les catégories socioprofessionnelles les moins qualifiées. Ce constat se vérifie encore en 2010 : le taux de chômage féminin est supérieur au taux masculin (9,5 % contre 9,1%); de même, le taux de chômage des 15-24 ans accuse un écart de près de 16 points par rapport à la situation des 25-49 ans (soit, respectivement, 24,5% contre 8,3%) et de 18 points par rapport aux personnes âgées de 50 ans et plus dont le taux atteint 6,4% ; enfin, c'est du côté des salariés faiblement qualifiés que les effets de la crise de l'emploi se font le plus durement sentir. Là encore, plus les certifications scolaires sont faibles et plus les taux de chômage sont élevés. En 2008, les taux les plus forts se trouvaient du côté des personnes sans aucun diplôme (12,7%) et de celui des faiblement diplômées (7,7% s'agissant des titulaires du Brevet des collèges, d'un CAP ou BEP). En revanche, le taux de chômage des bacheliers se situait sous la barre des 7% (6,8%) et était plus faible encore pour les diplômés du supérieur (moins de 5%). Et pour les plus jeunes générations, c'est-à-dire *pour les personnes sorties du système scolaire depuis 1 à 4 ans*, cette tendance à la surexposition au chômage est bien plus accentuée. En 2009, le taux de chômage des personnes sans diplôme ou faiblement diplômées s'élevait à 49,2%, celui des personnes titulaires d'un niveau bac et enseignement secondaire était de 23,1% et le taux descendait encore pour les diplômés du supérieur (9,6%). L'impact discriminant du chômage sur les différentes catégories socioprofessionnelles est à l'image de ce qui précède. En effet, en 2009, le taux de chômage des ouvriers atteignait 13,2 %, celui des employés était de 8,7 % tandis que le chômage des cadres plafonnait autour de 3,8% et celui des professions intermédiaires s'établissait à 5,3%.

Le phénomène du sous-emploi – qui concerne les personnes qui ont une activité professionnelle réduite et qui voudraient travailler davantage – vient encore assombrir le tableau. Il s'élève en 2010 à 5,8% de la population active française et concerne presque 1,5 millions de personnes, des femmes pour la plupart. De fait, presque 9% des femmes actives subissent le sous-emploi contre 3,6% des hommes. Ce sous-emploi renvoie au développement massif du travail à temps partiel depuis le début des années 1980. En 1982, le travail à temps partiel concernait 8,2% des salariés. Vingt-six ans plus tard, en 2008, 17% des personnes qui travaillent occupent un emploi à temps partiel. Là encore, les femmes sont en première ligne, avec un taux de féminisation de ce type d'emploi atteignant 83%.

De plus, la part des salariés sous contrat à durée déterminée (CDD) et sous contrats temporaires type intérim, stages, etc. a fortement progressé en France depuis les années 1980. Si en 1982, seuls 5,4% des actifs occupés étaient employés sous une de ces formes de contrats de travail atypiques, c'est le cas, en 2009, de 11,2% d'entre eux. Et la tendance n'est pas prête de s'inverser car dans certains secteurs, si l'intérim recule, les embauches sous CDD sont massives voire majoritaires comme dans le secteur tertiaire où elles représentent presque 75% des embauches totales. Là encore, certains groupes sociaux sont plus affectés par le travail temporaire que les autres : les femmes, par exemple, qui représentent 60% des salariés sous CDD, mais également les jeunes. L'INSEE révèle ainsi qu'en 2009, 50% des salariés embauchés en CDD, en stage ou en apprentissage, ont moins de 29 ans. De même, les ouvriers et les employés, surtout non qualifiés, occupent plus fréquemment que les autres PCS (Professions et catégories socioprofessionnelles) un emploi sous contrat court : ainsi 23% d'entre eux ont ce type de contrats qui ne concernent que 12% des autres salariés.

Temps partiels imposés, contrats à durée déterminée, trajectoires heurtées par le chômage... tous ces éléments sont en progression constante en France, depuis trente ans. Véritables marqueurs de la précarité socio-économique, ils sont également à l'origine de ce que l'on va appeler la nouvelle pauvreté laborieuse qui diffère de la « pauvreté d'exclusion » car elle concerne des personnes qui exercent une activité professionnelle rémunérée et déclarée. En effet, on compte désormais entre un et deux millions de travailleurs pauvres[2]. L'observatoire des inégalités[3] relève qu'entre 2003 et 2008, le nombre de travailleurs pauvres a grossi de 100 000 personnes alors même que l'Insee note que l'on assiste à une progression continue du niveau de vie médian en France. En d'autres termes : les écarts se creusent entre, d'un côté, les salariés sous contrat précaire qui viennent se rajouter aux salariés situés au bas de la pyramide hiérarchique (dont les salaires stagnent autour de montants proches du salaire minimum) et de l'autre, le reste de la population active. Là encore, certains groupes sociaux vont s'avérer plus exposés que d'autres car ils cumulent, c'est indéniable, l'ensemble des facteurs responsables de la pauvreté laborieuse : le temps de travail réduit, l'insertion

2. Il s'agit de personnes exerçant un emploi mais qui disposent d'un niveau de vie (prestations sociales et salaires du conjoint inclus) inférieur au seuil de pauvreté. L'écart observé ici s'explique par le type de calcul du seuil de pauvreté retenu correspondant soit, à la moitié du revenu médian, soit à 60% du revenu médian. Le chiffre de deux millions de travailleurs pauvres est obtenu à partir d'un calcul du seuil à 60%. L'Enquête revenus fiscaux et sociaux (ERFS) de l'INSEE établit qu'en 2008, le niveau de vie médian des personnes est de 19 000 euros par an, soit 1 580 euros par mois. Le seuil de pauvreté « à 60% » est donc effectif lorsque le niveau de vie des ménages est inférieur à 949 euros par mois.
3. www.inegalites.fr

professionnelle dans des secteurs mal rémunérés, l'expérience de l'alternance entre des périodes d'activité et des phases plus ou moins prolongées de chômage. Les femmes, en particulier celles qui travaillent tout en élevant seules leurs enfants, sont parmi les principales cibles de cette pauvreté, ainsi que les jeunes et les salariés faiblement qualifiés.

2) Regards croisés sur la précarité en France et en Espagne

Comme on a pu le voir, en matière de précarité socio-économique, les situations respectives des sociétés française et espagnole sont assez proches du point de vue des réalités que cette notion recouvre mais parfois aussi, bien différenciées. J. C Barbier (2005), qui a mis cette notion de précarité à l'épreuve de la comparaison internationale, considère ainsi qu'elle est véritablement « pertinente » pour caractériser la France, l'Espagne et l'Italie parce que dans ces trois pays « latins », on peut trouver des équivalents à une série d'indicateurs ou de notions qui font sens dans chaque configuration nationale : comme, par exemple, l'existence d'une référence légale en matière de droit du travail (Cf., les « Code du travail », « Estatuto de los Trabajadores » [4], « Statuto dei Lavoratori »), de « catégories

---

4. Après la dictature militaire, le Statut des Travailleurs traduisait la concrétisation, en Espagne, d'un cadre de relations professionnelles typiques du fordisme ainsi que l'émergence des droits collectifs du travail. En empruntant cette voie, l'Espagne choisit la convergence avec l'Europe (Alonso, 2007). Néanmoins, ce processus d'institutionnalisation s'est mis en place au moment même de sa déconstruction dans les autres pays européens (Bilbao, 1991). Tout au long des années 1980, les systèmes d'intégration et de répartition ne seront plus utilisés pour partager la croissance mais pour gérer la crise (reconversion industrielle) et pour mieux adapter l'économie espagnole aux nouvelles tendances libéralisatrices qui se dessinent dans le panorama international (Alonso, 2007). Bonne élève dans l'application des recettes socioéconomiques des institutions internationales, l'Espagne deviendra, pendant les années 2000, un modèle social et de croissance pour les autres pays européens. La crise de 2007 va montrer que ce modèle avait en réalité des pieds en argile.

d'emploi susceptibles d'être comparées » (« Formes particulières d'emploi », « Trabajo temporal / Temporalidad », « Lavoro occasionale… ») ou encore la présence d'un contrat de travail jugé « normal » (« Contrat permanent, à durée indéterminée ou CDI », « Contrato indefinido », « Tempo indeterminato ») (Barbier, 2005 : 31). On peut aller plus loin en affinant quelque peu la comparaison France/Espagne à partir d'une approche plus sociographique.

Ce qui nous sépare…

Nous l'avons vu, c'est en Espagne que les contrats dérogatoires à la norme du contrat de travail permanent se sont le plus massivement développés depuis trente ans. Ainsi, le CDD a été libéralisé en 1984 et très vite, sa part parmi l'ensemble des emplois, a été considérable[5]. En 2000, les CDD représentaient déjà 30% des emplois dans la péninsule ibérique et ils occupent désormais un tiers de la population active espagnole contre un peu moins de 12% des salariés français. Cependant, le système social français n'a pas échappé à cet effritement de la société salariale dont parle R. Castel (1998) : depuis le milieu des années 1980, sous couvert de lutte contre le chômage (des jeunes, en particulier), les différents gouvernements ont autorisé ou créé – à côté des CDD et autres contrats d'intérim – une kyrielle d'emplois atypiques, dérogatoires à la norme d'emploi en vigueur dans le système socio-productif fordien, incarnée par le « CDI à temps plein ». Si leur progression a été moins rapide et de moindre ampleur qu'en Espagne, la précarité d'emploi n'en

---

5. Les modifications du droit du travail débutent dans les années 1980 et vivent deux moments d'une intensité particulière : d'abord, la réforme du Statut des Travailleurs en 1984, seulement quatre ans après sa mise en place, visant la facilitation de l'embauche temporaire et les licenciements ; et en 1994, une nouvelle réforme de ce Statut instituera l'embauche temporaire au même niveau que l'embauche à durée indéterminée. Cette loi prévoit également une augmentation des possibilités de mobilité fonctionnelle, flexibilise la structure du salaire et le modèle de négociation collective et élargit les possibilités de justification de la suspension du contrat de travail et des licenciements collectifs.

est pas moins omniprésente dans la société française, dans les discours scientifiques, politiques ou de sens commun. Elle fait l'objet de toutes les craintes des salariés, y compris des « stables », qui ne cessent de la dénoncer.

Quant au chômage, il suit une courbe tout à fait exponentielle en Espagne (surtout depuis 2007), tandis qu'en France, s'il progresse très fortement depuis trois ans, il n'atteint pas de tels sommets. Ainsi, entre 2008 et 2010, le taux de chômage en Espagne est passé de 9,63% à 20,33%, quand pour la France, l'évolution à ce niveau a été de deux points en deux ans (de 7,9% en 2008 à 9,7% en 2010, selon Eurostat). On le sait, la part (encore) importante occupée par les services publics, administrations et entreprises, dans l'économie française a fortement amorti les effets de la crise économique récente, tant pour les salariés, dont l'emploi a été épargné, que pour leur famille rapprochée (qui en dépendait)[6]. Plus largement, ce que l'on a appelé en France « le miracle économique espagnol » et en Espagne « la década dorada » (décennie dorée), s'est fortement incarné dans un essor toujours croissant des secteurs de la construction et du tourisme et par une flexibilisation accrue du marché du travail. Depuis 2008, ce processus s'est stoppé net, entraînant la mise au chômage de centaines de milliers d'Espagnols. Il faut noter que ce type de développement économique constituait déjà l'une des principales « faiblesses » de l'économie espagnole avant la fameuse « década dorada ». Dans les années 1990, le constat d'un sur-chômage espagnol était déjà avéré et l'Espagne retrouve, en 2010, le taux de chômage qu'elle connaissait vers le milieu des années 1990. Cette situation s'expliquait alors, notamment, par la spécialisation de cette économie « dans des secteurs plus

---

6. En Espagne, la répartition des secteurs d'emploi est marquée par une part encore forte de l'industrie. En effet, les emplois dans ce secteur représentaient encore, avant la crise, en 2007, 28,7% de l'emploi total (contre 20% en France et 24,8% dans l'UE des 27). Toujours pour l'Espagne, les autres secteurs d'emploi regroupaient 4,5% de l'emploi total s'agissant de l'agriculture et 66,8% pour les services. En France, le secteur tertiaire est encore davantage surdimensionné qu'en Espagne (76,4% de l'emploi total) mais l'agriculture est devenue une « peau de chagrin » (3,3%) (Source : Eurostat).

saisonniers que la France [...], tels que le tourisme, la construction et l'agriculture » mais aussi par un « excès de flexibilité (ou de précarité) » (Saint Paul, 2000 : 166) du marché de l'emploi qui serait à l'origine de taux de pertes d'emplois bien plus forts en Espagne qu'en France (*ibid* : 165)[7].

Aussi, la redéfinition des conditions professionnelles et salariales, la diversification des possibilités d'embauche temporaire, la facilitation des licenciements (cf. les réformes de 1984 et 1994), ont permis le développement d'une structure entrepreneuriale en Espagne beaucoup plus fragmentée et volatile que dans le cas français. En Espagne, les stratégies patronales de restructuration (la fameuse « reconversion industrielle » entamée à partir des années 80 et poursuivie pendant la « décennie dorée ») ont consisté en une réorganisation des processus de production, moyennant une fragmentation en tâches plus simples et une externalisation de phases entières de fabrication vers d'autres entreprises sous-traitantes, d'autres secteurs d'activité et d'autres espaces géographiques, de manière à profiter de ces nouvelles formes d'embauche qui permettent de baisser légalement les coûts du travail[8]. L'emploi s'est ainsi tertiarisé (par les processus d'externalisation massifs), en même temps que la productivité a fortement diminué ces dernières années et se maintient loin des standards européens[9]. Autrement dit, le rythme soutenu de croissance économique espagnole

7. Par contre, les secteurs les plus dynamiques de l'économie française, pour la période 1989-1998, sont, dans l'ordre : la recherche et le développement (le nombre d'entreprises dans ce secteur augmente de 68%), le conseil et l'assistance (40%), l'eau, le gaz et l'électricité (38%), l'éducation (35%) et l'industrie de composantes électriques et électroniques (33%) (INSEE, 2000). En 2003, le nombre d'entreprises créées dans les secteurs dits innovants (TIC, produits pharmaceutiques, biotechnologie et nouveaux matériaux) augmente de 15,3%, soit une nouvelle entreprise sur 20, un chiffre stable depuis le début du siècle (INSEE, 2004).

8. La littérature sur ces phénomènes est vaste. Par exemple, pour le cas espagnol, J. J Castillo (2005) rend compte de ces processus de réorganisation dans différents secteurs.

9. Pour une moyenne de production d'une heure de travail de 100 pour l'Europe des 15, l'Espagne obtient 84, loin derrière la France (123), l'Allemagne (104) ou les Etats-Unis (116). Cette différence relative était inférieure de quatre points il y a à peine dix ans. [Conférence Board Europe, 2007].

pendant cette dernière décennie (supérieur de 33% au rythme de croissance de l'UE des 15 pour la même période) s'est appuyé sur la création d'un emploi très éphémère et sur l'intensification du travail des générations qui accèdent à l'emploi dans d'autres conditions (Castillo *et al.*, 2005)[10]. C'est ce qui permet d'affirmer que l'évolution vers un modèle de « voies basses de développement » s'est réalisée en Espagne à travers l'incorporation des nouvelles générations sur le marché du travail (Calderón et López Calle, 2010).

Parmi les autres éléments qui, si on les compare, dessinent des réalités sociales bien différentes des deux côtés des Pyrénées, on citera la question de la centralisation – si forte en France[11] – alors qu'en Espagne, l'autonomie des régions est un droit, un acquis pour la population, même si cela génère de fortes inégalités entre les régions les plus riches (Pays Basque, Navarra, Islas Baleares, Catalogne et Madrid) et d'autres, bien plus pauvres et précarisées (Andalousie, Extremadura, Murcia, Galicia). Une récente étude basée sur des données de 2007, portant sur la précarité vitale en Espagne et dans laquelle étaient abordés plusieurs points, dont les aspects socio-économique (avec des indicateurs sur les revenus et les conditions d'emploi), résidentiel (logement et santé), relationnel (liens sociaux amicaux, familiaux, de

---

10. En fait la productivité totale de tous les facteurs –y compris le stock de capital- est passée d'un niveau de 100 en 1995 à un niveau de 97,8% en 2006. L'aspect le plus préoccupant est que l'évolution du stock de capital technologique en relation au PIB est passé seulement de 54,5% en 1994 à 55,9% en 2006 : alors que pendant cette même période, le stock de capital humain a augmenté de plus de huit points. L'intensification du travail comme moteur de l'augmentation du PIB n'est pas banal dans le sens où il souligne à la fois le caractère insoutenable de la croissance et l'introuvable convergence de l'Espagne avec les standards de vie dans les pays plus avancés.

11. Si l'heure est à la décentralisation et à l'autonomie (des universités, par exemple, qui sont sommées désormais de gérer de façon indépendante leur budget, leurs ressources, et de chercher en permanence de nouvelles recettes…), la France reste un pays largement centralisé, structuré autour du principe républicain d'égalité de tous les citoyens face à l'État, où qu'ils se trouvent sur le territoire national.

voisinage) et civique (appartenance et participation à des associations politiques, sociales, etc.), nous a permis de déterminer parmi les communautés autonomes espagnoles, trois modèles parfaitement distincts : a) les régions prospères comme la Navarre, le Pays Basque, Madrid et les Baléares ; b) les régions précarisées telles que l'Andalousie, Murcie, les Canaries, la Galice, l'Estrémadure et Castille-La Manche ; et enfin, c) celles qui occupent une position intermédiaire comme la Communauté valencienne, Castille et León, La Rioja, la Cantabrie, les Asturies, la Catalogne et l'Aragon[12].

Ce qui nous rassemble

Mais la « spécificité espagnole » s'arrête sans doute là car, nous l'avons largement montré précédemment, les marchés du travail français et espagnols ont ceci de commun qu'ils sont fortement discriminants pour les femmes, les travailleurs immigrés, et les travailleurs non-qualifiés ou faiblement, en particulier les jeunes. Certes, l'Espagne est particulièrement dure avec sa jeunesse, y compris celle qui a fréquenté les universités. Pour la génération des « Mileuristas » qui arrive sur le marché du travail au cours de la décennie 2000-2010, les « empleos basura » (emplois poubelles) ou emplois précaires, mal payés, de mauvaise qualité (du point de vue des conditions de travail, de la satisfaction au travail, des possibilités de carrière…) sont une situation à laquelle peu arrivent à échapper. Encore ne faut-il pas oublier qu'en France, tous niveaux de qualification confondus, 50% des jeunes de moins de 25 ans ont un statut d'emploi précaire. De même, l'État espagnol, à l'instar de pays méditerranéens comme l'Italie et le Portugal, n'intervient que peu pour aider financièrement les familles ou pour organiser la conciliation

12. Ce projet auquel participent les chercheurs du CEIC et ceux de trois autres universités espagnoles sous la direction de B. Tejerina porte le titre suivant "La precariedad vital. Los procesos de precarización de la vida social y de la identidad en la sociedad española contemporánea" (La précarité vitale. Les processus de précarisation de la vie sociale et de l'identité dans la société espagnole contemporaine).

des rôles familiaux et professionnels, grâce à la création de structures d'accueil de la petite enfance, par exemple (Colin, 2006). Il se défausse alors sur les solidarités familiales – quitte à sacrifier l'emploi des femmes qui ont des enfants, à rendre leur accès ou leur maintien sur le marché du travail plus difficile[13], à « tolérer le chômage des femmes » (Torns, 1998 : 219). Mais le sort réservé aux salariées françaises qui subissent, on l'a vu, le temps partiel imposé, ne relève-t-il pas aussi, d'une certaine forme de tolérance sociale à la précarité des femmes ?

En réalité, les divers impacts du processus de précarité socioéconomique que connaît l'Espagne sur les conditions de vie et les statuts sociaux des salariés sont sans doute plus violents qu'en France parce que moins contenus par son système de protection sociale. Ou pour reprendre les termes de T. Torns (1998 : 213): « l'Espagne est un pays où l'État-providence est pauvre ou faible, si l'on compare le niveau des prestations et des dépenses sociales à ceux des autres pays de l'Union européenne ». Un seul indicateur pourrait témoigner de cet état de fait : selon Eurostat, la part des dépenses totales de protection sociale en Espagne (en % du PIB) s'élève à 20,8% de 2005 contre 31,5% pour la France, ce qui situe l'Espagne 7 points en dessous du pourcentage européen (27,2% pour l'UE des 15), c'est-à-dire au même niveau que la Pologne, la République Tchèque, Chypre, Malte ou encore l'Irlande. Mais combien de temps encore pourra-t-on dire que l'État-providence français incarne, en Europe, une sorte d'idéal ? Depuis plusieurs décennies, le modèle social français est subrepticement remis en cause, les protections auxquelles les salariés avaient droit ne cessent d'être rognées (qu'il s'agisse de remboursements de frais médicaux, de droit à la retraite, de montants des allocations versées aux chômeurs, de stabilité du contrat de travail... les exemples ne manquent pas dans l'actualité récente). L'État se désengage de nombre de services publics qui, les uns après les autres, passent dans le secteur

---

13. Selon Eurostat, en 2007, le taux d'emploi des femmes en Espagne est de 54,7% (contre 60% en France), en 2007.

privé comme Electricité et Gaz de France (devenue une société anonyme), France Telecom et bientôt, sans doute, La Poste et d'autres encore. Cependant, cette libéralisation ne se passe pas sans une forte résistance sociale[14] qui, sans toujours parvenir à bloquer ces processus de précarisation sociale, en freinent sans doute l'ampleur et la vitesse de déploiement. Sur ce point, la situation n'est guère comparable en Espagne du moins, jusqu'à une date récente (cf. le mouvement emblématique des indignados de la Puerta del Sol, à Madrid, au printemps 2011).

Si l'État se désengage de ses responsabilités sociales, il assume pourtant de plus en plus, tant en France qu'en Espagne, un rôle d'activation de l'économie. L'État peut ainsi promouvoir la dégradation progressive des services et des droits sociaux (santé, éducation, retraite...). En France, les attaques successives au droit à la retraite font figure d'exemple paradigmatique[15]. Or en même temps, l'État donne une impulsion aux services privés, souvent subventionnés par l'argent public. S'établit ainsi une sorte de reprivatisation progressive de la gestion des risques sociaux (maladie, retraite), dans le sens où l'accès à la sécurité tend à ne plus dépendre des régulations collectives mais du choix de consommation des individus.

---

14. Au cours de la décennie 2000-2010, plusieurs mouvements sociaux ont symbolisé l'opposition de la société française à ce niveau, comme le mouvement contre le « Contrat Première Embauche » qui a mobilisé la jeunesse scolarisée pendant plusieurs mois au printemps 2006 (jusqu'au retrait du projet de loi). De même, le récent mouvement (automne 2010) contre la réforme du régime des retraites est une nouvelle illustration de cette résistance : des millions de salariés ont manifesté partout en France pendant presque deux mois, des sites économiques stratégiques ont été bloqués (raffineries, hangars de stockage de la grande distribution, usines d'incinération des déchets ménagers...) et pour une fois, l'unité syndicale n'a pas faibli tout au long de la mobilisation.

15. La question des retraites est par ailleurs un sujet très sensible, en France, car comme le dit Robert Castel « c'est le droit social par excellence », c'est ce qui lie l'individu à la société, dans une société salariale. C'est la rétribution de l'engagement au travail. C'est aussi parce que c'est un sujet sensible que la réforme des retraites en France s'est faite progressivement, en s'attaquant successivement à différentes catégories de travailleurs, afin de les diviser.

Il en va de même en ce qui concerne les formes contemporaines de gestion de l'entrée et de la sortie des individus sur le marché de l'emploi. Le droit au chômage cède sa place à la mise en œuvre de dispositifs de suivi personnalisé des chômeurs visant à garantir leur « employabilité ». Cette nouvelle contractualisation du chômeur prétend « responsabiliser » les individus ayant été contraints de quitter prématurément le marché de l'emploi, les inciter à y revenir au plus vite. Des notions très utilisées aujourd'hui comme celle d'employabilité, sont destinées à préparer les salariés aux nouvelles exigences du marché, et ont la particularité de faire reposer, encore une fois, les risques du marché sur le seul individu, qui devient responsable de son sort.

Ainsi, il n'est pas étonnant si les identités stables, organisées autour d'un même emploi et d'un modèle sociétal valorisant la qualification et l'ancienneté, se dissolvent aujourd'hui dans une myriade de stratégies individuelles d'insertion dans le marché de l'emploi et de choix de consommation (voir Alonso dans ce même livre). Ainsi, certaines catégories arrivent à s'en sortir, d'autres qui ne disposent pas d'autant de ressources économiques, culturelles ou sociales, n'y parviennent pas vraiment. En réalité, si l'on suit Durand (2006), le nouveau modèle agit comme une sorte de centrifugation sociale, où l'accès et le maintien dans le centre (ce que Castel appelle la zone d'intégration), deviennent de plus en plus problématiques pour les individus. La stabilité, ou l'intégration, cessant d'être un droit universel assigné au contrat de travail, est en passe de devenir une récompense du rendement individuel, ce qui aboutit à ce que les plus méritants atteignent, objectivement, les meilleurs postes. Mais dans la mesure où ils font tous la même chose, le nombre de mérites à accumuler pour atteindre la stabilité désirée augmente. Comme on le disait en amont, l'État met en place des politiques assistantielles de compensation pour ceux et celles qui n'arrivent pas à s'en sortir (par exemple le RSA en France), mais ces actions deviennent en réalité un complément aux situations de désaffiliation et de détresse des groupes les moins favorisés. Des groupes qui, de plus, se voient souvent stigmatisés dans les discours des responsables politiques. Autrement dit, le risque de fracture sociale n'a jamais été aussi présent dans les sociétés française et espagnole, et seules les solidarités familiales et sociales permettent aux catégories les plus fragilisées (jeunes, femmes, migrants) de se maintenir en dessus des standards de pauvreté.

3) LA PRÉCARITÉ VITALE : UN ABORDAGE THÉORIQUE ORIGINAL DES PROCESSUS CONTEMPORAINS DE PRÉCARITÉ SOCIALE

Semblables et spécifiques, les sociétés française et espagnole ont connu et connaissent encore un processus de précarisation sociale qui ne se limite plus seulement aux questions socio-économiques. La précarité conjoncturelle, qu'on espérait voir s'effacer lorsque la crise de l'emploi perdrait de sa vigueur, est devenue structurelle. La précarité passagère, que l'on connaissait au tout début d'une vie professionnelle, est devenue permanente dans nombre de trajectoires sociales. La précarité objective est devenue précarité subjective ou culturelle au sens où elle envahit les imaginaires sociaux, transforme les cultures et les relations de travail (mais sans que l'on puisse nullement affirmer que la centralité du travail soit morte). La précarité du contrat de travail a rendu précaire l'accès à un logement, la constitution d'une famille à soi, la réalisation de projets…

Il faut donc que la sociologie intègre à ses analyses de la précarité des dimensions désormais oubliées ou négligées face au primat de l'économie. Il faut, en quelque sorte, qu'elle revienne aux sources de son questionnement. Nombre d'auteurs soulignent en effet que la première fois que la sociologie française a fait mention de cette notion de précarité, c'était dans les années 1980, pour désigner le cas de familles pauvres, qui souffraient d'une absence d'aide pour faire face à des problèmes de logement, de santé, de séparations conjugales, de liens sociaux et… d'emploi[16]. Très vite, ce

---

16. Pour une analyse plus complète des origines de la notion de précarité, on pourra se référer notamment à J.C. Barbier (2005), M. Bresson (2007), P. Cingolani (2005).

terme sera repris puis circonscrit à la sphère de l'emploi. On parlera alors de « précarité d'emploi » pour désigner les formes d'emploi atypiques, qu'elles dérogent à la norme du temps de travail, ou à la durée et à la stabilité du contrat (Maruani M., Reynaud E., 2001). À partir du milieu des années 1990, la notion va être étendue vers le domaine des institutions de l'État et du travail. Ainsi, les travaux de B. Appay vont insister sur la notion de processus de précarisation, en en révélant les différentes facettes : « une instabilité économique résultant de la précarisation salariale et des évolutions des systèmes socioproductifs [...] une instabilité sociale produite par la transformation des systèmes législatifs afférents au travail et à la protection sociale » (Appay, 1997 : 518). S. Paugam (2000) va introduire, à côté de la précarité de l'emploi, la question de la précarité du travail pour désigner le fait de vivre, au quotidien, une activité professionnelle sans qualité ni intérêt, ne favorisant pas les liens sociaux, ne permettant pas de se projeter dans l'avenir… Avec cette approche, il devient concevable qu'un salarié se sente précaire alors que son emploi n'est pas menacé. Les travaux de R. Castel, enfin, vont ouvrir encore la notion de précarité à la perspective des trajectoires sociales. Il avancera ainsi l'idée d'une « condition précaire » ou « précariat » pour rendre compte des configurations les plus modernes de la précarité, « une précarité permanente qui [n'a] plus rien d'exceptionnel ou de provisoire » (Castel, 2007 : 422).

Le travail collectif qui a rendu possible cet ouvrage part d'une conception ouverte de la précarité, qui ne s'est pas limitée à la sphère socio-productive mais atteint la vie quotidienne, les modes de vie et les identités des précaires. Il s'agit de saisir, ensemble, des processus multiples de vulnérabilisation sociale qui ont autant à voir avec les politiques managériales modernes de mise en concurrence systématique des salariés et d'individualisation, qu'avec la dynamique des rapports sociaux de sexe (dans et hors travail), le désinvestissement de l'État et la perte progressive des protections sociales. Selon nous, la précarité doit s'analyser comme issue du monde du travail mais s'étendant à d'autres domaines de la vie. Nous avancerons ici la notion de « précarité vitale » pour définir une situation caractérisée par une restriction, une impossibilité ou une limitation d'accès aux conditions, exigences et ressources considérées comme nécessaires pour pouvoir envisager et mener une vie autonome. Le niveau de restriction ou de limitation peut avoir plusieurs degrés d'intensité par rapport aux ressources moyennes disponibles dans une société précise. La précarité est donc une catégorie relationnelle à double sens : a) par rapport à la moyenne de la société, au groupe ou à la catégorie sociale étudiée ; et b) par rapport aux différents domaines de la vie.

Le concept de précarité défendu ici associe, en outre, la condition et la situation des individus dans le contexte de la relation « individu-milieu ». C'est une façon de définir la relation de l'individu avec le milieu social. Les processus de précarisation affectent l'identité dans la mesure où les individus subissent l'altération des modalités d'attachement du « moi » au « nous » et au « toi ». Mais la précarisation, en tant que processus, concerne d'autres aspects en relation avec la perte ou l'entrée dans des zones à risque, qui font référence aux limitations en matière de ressources et de capacités des individus (cf., le travail, la rémunération, la consommation, le logement, l'environnement, la vie familiale et affective, les relations sociales, la santé…). Les institutions participent également à la précarisation en tant que processus, par le biais des pratiques de l'action publique elles-mêmes ou par leur inexistence. On peut même dire que les institutions « normatisent » la précarité dans la mesure où elles « apprennent » aux individus à y évoluer.

Dans la plupart des cas, l'expérimentation de la précarité, la gestion au quotidien d'une existence pleine de limitations et les stratégies mises en place par les individus et les groupes pour faire face, ont des conséquences sociales très négatives. Il n'empêche qu'on peut également saisir et analyser la précarité à partir d'une approche en termes de créativité sociale ou d'innovation, en se basant sur la recherche des solutions élaborées, inventées par les acteurs sociaux afin de s'adapter aux problèmes vécus dans une situation de restriction de ressources.

4) Présentation du livre

Depuis décembre 2006, les laboratoires CRESPPA-GTM et CEIC[17] ont développé une coopération scientifique importante autour des thèmes « précarité », « genre » et « formes de résistances des précaires », soutenue par plusieurs accords institutionnels[18]. À partir de 2007, la collaboration GTM/CEIC s'est intensifiée grâce à de fréquentes missions d'études à Paris et à Bilbao qui ont permis de travailler les approches et apports spécifiques des sociologies française et espagnole sur la question de la précarité. Ce livre est né suite à la réalisation, en novembre 2008, d'un colloque intitulé « Ce que la précarité nous apprend de la société. Regards croisés France/Espagne ». Ce colloque international s'est déroulé durant deux jours dans les locaux de l'Université Paris Ouest Nanterre la Défense et a réuni de nombreux chercheurs français et espagnols, issus de différentes institutions scientifiques reconnues[19], dont certains ont participé par la suite à ce livre collectif. Il n'a été possible qu'en raison de l'engagement des institutions scientifiques publiques, espagnoles et françaises, à nos côtés. Qu'elles soient ici remerciées.

Quinze contributions originales sont présentées, s'inscrivant dans plusieurs champs disciplinaires des sciences sociales : la sociologie, mais aussi la psychologie du travail, la psycho-sociologie et la socio-économie. S'il est un point

---

17. Respectivement : Centre de recherches sociologiques et politiques de Paris, équipe « Travail, Genre et Mobilités » et Centre d'étude sur l'identité collective,

18. Le premier accord, entre 2006 et 2008, était un Partenariat Hubert Curien franco-espagnol pour la recherche (PHC « Picasso »), impulsé et financé par la Direction de la coopération scientifique et universitaire du Ministère des affaires étrangères en association avec le Ministerio de Ciencia e Innovación de España. Le second, une convention spécifique financée par le Gouvernement Basque en 2009 et 2010, a permis la création d'un réseau permanent de chercheurs et chercheuses du GTM et du CEIC (auxquels se sont associés des collègues de l'Université Complutense de Madrid).

19. On trouvera en début d'ouvrage la présentation plus détaillée des auteurs et de leurs institutions respectives.

commun aux différents textes, c'est l'attachement presque viscéral de l'ensemble des auteurs à la dimension empirique du travail de recherche. De fait, tous les articles présentés sont issus d'enquêtes de terrain – qualitatives et quantitatives, conduites en France et en Espagne – qui nourrissent et étayent la construction des outils conceptuels et théoriques avancés pour comprendre les processus de précarité.

L'une des premières dimensions qui retient l'attention des chercheurs et chercheuses est que la précarité de l'emploi – qui renvoie à la détérioration constante des conditions d'emploi offertes aux salariés et à une remise en cause de leur protection sociale et juridique – a désormais atteint le travail, c'est-à-dire l'activité effectivement réalisée par ceux et celles qui produisent un bien ou un service, mais aussi, les relations de travail ou encore le rapport entre l'individu et son travail. La plupart des textes, en particulier les auteurs français (Clot Y., Linhart D., Fortino S., Molinier P.) vont adopter une telle perspective qui combine précarité de l'emploi et précarité du travail. À un autre niveau d'analyse, les contributeurs insistent sur la généralisation de la précarité, qui n'est plus un « état » ou une condition réservée aux salariés les plus fragiles socialement ou juridiquement. Si les femmes, les jeunes, les travailleurs immigrés, les salariés sans diplômes… constituent encore largement les cibles privilégiées de la précarité (Torns T., Fortino S., Cachon L., Alonso L.E., Lopez Calle P.), ils ne sont plus les seuls en ce cas. Les hommes, les cadres, les trentenaires bardés de diplômes supérieurs, font l'amère expérience de cette généralisation de la précarité qui se développe à toute allure dans les sociétés française et espagnole, comme dans le reste de l'Europe.

Enfin, certains articles vont introduire une autre façon d'aborder la précarité, à partir de la thématique de la subjectivité au travail (Serrano A., Paz Martin M. et Crespo E., Linhart D., Calderón J.). Les différents auteurs insistent dès lors sur le fait que la précarité n'est pas une simple addition de facteurs objectifs, matériels, quantifiables… qui vont fragiliser le statut social ou la position acquise des travailleurs dans une entreprise, par exemple. Elle est aussi ce qui porte atteinte au rapport que chacun entretient avec son travail, ce qui introduit du doute, du flou voire un conflit éthique entre ce que le salarié considère être du bon travail et ce que le management exige de lui. Dans les différentes contributions, on verra que le travail devient « précarité subjective », lorsque l'individu subit une perte de sens et de maîtrise sur son travail.

L'ouvrage se structure en trois parties distinctes même si, la plupart du temps, les auteurs proposent des analyses complexes de la précarité qui combinent ou associent plusieurs registres ou dimensions de cette dernière, comme la précarité socio-économique, la précarité saisie à partir de ses effets sur la construction des identités individuelles et collectives, sur la santé, sur les capacités d'action collective...

Première partie : La précarité et ses cibles : femmes, jeunes, pauvres et immigrés en première ligne

Cet ouvrage démarre par un texte, indispensable pour des lecteurs français, sans doute peu au fait de la littérature sociologique espagnole. Il s'agit de l'article de Beatriz Cavia et María Martinez qui, sans prétendre à l'exhaustivité, expose un vaste panorama des travaux sociologiques consacrés à la précarité, réalisés en Espagne et sur l'expérience espagnole. Avec un grand souci de contextualisation, elles révèlent les évolutions théoriques et méthodologiques qui ont animé les chercheurs explorant cette thématique depuis les années 1980. Dans un premier temps, la sphère socio-économique a constitué l'axe nodal de la majorité des études qui interprètent la précarité comme ce qui produit un *manque* : un manque de ressources ou de recours, un manque de protections (juridiques, sociales), un manque de perspectives dès lors que l'avenir – le sien, celui de ses enfants – n'est plus assuré... Progressivement, elles notent que l'attention se déplace vers « les sujets de la précarité », c'est-à-dire vers les groupes sociaux qui en sont le plus fortement victimes. Les recherches insistent alors sur les dégâts « collatéraux » de la précarité socio-économique sur ces acteurs sociaux dont le logement est précaire, dont l'émancipation est différée (notamment dans le cas des jeunes générations qui faute d'emploi stable ne peuvent quitter le domicile familial), dont la citoyenneté ne peut s'exercer pleinement... Les auteures relèvent que les travaux les plus récents vont développer une autre approche de la précarité, plus socioculturelle, visant à dévoiler les apprentissages que les précaires font dans cette situation, la resignification constante qu'ils tentent d'apporter aux situations vécues.

Deux articles suivent, consacrés à une exploration des situations et des processus de précarité vécus par les femmes tant en France qu'en Espagne. Ainsi, l'article de Sabine Fortino dresse un portrait détaillé des rapports de genre sur le marché de l'emploi français. Elle décrit un processus de vulnérabilisation des femmes au travail qui se déploie dès le milieu des années 1980 et se diversifie progressivement. Travail à temps partiel imposé, contrats à durée déterminée, contrats aidés, chèques-emploi-service... la gamme des emplois précaires dont la particularité est d'être principalement occupés par des femmes ne cesse de s'étendre, aggravant les inégalités entre les sexes. Mais son propos va au-delà du constat, la sociologue révélant en effet un des effets particulièrement marquants de la précarité sur les trajectoires féminines : l'atteinte à l'autonomie (sociale et financière) et au sens du travail des femmes précaires. Pour les femmes précaires, en lutte permanente pour l'insertion, l'expérience professionnelle vécue transforme en profondeur les rapports qu'elles ont au travail, porte atteinte à leur position et à leur identité sociale dans la société comme au sein de la cellule familiale. Et l'auteure de conclure que sortir de la précarité est la condition première à l'émancipation des femmes aujourd'hui.

Dans la lignée de la contribution précédente, Teresa Torns propose d'analyser en détail le noyau dur de la précarité en Espagne et démontre qu'il est essentiellement constitué de jeunes femmes immigrées. Elle révèle en outre que l'augmentation de l'emploi des femmes récemment enregistrée sur le marché du travail espagnol ne fait que cacher la persistance de fortes inégalités entre les sexes. Ce phénomène n'est pas nouveau et ne renvoie pas à des questions conjoncturelles ; bien au contraire, cette précarité constitue probablement la norme sociale en matière d'emploi des femmes dans ce pays. L'auteure va plus loin en révélant la fonction particulière des emplois précaires tenus par les femmes. Les emplois féminins, surtout ceux liés aux soins à la personne, constituent désormais l'essentiel de la « protection sociale » en Espagne.

C'est du côté des plus jeunes générations que se déploie la réflexion de Luis Enrique Alonso. L'auteur s'intéresse d'une part, au remplacement de l'aspect central du travail par la consommation et d'autre part, aux modes de vie, qu'il appréhende comme des sources élémentaires de l'identité individuelle chez les nouvelles générations de travailleurs espagnols. Il faut voir dans cette thèse puissante, l'imbrication de plusieurs phénomènes qui se sont produits en Espagne ces dernières décennies. D'un côté, la fragmentation et la vulnérabilisation des classes moyennes espagnoles, qui adoptent désormais des stratégies individuelles consuméristes (notamment dans le secteur immobilier) pour conserver leur position sociale et qui participent ainsi à la diffusion d'une forme d'imaginaire collectif valorisant à l'extrême la sphère de la consommation. D'un autre côté, la mise en place de stratégies commerciales tournées vers la consommation *low-cost*, permet aux jeunes précarisés de s'inscrire dans ce modèle de référence. De nouvelles formes de subjectivité, moins combatives et plus consuméristes, apparaissent peu à peu comme un nouvel outil d'individualisation et de construction de communautés symboliques de consommation fragmentées. Une sorte de *carpe diem* résigné prend lentement forme, comme seul horizon vital des jeunes. Plus qu'en termes de précarité du travail, l'auteur propose d'aborder ces différents phénomènes du point de vue de la précarisation de l'élaboration des projets de vie.

Lorenzo Cachón, pour sa part, se focalise sur l'élaboration du « cadre institutionnel discriminatoire » réservé à la nouvelle immigration que connaît la société espagnole depuis une dizaine d'années. Il s'agit ici, pour le sociologue, de mettre à jour le fait que l'Espagne (mais est-elle vraiment seule en ce cas en Europe ?) a créé une législation *ad hoc* pour le travailleur/immigrant et a fait de ce dernier un sujet à part, ne bénéficiant pas d'une égalité avec les autochtones, cumulant les travaux les plus pénibles, les plus dangereux, les moins protégés et rémunérés… L'auteur montre comment, pas à pas, loi après loi, le législateur a offert au patronat espagnol une main d'œuvre ouvrière aux droits sociaux et politiques amputés, niée du fait de son statut d'étranger ; mais aussi, comment la presse et les discours politiques ont dépeint cette population immigrante comme responsable de sa situation, voire coupable de la détérioration de celle des autres (selon la logique bien connue du bouc émissaire)… Or, lorsqu'une société s'emploie à dresser, telle une évidence, le portrait de l'immigrant en précaire, elle banalise la xénophobie et légitime les inégalités.

Deuxième partie : Précarité objective, précarité subjective et souffrance au travail

La contribution de Danièle Linhart, à partir du cas français, peut paraître décalée voire provocatrice lorsqu'elle souligne avec force le fait qu'aujourd'hui, la précarité n'affecte pas seulement les salariés ayant des contrats de travail précaire. Or, ses nombreuses recherches révèlent que les travailleurs français stables, y compris les plus protégés d'entre eux, tels les fonctionnaires et autres agents des entreprises publiques bénéficiant d'un statut du travail réglementaire, garantissant l'emploi à vie, se sentent désormais précaires. Elle parle dans l'article de « précarité subjective » pour désigner ce sentiment de perte de maîtrise (sur son travail, sur son environnement…) ressenti, par nombre de salariés, dans l'accomplissement de leur activité professionnelle. Pour l'auteure, ce processus a des origines clairement identifiables : l'effritement des collectifs de travail et les stratégies managériales d'individualisation du travail venant fragiliser, vulnérabiliser les salariés de façon considérable. La précarité subjective rejoint la précarité objective, et l'enjeu de l'article est de discuter l'opposition radicale « stables/précaires » souvent admise telle une évidence dans les médias et les discours politiques.

Le texte d'Yves Clot interroge successivement ce que la perte de l'emploi fait à l'individu c'est-à-dire, le coût en termes de santé (mentale et physique) généré par l'exclusion du travail ; puis il analyse les effets d'un « travail malade » sur ceux qui *restent* quand tant d'autres salariés sont contraints de *partir*. Il montre ainsi, dans un premier temps, le caractère pathogène de la situation vécue par les chômeurs et précaires qui, privés de travail sont également privés de la relation avec autrui. Si le désoeuvrement fait mal c'est parce qu'il empêche l'individu de « sortir de soi », parce qu'il ne permet pas de mettre à l'épreuve du réel et du collectif, ses capacités, son ingéniosité, son utilité. Mais le psychologue va plus loin en révélant la dimension hautement paradoxale du travail moderne. Du fait de l'intensification du travail et des logiques de quantification permanente de l'activité, il se peut tout à fait que les salariés en activité se sentent désœuvrés eux aussi, parce que leur travail n'a plus de sens ni d'intérêt et qu'ils ne peuvent plus prendre le temps de penser leur activité ni ne sont autorisés à chercher comment l'améliorer. « L'amputation du pouvoir d'agir » fait que les individus se sentent précaires dans le travail comme en-dehors du travail.

Pascale Molinier aborde de front le cas des suicides liés au travail. Dans son texte, elle montre le rôle tenu par les chercheurs (en particulier, la psychodynamique du travail) sur la façon dont la société française aborde désormais les contraintes au travail en termes de « souffrance ». Elle questionne aussi l'apparition de ce qu'elle nomme une « nouvelle catégorie psychopathologique plutôt problématique » : les suicides liés au travail. Pour la psychologue, il n'est pas anecdotique de remarquer que le phénomène des suicides au travail est apparu comme particulièrement insupportable socialement lorsqu'il s'est déployé du côté des cadres masculins et non plus seulement chez les ouvriers et autres travailleurs précaires, ce qui dénote pour l'auteure, une véritable banalisation de la précarité. Plus largement, elle relève qu'il est devenu commun de déplorer les dégâts du travail moderne, de dénoncer « le travail qui fait mal » en négligeant ce que l'expérience du travail peut également apporter à la santé mentale des individus. Mais l'auteure va plus loin en montrant que rapportée à des cas individuels, la souffrance des individus qui passent à l'acte ne peut pas être réduite au seul point de vue du travail, même s'il y tient une place très importante quant on sait l'enjeu qu'il représente pour chacun. Ou pour dire les choses autrement, la thèse défendue ici est que l'enjeu pour les chercheurs qui tentent d'expliquer l' augmentation des cas de suicides au travail, est d'explorer dans quelles situations (et pourquoi), le travail n'a pas su protéger les individus d'une souffrance aux causes assurément multiples.

Amparo Serrano, María Paz Martín et Eduardo Crespo proposent une contribution originale et critique des notions qui, depuis leur création par les instances européennes, ont littéralement inondé la presse comme les discours publics (politiques, institutionnels, administratifs). « Flexsécurité », « activation », « employabilité »... toutes ces notions deviennent des injonctions particulièrement culpabilisantes et individualisantes pour les salariés, en particulier les salariés précaires qui sont sommés de se transformer en individus flexibles et autonomes, capables de prendre des risques, d'innover. La précarité subjective, dénoncée par les auteurs, est l'offensive idéologique qui fait perdre de vue la dimension collective du travail, qui dépolitise l'expérience du travail. L'organisation du travail et ses incohérences, les moyens et ressources (toujours plus limités) qui sont mis à la disposition du salarié pour effectuer son travail, les contradictions dans les prescriptions... sont alors dédouanées. Seuls restent l'individu et ses failles. Dans ce nouveau modèle, le travail n'est plus le théâtre de tensions et de contradictions collectives, il est l'espace privilégié de l'auto-régulation, du contrôle de soi, de sa subjectivité en action. Or, comme le notent justement les auteurs, plus les individus ont le sentiment d'investir une part d'eux-mêmes au travail, plus ils ont l'impression d'être eux-mêmes au travail, et plus l'organisation du travail les assujettit.

S'appuyant sur une analyse fine de la perception sociale du temps, dominante dans la société mondialisée et qui se déploie autour des sentiments d'incertitude, de désarroi, d'inquiétude, d'insécurité ou de confusion, Ramón Ramos explore les formes de mal-être qui surgissent entre le temps du travail et le temps quotidien. Il expose ainsi quatre métaphores, construites selon différentes perceptions du temps : le temps comme une ressource dont on peut ou doit disposer ; le temps comme un environnement qui nous entoure et qui exerce une pression et auquel il faut s'adapter ; le temps comme un élément propre à nous-mêmes en tant qu'êtres vivants, et qui prend corps ; et enfin, le temps comme un horizon à contempler d'un point de vue privilégié, le présent, seul moment où l'observation et l'action sont possibles. Comme le signale l'auteur, ces quatre éléments (ressource, environnement, corps, horizon) ne sont pas les seules métaphores du temps, mais elles sont bien les plus utilisées dans les discours sociaux contemporains.

Troisième partie : Stratégies et pratiques de résistance des précaires

Il s'agit, dans l'ultime partie du livre, d'explorer les capacités des précaires à s'organiser, plus ou moins formellement, pour tenter de renverser la logique des rapports sociaux dans lesquels ils sont pris, pour gagner leur place au sein des collectifs de travail, pour être reconnus des organisations syndicales.

La contribution de Pablo López Calle permet de comprendre les processus de précarisation du travail des jeunes Espagnols, moins comme un effet que comme une condition à la mise en pratique d'un modèle de « voies basses de développement ». C'est un modèle dans lequel la valorisation du capital repose sur l'intensification du travail mais transforme par ailleurs radicalement les formes des relations du travail, fragilise la capacité de mobilisation des syndicats. Pour cette raison, après une présentation des principaux dispositifs mis en place dans les entreprises espagnoles (fragmentation du salariat, fluidification du travail, transformations des contenus des emplois), l'auteur avance la thèse d'une démobilisation générale de la catégorie de ceux qui vivent de leur travail, pour laquelle l'entrée sur le marché du travail d'une nouvelle génération de jeunes travailleurs, avec d'autres conditions d'emploi, a été un facteur déterminant.

Les trois derniers articles vont mettre l'accent, non sur les mécanismes structurels qui rendent l'action collective plus difficile (voire impossible), mais sur les situations inespérées ou inattendues – comme dans le cas des grèves « victorieuses » des travailleurs immigrés clandestins étudiées par le collectif ASPLAN – ou sur les brèches, toujours présentes, qui peuvent permettre aux précaires de s'immiscer dans le jeu des luttes sociales collectives (Calderon J.). Mais il se peut aussi que la mobilisation des précaires se déploie en-dehors du cadre du travail, comme dans le cas du mouvement altermondialiste (Tejerina B., Seguel G.).

Le collectif ASPLAN revient ainsi sur deux mobilisations de salariés sans-papiers qui ont eu cours ces dernières années autour de l'enjeu de la régularisation. Si ces travailleurs appartiennent à ce que Moulier-Boutang a appelé « le salariat bridé » (1998), les mobilisations ont dévoilé une grande diversité de situations. En réalité, les deux cas choisis dévoilent autant de formes prises par les relations sociales entre employeurs et travailleurs sans papiers dans certains secteurs de l'économie formelle. L'analyse de ces relations est d'autant plus importante que la stratégie des travailleurs sans-papiers en France passe aujourd'hui par la lutte pour la régularisation par le travail, ce qui amène ces salariés, avec l'appui des syndicats, à négocier sur le type de travail pouvant justifier une régularisation. Ce texte dévoile certaines tensions à l'intérieur des organisations syndicales, dans leur dynamique de redéploiement vers de nouvelles catégories d'emploi, où souvent la présence syndicale n'a pas été vraiment significative.

C'est une approche semblable que propose José Calderón. Dans son texte, il fait une relecture du processus d'individuation qui permet de comprendre la capacité de « faire » des personnes et la ré articulation de leurs résistances malgré un contexte de déstabilisation provoqué par les processus actuels de restructuration du marché du travail, la fragmentation des processus de production et la précarisation du travail. Pour cela, il s'appuie sur un travail de terrain réalisé dans une usine de transformation française où il analyse l'évolution des formes que prennent les relations à l'intérieur d'un groupe stable (« rapport au travail ») puis les relations entre les travailleurs stables et précaires qui s'établissent au sein des syndicats. En conclusion, il montre que les politiques de précarisation du travail ont conduit les travailleurs stables à essayer de trouver des moyens de recomposer le salariat aussi bien dans l'organisation que dans le discours, afin de faire face collectivement à ces politiques, même si cette dynamique est loin d'être satisfaisante pour les acteurs.

Enfin, Andrés Seguel et Benjamín Tejerina s'interrogent sur la manière dont l'expérience de la précarité vitale a conduit à élaborer des formes d'organisation et a transformé la grammaire des luttes au sein du mouvement altermondialiste, autour de la lutte pour la constitution individuelle d'espaces de vie sociaux. Comme dans le texte précédent, la question des luttes autour du travail comme valeur, fait sa réapparition. Mais si José Calderón montre que les groupes se constituent et se recomposent autour de la discussion ontologique à propos du sens du travail, Andrés Seguel et Benjamin Tejerina se penchent sur l'existence d'un autre mouvement, celui de la mobilisation, qui sort les individus et les groupes de cette discussion et les renvoie à celle de la visibilisation du sujet précaire. Ainsi, les raisons de la mobilisation se déplacent de l'économique au domaine de la vie et les discussions sur la construction des identités et l'autonomie des mouvements (l'émancipation) prennent une place beaucoup plus importante que les mobilisations traditionnelles de la classe ouvrière.

La précarité et ses cibles.

Femmes, jeunes, pauvres et immigrés en première ligne

I

La construction de l'« objet précaire » :
la recherche autour de la précarité dans la littérature sociologique espagnole[20]

Beatriz Cavia et María Martínez

1- Introduction

D'un point de vue anthropologique, la précarité est liée à l'incertitude et à la contingence qui caractérisent la condition humaine. Étroitement liée à cette approche, l'utilisation de ce concept est entrée dans le langage pour définir essentiellement, tout ce qui manque de stabilité, de durée, ce qui est incertain, fugace ; et il a fini par qualifier certains aspects du monde du travail. Cet usage est entré dans le social comme dans le traitement réalisé par la sociologie des cultures du travail et d'autres dimensions du social.

Le discours autour de la précarité a été présent dans les sciences sociales dès leur fondation et tout au long de leur consolidation en tant que discipline, et ce du fait de leur émergence à un moment de crise sociale. Bien que dès le début, le discours de la précarité se soit articulé autour d'autres notions comme l'*anomie*, l'*aliénation*, la *marginalité*, la *pauvreté*, la *crise*, … l'un des domaines auquel elle semble très intimement liée dans son développement conceptuel est celui de l'*insécurité*, un concept largement théorisé à l'époque contemporaine par l'intermédiaire de ses synonymes de *risque*,

---

20. Cet article doit beaucoup à la réflexion collective conduite au sein de notre laboratoire de recherche, le CEIC (Centre d'études sur l'identité collective) de l'Université du Pays Basque.

chaos, complexité... Penchons-nous rapidement sur cette relation.

Rappelons que son origine étymologique *precarius* est *precor* – tout comme *(to) pray* : prier –, « *ce que l'on obtient par prière* ». Avec la modernité – alors qu'il n'y a plus de divinité à prier pour garantir la sécurité – apparait un nouveau *protecteur* de la communauté, de l'individu-citoyen, sous la forme de l'État-Nation. Le passage de l'État moderne à une *société salariale*, à l'époque fordiste, a correspondu à « *la disposition d'un socle de ressources et de garanties sur lequel le travailleur peut prendre appui pour maîtriser le présent et avoir prise sur le futur* » (Castel, 1995: 324). Ainsi, la précarité a été progressivement associée à l'État-providence et à ses politiques d'intégration et d'exclusion. Pour prendre comme exemple le cas français, le terme a d'abord eu un rapport avec la pauvreté (Pitrou, 1978, est la première à l'associer aux familles vulnérables), puis s'est étendu au statut de l'emploi (Schnapper et Villac, 1989) et enfin dans les années 90, au travail (Paugam, 1993), tandis que dans le monde anglo-saxon, dans les années 90, la précarité est liée à la *flexibilité* et à la *corrosion* (Sennet, 2000) qui se produit comme symptôme de déstabilisation du social.

- 43

Ce parcours sémantique permet le passage d'une acception sociologique du précaire partant du marginal, à un rapprochement progressif du domaine de l'emploi puis du travail, sans oublier que de nombreuses perspectives qui s'intéressent à la centralité du travail, ou à sa crise, vont également extrapoler la signification du précaire à la structure sociale (Bourdieu, Beck, Giddens). Ainsi, au cours des dernières décennies, la question de la précarité est devenue un objet d'étude dont le sens s'est progressivement élargi et peut s'appliquer comme condition contextuelle au-delà de l'institution sociale du travail, comme caractéristique sociale qui touche d'autres personnes que les travailleurs (ou dont la position de travailleurs n'est que l'un de leurs traits identitaires), et elle peut également refléter certains des processus sociaux contemporains liés à ce que l'on appelle la *crise du social*.

Cette évolution devient intéressante lorsqu'il s'agit d'envisager la possibilité d'une comparaison empirique dans différents contextes, ce qu'a étudié Barbier (2004 et 2005) dans le but de trouver une catégorie homogène entre la perspective anglo-saxonne et méditerranéenne. Ce que nous essayerons de montrer ensuite est comment cette évolution s'est produite dans le cas de la sociologie espagnole et vers quels termes le débat sur la précarité dérive actuellement.

Dans le cas précis de la sociologie espagnole, nous reprendrons plusieurs études qui nous semblent pouvoir être associées à l'étude de la précarité des dernières années[21] : d'un côté, celles plus axées sur l'institution du travail et de l'emploi ; et de l'autre, celles qui révèlent une relative ouverture de sa sémantique à d'autres champs – ce faisant, nous verrons les potentialités nouvelles de la précarité comme concept théorique et analytique.

2- LA PRÉCARITÉ PERÇUE DU POINT DE VUE DE LA PERTE DE LA CENTRALITÉ DE L'INSTITUTION DU TRAVAIL ET DES TRANSFORMATIONS DU MARCHÉ DU TRAVAIL CONTEMPORAIN

Arrêtons-nous tout d'abord sur l'ensemble des travaux qui se sont penchés sur les questions du marché du travail, sachant que leur développement récent s'est fait à travers le prisme des dynamiques et des processus qui gravitent autour (Prieto, 2008 ; Beck, 2000 ; Sennet, 2000). À partir de là, les réflexions et les débats se sont axés sur des aspects concrets du marché du travail et de l'environnement professionnel de la vie des personnes, puis sur la manière dont les conditions de ce marché ont influencé et conditionné les formes de vie et les relations sociales.

Si certains travaux se sont intéressés aux fondements macroéconomiques et structurels de la précarité du travail

---

21. Il ne s'agit pas d'un recueil exhaustif de l'ensemble de la bibliographie sur la précarité, mais plutôt d'une approche des principales lignes de la construction de l'objet « précarité » depuis les années 1990 dans les études empiriques et les réflexions théoriques espagnoles.

(Arriola, 2007 ; Cano, 2000), très souvent, un rapport entre les conditions de travail et différents groupes a été établi, par l'étude de leur risque de marginalisation sociale, des effets de la crise de l'intervention politique dans les états dotés d'un système de protection et de garantie du bien-être social ou de ces mêmes effets sur la limitation des droits de citoyen. Ces aspects mettent en avant un certain manque d'intégration et une institutionnalisation de l'inégalité sociale (Bauman, 2005 et 2003), dont l'étape finale du processus conduirait à l'exclusion sociale (Alteri et Raffini, 2007 ; Castel, 1997). L'approche centrale de ces recherches est la *vulnérabilité* des personnes en difficulté d'insertion sur le marché du travail, sur lequel se produit une flexibilisation croissante des conditions de travail (Arriola et Vasapollo, 2005 ; Cano, 1996) qui s'étend à une société industrialisée moderne incapable de faire face à ces situations (Alonso, 2007 ; Zubero, 2006).

Le processus de *flexibilisation* du travail est abordé sous plusieurs angles, notamment celui qui insiste sur la remise en cause du rôle de l'État dans la création de législations plus souples du marché du travail (Valdés, 2007 ; Olmedo, 2006 ; Bilbao, 1998 ; Ortiz de Villacaín, 1998) ; mais il est également saisi sous l'angle de la détérioration et l'érosion de la citoyenneté des chômeurs ou des personnes en situation de précarité professionnelle et sous celui de la répercussion de ce processus sur la structure sociale de l'inégalité et de l'exclusion sociale. Ces recherches empiriques sur le marché du travail s'inscrivent dans un débat théorique plus large sur les transformations du travail et la crise de la citoyenneté au travail[22].

Lorsqu'on parle de flexibilité, on parle avant tout de *l'aspect temporaire du travail*, sachant qu'il est perçu comme l'une des bases de la vulnérabilité et de la précarisation. Pendant ces dernières années, l'emploi temporaire sur le

---

22. Parmi les travaux les plus remarquables sur cette question, citons : Crespo, Prieto et Serrano, 2009 ; Prieto, Ramos et Callejo, 2008 ; Cano, 2007 ; Alonso, 2007 et 2004 ; Pérez-Agote, Tejerina et Santamaría, 2005 ; Beck, 2000 ; Sennett, 2000 ; Supiot, 1999 ; Gorz, 1998 ; Meda, 1998 ; Bouffartigue et Eckert, 1997 ; Castel, 1997 ; Hochschild, 1997 ; Offe, 1992.

marché du travail espagnol n'a cessé d'augmenter et se situe aujourd'hui à l'un des niveaux les plus élevés des pays de l'OCDE (Camacho, 1991). La précarité du travail et ses effets sur les conditions de travail du fait de l'augmentation du travail temporaire finissent par affecter la situation des travailleurs en CDI (Bilbao, Cano et Standing, 2000 ; Cano, 1998 ; Blanco et Otaegui, 1990-1991), au point que l'aspect temporaire du travail comme ses différentes formes deviennent des formes types de l'emploi précaire (Laparra, 2007 ; Frade et Darmon, 2005 ; Polavieja, 2003). Par ailleurs, certaines des situations que génèrent la flexibilité et les conditions de travail informel conduisent à des conditions de santé et de vie précaires (García, Álvarez, Solano et Viciana, 2002 ; Vogel, 1994) ainsi qu'à la vulnérabilité de certains groupes (Cano, 1998).

Une question fermement débattue concerne les conséquences de la perte de la centralité du travail et sa répercussion sur l'identité collective dans un contexte moderne qui a considéré le travail comme l'une des valeurs centrales de l'articulation du social (Santamaría, 2009 ; Pérez-Agote, Tejerina et Santamaría, 2005 ; Sánchez Moreno, 2005 ; Prieto et Miguélez, 1999).

Tous ces travaux ont conduit à l'institutionnalisation de certains termes tels que « l'emploi faible » (Alonso, 2000), « les travailleurs flexibles et précaires » (Zubero, 2006 ; Arriola et Vasapollo, 2005 ; Díaz-Salazar, 2003 ; Bilbao, 1998) ou encore « la crise du travail » (Castel, 1998).

Pour cela, on s'est penché sur les effets que les différentes situations professionnelles ont sur les conditions de vie de plusieurs groupes (jeunes, femmes, immigrés, personnes âgées, personnes sans qualification) et sur la manière d'y faire face.

L'analyse des répercussions de la précarisation du marché du travail sur la société est également réalisée par le biais de l'étude des formes de vie de groupes présentant certaines particularités et situations concrètes. C'est le cas de certaines situations de groupes de jeunes, de femmes ou d'immigrés, analysées du point de vue de la flexibilité de leur insertion sur le marché du travail et qui conduiraient à des conditions de vie précaires.

3- LES SUJETS DE LA PRÉCARITÉ ET QUELQUES FORMES DE RÉSISTANCE

Comme on l'a dit plus haut, un grand nombre d'études sur la précarité s'est axé sur la construction de certains sujets collectifs caractérisés par une signification sociale née de l'absence de certains attributs sociaux, soit en termes identitaires soit en termes matériels. Certains de ces sujets précaires qui représentent un intérêt sociologique sont les jeunes, les femmes et les immigrés. Nous reprendrons certaines études qui mettent en avant ces manques et nous terminerons en observant comment certaines résistances prennent forme par le biais de l'action collective.

Sujets précaires et jeunesse

En ce qui concerne la jeunesse en tant qu'identité précaire – dans la mesure où cette période de la jeunesse a été traditionnellement considérée comme un *rite de passage* (Turner, 1988 ; Van Gennep, 1986) – la plupart des analyses découlent de l'équation selon laquelle l'accès au marché du travail représente l'entrée dans l'âge adulte. Cela signifie que ces conditions de jeunesse et les formes d'entrée dans l'âge adulte ont été étudiées spécifiquement. Dans certains cas, la précarité salariale et la flexibilité du travail (Sánchez Moreno, 2005 et 2004) rendent difficile l'émancipation des jeunes ainsi que la réalisation de projets de vie personnels, et renforcent le rapport de dépendance familiale. Ces situations sont une conséquence, en plus de dépendre de facteurs culturels, de la limitation de l'accès aux ressources nécessaires à l'émancipation (Pérez-Agote et Santamaría, 2008 ; Jurado, 2007 ; López, 2005 ; Hernández, 2002). Les principales difficultés sont liées au marché immobilier, à la situation des salaires, aux emplois temporaires et aussi au rôle de la famille « méditerranéenne » qui, associés au projet de vie (d'avenir), sont des motifs pour lesquels il est possible de parler de stratégies pour arriver à la vie adulte (Machado, 2007 ; Hernández, 2002) et qui ont une répercussion sur le processus de construction de l'identité (Díaz Moreno, 2007 ; Sánchez et Barrón, 2007 ; Sánchez, 2004).

La question de l'insertion professionnelle mène à de nouvelles situations d'exclusion sociale, et sachant que les caractéristiques de la société actuelle qui se dessinent, sont différentes de celles que nous avons connues dans la période précédente (moins marquées par la précarisation sociale), les effets du travail pour les nouvelles générations sont très différents de ceux que les précédentes ont vécus ou de ceux que connaissent les générations actuelles[23].

Enfin, en tenant compte du rapport entre le marché du travail, les processus d'émancipation et la jeunesse, certaines études ont démontré qu'il y a eu, au fil de l'histoire, une relation étroite entre le travail et le choix politique et plus largement, que les conditions professionnelles ont toujours une certaine influence sur le vote des jeunes même si elle s'est réduite ces dernières décennies (Salido et Martín, 2007). Ainsi, on s'est particulièrement intéressé à la culture politique, en considérant les comportements des jeunes, notamment les intentions de vote et leur rapport avec la situation professionnelle, et à la répercussion que l'idéologie et la situation économique ont sur ces intentions (Lago, 2007 ; Polavieja, 2000). Des études se sont également penchées sur le processus historique et sur la manière dont se socialise la jeunesse dans le contexte de la culture de la précarité (Gálvez, 2005, 2007a et 2007b ; Arias, 2007).

Sujets précaires et sexe

La sociologie espagnole a également abordé le rapport entre femmes et travail, dans une perspective liée à la problématique du genre (VV. AA, 2003 ; Prieto, 2007)[23]. Le thème central des études qui se sont intéressées aux femmes en tant que sujet précaire se sont axées sur leur vulnérabilité (Alonso et Torres, 2003). Celle-ci est très liée à leur invisibilité dans certains domaines professionnels, comme dans le cas des femmes de la campagne et de milieux populaires (Camarero

---

23. Pour aller plus loin sur ce thème, on pourra notamment se référer aux travaux de Jiménez, Martín, Navarrete, Pinta, Soler et Tapia, 2008 ; Casal, García, Merino et Quesada, 2006 ; Cal Barredo, 2002 ; Pérez-Agote, Tejerina, Cavia et Santamaría, 2001.

et al., 2005). Certains chercheurs ont ainsi mis en avant l'existence d'un *plafond de verre*.

On s'est également intéressé à d'autres situations telles que celles vécues par les mères célibataires (González, Jiménez et Morgado, 2004 ; Moreno, 2000 ; Tobío et Fernández Cordón, 1999) et comment les femmes parviennent à concilier vie professionnelle, personnelle et familiale (Prieto, Ramos et Callejo, 2008 ; Carrasquer et Torns, 2007)[24]. Elles sont confrontées au maintien d'un certain équilibre entre relations sociales et familiales, entre travail informel et travail domestique (Banyuls, Cano, Picher et Sánchez, 2003). Tous ces changements ont contribué à faire émerger des concepts tels que celui de *précarité familiale* (Morente et Barroso, 2003) puis à analyser ses effets sur les enfants mineurs dépendants. Il ne faut pas oublier que très souvent, il existe une interrelation entre plusieurs éléments comme la religion, la culture et la citoyenneté (Colectivo IOE, 2001). C'est pourquoi au-delà des institutions du travail et de la famille, l'approche liée au sexe peut s'appliquer à l'étude de la précarité dans tous les domaines du social (Poveda, 2006 ; Gregorio, 1998).

Sujets précaires et immigration

Le processus d'insertion sociale des personnes issues de l'immigration occupe depuis ces dernières années, une part significative des travaux empiriques[25] et donne une grande importance aux relations sociales et aux conditions de travail, tout en sachant que c'est dans le processus migratoire qu'il est le plus difficile de déterminer les effets des transformations du marché du travail de manière isolée, car dans le cas des

---

24. On a essentiellement travaillé sur les femmes comme sujet précaire, même s'il ne faut pas oublier que selon cette approche de genre, il faudrait s'intéresser à la précarité des relations sociales entre les hommes et les femmes, ainsi qu'aux processus de construction de l'identité traversés par les dimensions de la sexualité et de la corporalité, une approche dans laquelle entreraient des aspects liés aux axes hétérosexualité/homosexualité/transsexualité, à l'axe masculinité/féminité, etc.

25. Voir notamment, les études de Cachón, 2003, 2006 et 2007 ; Blanco, 2002 ; Colectivo IOE, 1999.

sujets immigrés, la précarité est perçue comme une situation transversale. Cette transversalité fait que les champs dans lesquels on analyse la précarité sont liés aux autres types de situations, que l'on étudie les sujets individuellement ou que l'on parle de différents groupes ethniques ou groupes d'immigrés.

Dans le cadre de la diversité de perspectives existantes, certaines recherches se sont penchées sur l'analyse démographique du phénomène et sur la répercussion d'une croissance de l'immigration sur les changements sociaux de la société d'accueil (Solé, 1995). Dans d'autres études, on a abordé la précarité résidentielle et les conditions de logement (Martínez, 1999), les caractéristiques du milieu, les réseaux de solidarité sur le lieu d'arrivée et ceux du quartier d'installation (Pérez-Agote, Tejerina et Barañano, 2010), ainsi que l'accès à la satisfaction des besoins de base et les rapports salariaux autour de l'idée d'exclusion résidentielle (Lacomba et Royo, 1997).

Les études sur l'immigration axées sur le marché du travail proposent plusieurs approches. Dans certains cas, elles sont liées à l'intervention sociale (par le biais d'organisations spécialisées dans les questions de l'immigration) et elles soulignent l'importance des situations professionnelles et de précarité dans l'intégration de ce groupe (Pereda, 2002). Un autre point de référence se situe dans les relations établies avec l'environnement de travail, qui peuvent déclencher des situations de racisme et de xénophobie et pour finir des relations conflictuelles entre les groupes nationaux et étrangers (Martínez, 2001).

Le travail domestique est un espace essentiellement occupé par l'immigration féminine. Certaines études s'intéressent particulièrement à la situation des femmes immigrées, aux changements progressifs de leurs propres schémas sociaux et de leur situation. Elles montrent que ces changements culturels conduisent à une meilleure acceptation de la société d'accueil, même si elles continuent à exercer des métiers caractérisés par la précarité avec, pour conséquence, le seul accès à des contrats temporaires, à l'instabilité et l'insécurité professionnelles.

Il est important de ne pas oublier que la situation d'irrégularité de certains immigrés accroît l'instabilité et les difficultés d'accès au marché du travail. Cette situation est analysée sur la base des concepts de démocratie et de citoyenneté, en tant que défi pour l'intégration des immigrés. Ces analyses mettent en avant l'absence de droits, conséquence de la situation d'illégalité, de l'impossibilité de disposer d'une carte de séjour et de la nationalité (Lacomba, 1997).

La précarité du point de vue de l'action sociale

Il convient de signaler une série de travaux portant sur la question du capital social, du bénévolat, des associations et des mouvements sociaux, surtout si l'on considère l'augmentation récente de la mobilisation autour de la précarisation sociale liée au mouvement altermondialiste (Tejerina, Martínez de Albeniz, Cavia, Gómez et Izaola, 2008 et 2006). On notera également les travaux de Montero, Font et Torcal sur la confiance politique, le capital social et le mouvement associatif (2006). Dans le même ordre d'idées, des études se sont penchées sur la participation (Funes, 2006), le vote politique (Polavieja, 2000), la relation entre « capital social et rendement institutionnel » et le mouvement associatif (Ariño, 2004). Dans ce cadre, la précarité est perçue comme une nouvelle forme de mobilisation sociale s'exprimant par le biais des nouvelles technologies, comme une caractéristique associée à l'identité d'une génération, comme un paradigme identitaire qui détermine une forme concrète de mobilisation et d'exister dans la société, comme un moyen de revendication des demandes sociales. Il s'agit en définitive d'une nouvelle forme de mobilisation sociale qui, grâce au cyberespace, peut créer ce que Pierre Lévy (1994) appelle l'intelligence collective, en mettant en avant la précarité des relations sociales qui naissent par le biais de ces communautés virtuelles (Díaz Moreno, 2007 ; Valiente, 2004). C'est dans ce même contexte de mobilisation politique que la forme de mobilisation contre la précarité et le contexte de la structure d'opportunité politique ont été analysés dans plusieurs pays européens (Mosca, 2006 ; Pereda, 2002).

4- Conclusions

Cet aperçu des recherches sur la précarité révèle que la plupart des études réalisées par les universités espagnoles gravitent autour du monde du travail ou encore des identités collectives qui naissent dans des situations conflictuelles. Mais l'analyse de la précarité doit, à notre sens, aller plus loin désormais. En effet, la précarité n'est pas uniquement un manque ponctuel et limité (de travail, de sécurité, d'institution), c'est une donnée structurelle et généralisée qui s'inscrit dans toutes les dimensions de la vie sociale. Elle n'apparait plus comme une panne du système qu'il faut réparer, comme tendraient à l'indiquer les discours en termes d'exclusion versus intégration. Les situations précaires sont en fait un mécanisme associé au fonctionnement social lui-même. Il ne faut pas oublier que ce mécanisme s'est accéléré pendant la période que l'on peut appeler « phase de modernité tardive », et à l'époque actuelle, il s'installe au centre même de la vie sociale. Finalement, la précarité ne fonctionne plus comme un créateur d'espaces marginalisés, mais elle s'est généralisée et a fini par définir des situations sociales concrètes et quotidiennes. Dans le même ordre d'idées, elle est devenue un concept autour duquel s'articulent des définitions sociologiques qui ne peuvent plus s'exprimer avec le vocabulaire classique des sciences sociales. C'est le sens du concept de « précarité vitale » qu'il nous semble important d'avancer pour rendre compte d'un processus qui s'étend aux différentes dimensions de la vie sociale et qui affecte jusqu'aux classes moyennes de la population, c'est-à-dire ceux qui, dans la modernité, définissaient le sujet centré, cohérent et fort et qui aujourd'hui ne peuvent plus être définis comme tels.

La sociologie espagnole des dernières années s'est intéressée à l'étude de la précarité de façon sans doute trop statique et/ou déterminée. Elle n'a accordé que peu ou pas d'importance au rôle que les sujets sociaux jouent dans la manière d'aborder cette précarité, dans les stratégies créatives qu'ils mettent en place. Il est temps désormais de saisir la précarité comme un élément central de la vie sociale et d'observer à quel point l'extension du précaire à ce qui est considéré comme « normal » fait bouger les lignes actuelles de la pensée sociologique.

II

Genre et précarité en France :
vers la mise en cause de l'autonomie des femmes ?

Sabine Fortino

Aujourd'hui, près d'un actif sur deux, en France, est une femme (47% en 2007) et ce chiffre est en constante progression depuis les années 1960. Dit autrement : les salariées ne constituent pas un groupe minoritaire mais une composante essentielle de la population active, au même titre que les hommes. Cependant, les conditions d'accès à l'emploi, la nature des contrats de travail, la vulnérabilité face au chômage et le type de métiers principalement exercés par les femmes relativisent grandement cette évolution remarquable. Les femmes constituent en effet l'une des principales cibles du processus de précarisation et « d'effritement de la société salariale » (Castel) que nous connaissons depuis le milieu des années 1980. De fait, la précarité au féminin n'est ni nouvelle ni récente. Elle est le lot commun de nombre de femmes au travail depuis 30 ans et s'avère particulièrement tenace voire résistante tant aux politiques publiques qu'à l'impact sur l'emploi des périodes (limitées mais réelles) de reprise économique que la France a connues entre 1997 et 2000, par exemple. On peut alors considérer que la précarité féminine a largement préfiguré un processus plus vaste de précarisation qui, peu à peu, s'est étendu et a touché des catégories jusqu'alors épargnées par cette forme aiguë de fragilisation et de vulnérabilisation professionnelles.

Plus encore, cette précarité objective se double désormais d'une précarité subjective qui tend à transformer les rapports que les femmes entretiennent avec le travail (salarié et domestique) et porte atteinte à leurs position et identité sociale dans la société comme au sein de la cellule familiale. La fragilisation excessive des statuts d'emploi féminins contribue en effet à « rabattre » les femmes vers la sphère familiale lorsqu'elles n'arrivent pas ou plus à tenir dans l'emploi, surtout lorsqu'elles ont des enfants. Elles « ne tiennent plus » lorsque les contraintes professionnelles, la mauvaise qualité de l'emploi et du travail qu'elles effectuent, sont telles qu'il devient presque impossible de concilier une vie personnelle et familiale. Elles « ne tiennent plus » non plus lorsque la précarité subie dans la sphère professionnelle fait perdre à ces femmes, dans la sphère privée, une grande partie de leur légitimité de travailleuses. Elles « ne tiennent plus » enfin lorsque leur travail perd de son sens.

À partir d'une enquête empirique menée auprès de femmes, chômeuses de longue durée et salariées précarisées qui tentent de s'insérer (ou se réinsérer) sur le marché du travail[26], l'analyse développée ici se propose de montrer que

---

26. L'enquête réalisée visait à comprendre les ressources et les stratégies d'un public féminin au chômage ou dans des emplois précaires, reçu dans les BAIE (Bureaux d'accompagnement individualisé vers l'emploi), une structure interne propre à chaque Centre d'informations des droits des femmes (CIDF) régional. Dans ce cadre, il leur était proposé un accompagnement personnalisé, censé les aider à s'insérer durablement sur le marché du travail – accompagnement prenant la forme de conseils et d'orientation en matière de formation, d'aide à la recherche active d'emploi (Cf., rédaction de curriculum vitae, bilan de compétences, démarchages d'entreprises…), ou encore, de stages visant à aider les chômeuses à reprendre confiance en elles, à élargir leur projet d'insertion vers des secteurs non traditionnellement féminins et fortement pourvoyeurs d'emplois… L'enquête de terrain comprenait deux volets – l'un, de nature qualitative et l'autre par questionnaires. Une cinquantaine de récits de vie ont été réalisés auprès de femmes d'âge, de situation familiale et de niveau de diplômes différents, choisies parce qu'elles participaient aux BAIE de cinq bassins d'emploi : St-Nazaire, Perpignan, Montauban, Besançon et la Région parisienne (Charles, Fortino : 2001-1 ; Fortino, 2009). Cette investigation a connu un prolongement récent avec une étude centrée, cette fois, sur les pratiques des conseillers à l'emploi vis-à-vis des chômeuses et salariées précaires, sur l'étude des projets innovants en matière de genre que l'organisme étudié mettait en place pour favoriser le retour à l'emploi des femmes (Bruneteaux P., Charles F., Fortino S., 2008).

la précarité aujourd'hui remet en cause l'opposition supposée radicale entre activité et non-activité des femmes dans la société salariale moderne. Quel statut a-t-on, dans sa vie privée, lorsqu'on travaille en dehors du domicile seulement quelques heures par semaine ? Quelle est alors l'image qui prédomine aux yeux des enfants ou du compagnon : celle de la travailleuse ou de l'active ou celle du parent au foyer ? Et dans une société où le travail reste une valeur sociale forte, quels rapports à soi et aux autres peuvent se créer dans la précarité ? Comment faire société avec les autres quand on tarde à retrouver une place sur le marché du travail ou lorsque celle-ci est trop incertaine et périodiquement remise en cause ?

Le problème est en outre que pour les femmes, le travail est un enjeu individuel et collectif particulier car historiquement, on le sait, la domination masculine prend racine dans l'exclusion des femmes de la sphère publique et professionnelle. De fait, c'est le sens du travail en tant qu'instrument de l'émancipation des femmes qui est posé dès lors que la précarité opère une dissociation entre l'accès au travail (salarié) et l'autonomie des acteurs sociaux, lorsque l'expérience du travail rend les individus vulnérables et dépendants (des services sociaux, du couple…) au lieu d'être un élément-clé du processus d'individuation.

Notre analyse prolonge dès lors les réflexions initiées par B. Appay dès le milieu des années 1990, qui définissait la précarisation sociale comme « un double processus d'institutionnalisation de l'instabilité (…) : une instabilité économique résultant de la précarisation salariale et des évolutions des systèmes socioproductifs » ainsi qu'une instabilité sociale produite « par la transformation des systèmes législatifs afférents au travail et à la protection sociale » (Appay, 1997 : 518). Cette définition de la précarité comme processus multiple de vulnérabilisation sociale s'est largement imposée dans la sociologie française, en particulier dans la sociologie du travail et de l'emploi (Hirata, Préteceille, 2001). Plus récemment, R. Castel va avancer l'idée d'une « condition précaire » pour caractériser les évolutions très contemporaines de la condition salariale, et qui renvoie selon lui « à une précarité permanente qui n'aurait plus rien d'exceptionnel ou de provisoire ». De ce constat, il tirera la notion de « précariat », pour définir « cette condition sous laquelle la précarité devient un registre propre de l'organisation du travail » (Castel, 2007 : 422). Notre travail tend à montrer que la précarité devient également, « un registre propre » du rapport au travail, à son sens, sa finalité, son utilité (collective et individuelle). De fait, la précarité en tant qu'expérience sociale et subjective de la vulnérabilité a un impact très fort sur la possibilité, pour les femmes, de contrer la dynamique oppressive des rapports sociaux de sexe, en premier lieu dans le cadre familial.

1- DES INÉGALITÉS DE PLUS EN PLUS INFONDÉES

Dans bien des domaines (l'éducation, le politique, le travail, le droit à disposer de son corps), le XXᵉ siècle a marqué une évolution sans précédent de la situation comparée des hommes et des femmes dans la société française. Ainsi, depuis les années 1980, la réussite scolaire des filles s'est encore amplifiée et ce, dans tous les domaines de la vie scolaire (Cf., durée des études, niveau de diplôme, taux de réussite aux examens…). Cependant, cette meilleure performance scolaire féminine n'empêche pas que les jeunes diplômées ont plus de risques que leurs comparses masculins de connaître le chômage[27] et/ou un déclassement sur le marché du travail (c'est-à-dire un décalage entre leur niveau de qualification initial et l'emploi occupé à la sortie du système scolaire, qui s'avère faiblement qualifié et/ou rémunéré) (Giret, Nauze-Fichet, Tomasini, 2006).

---

27. Le taux de chômage des jeunes femmes de 15 à 29 ans entre 1975 et 2007 est systématiquement supérieur à celui des jeunes hommes, avec des écarts pouvant atteindre 6 points comme en 1995 (Minni, 2009). Depuis 2008, la tendance est à « l'égalisation » (avec un taux de chômage des deux sexes de cette même tranche d'âge s'élevant à 13,5% environ), mais elle reste à confirmer dans le temps.

De même, l'accès libre à la contraception (1969) et à l'avortement (1975) comme l'évolution des comportements d'activité féminins à partir des années 1960, ont permis une insertion professionnelle moins conditionnée par les maternités et l'éducation des enfants en bas âge. Désormais, la grande majorité des femmes (plus de 80% d'entre elles) n'interrompt plus son activité professionnelle lors de la naissance d'un ou même de deux enfants et se trouve dans une logique de continuité des parcours professionnels et de cumul des activités familiales et salariées (Maruani, Reynaud, 1999). Or, malgré ces preuves éclatantes du caractère central voire prioritaire qu'occupe l'activité professionnelle dans la vie des femmes, les entreprises font comme si leur disponibilité était encore moindre ou moins garantie que celle des hommes. C'est aux femmes qu'elles continuent d'imposer le travail à temps partiel au nom de la conciliation des rôles alors que cette forme d'emploi ne sert qu'à introduire toujours plus de flexibilité et de corvéabilité, nous y reviendrons.

La diversification des métiers exercés par les femmes et la mixité grandissante au travail sont là encore des facteurs qui peuvent jouer favorablement sur l'insertion professionnelle des femmes, même si le processus reste encore limité d'un point de vue statistique[28]. Disposant de diplômes plus diversifiés qu'auparavant, de qualifications plus élevées, les femmes qui vont taper aux portes des entreprises ont désormais des atouts sérieux. Toutefois, mixité ne rime pas avec égalité (Fortino, 1999, 2002 ; Guichard-Claudic, Kergoat, Vilbrod, 2008), sans compter que cette progression de la mixité met en lumière l'accroissement des inégalités… entre femmes. En

---

28. L'éventail des métiers féminins n'est pas aussi étendu que celui des métiers masculins : « en 2002, 10 des 84 familles professionnelles regroupent encore plus de la moitié des emplois occupés par les femmes. À titre de comparaison, les 10 premières familles professionnelles occupées par les hommes ne regroupent que 30% de leurs emplois » (Méron, 2005 : 252). De fait, les femmes sont très représentées (i. e, dans une proportion dépassant 63% et pouvant aller jusqu'à 99%) dans des métiers tels que : « agents d'entretien » (74,2%), « assistants maternels, aides à domicile » (99%), « vendeurs » (69%), « secrétaires » (97%), « professionnels de l'action sociale, culturelle et sportive » (65%)…

effet, une partie des femmes accède désormais aux emplois de catégorie intermédiaire ou supérieure alors qu'une fraction de plus en plus importante des salariées ne parvient pas à échapper à la précarité et aux *bad jobs*. C'est un processus de « bipolarisation de l'emploi féminin » (Maruani, 2000) qui, pour partie s'autoalimente en permanence, comme l'a notamment montré C. Marry qui considère que « l'activité des plus qualifiées (a généré) des emplois pour celles qui le sont moins (femmes de ménage, cantinières, aide-maternelles, caissières d'hypermarché) » (Marry, 1997 : 187). Ainsi, directement – avec les emplois d'aides au domicile des particuliers – ou indirectement – avec les services marchands réalisés par des entreprises spécialisées (Cf., les activités de pressing, les fast-foods et autres traiteurs, l'aide aux devoirs des enfants…) – l'intégration professionnelle de certaines femmes dans les niveaux intermédiaires et supérieurs de la pyramide des emplois a favorisé la création d'emplois féminins dans les niveaux inférieurs, faiblement rémunérateurs et, souvent aussi, mal protégés par la législation.

2) La dégradation continue des conditions d'emploi des femmes depuis les années 1980

Ainsi, on ne s'étonnera pas si la majorité des emplois non qualifiés en France, en 2006, est occupé désormais par des femmes (Alonzo, Chardon, 2006). Il convient aussi de noter que ces dernières sont également majoritairement représentées au sein du groupe des chômeurs et des travailleurs à statut d'emploi précaire.

On observe en 2008, un écart d'un point entre le taux global de chômage des hommes (6,9%) et celui des femmes (7,9%) (enquêtes emploi de l'INSEE, 2008). Si le chômage frappe plus durement les personnes sans diplôme ou faiblement diplômées que les titulaires d'un titre scolaire tels que le Baccalauréat, il n'en demeure pas moins que *les femmes tous niveaux de diplômes confondus* sont plus touchées que les hommes. Ainsi, on compte 13,2 % de chômeuses parmi les femmes sans diplôme (contre 12,3% des hommes), 9,1% de chômeuses pour les titulaires de BEP-CAP (contre 6,6%), 7,5% de bachelières au chômage (contre 6% de bacheliers) et presque 5% de titulaires féminines d'un diplôme du supérieur (contre un peu plus de 4% des hommes). La répartition sexuelle du chômage suivant la catégorie socioprofessionnelle accuse un profil similaire : une vulnérabilité plus forte du côté des CSP inférieures (ouvriers, employés) et un surchômage féminin *toutes catégories confondues*. Ainsi, en 2008, on compte 14,4% d'ouvrières au chômage (contre 9,2% d'ouvriers), 7,6% d'employées (contre 6,7% d'employés), 3,2% de cadres féminins contre 2,9% de cadres masculins…

Le sous-emploi se conjugue également au féminin. Dans cette catégorie (constituée par les salariés qui ont un emploi à temps partiel imposé et qui voudraient travailler plus), la part des femmes y est dominante : en 2007, 9% des femmes qui travaillent sont en sous-emploi contre 2,5% des hommes qui travaillent. Ainsi, le sous-emploi concerne presque un million de femmes contre un peu plus de 300 000 hommes. Mais peut-on encore parler d'emploi lorsque la durée hebdomadaire moyenne de travail est inférieure à 15h ? Presque 5% de la population active féminine connaît cette situation professionnelle en 2008. Dit autrement : 78,3% des salariés qui travaillent moins de 15h par semaine sont des femmes[29].

Plus largement, le taux de féminisation du travail à temps partiel (TTP) s'établit à des hauteurs vertigineuses (82%) et concerne désormais 30% des femmes qui ont un travail. En moins de 20 ans, le TTP est devenu « la figure emblématique de la division sexuelle du marché du travail (…) et appartient de façon évidente à la recension des dommages du chômage » (Maruani, Meulders, 2005 : 235). En effet, il n'est plus cet

---

29. Le travail à temps partiel n'a cessé de progresser depuis les années 1980, passant de 9% des actifs occupés en 1982 à 17% en 2008. Notons également que 15,8% des femmes qui travaillent effectuent entre 15 et 29 heures par semaine (contre à peine 1,5% des hommes). De fait, le travail à temps partiel supérieur à 30 heures par semaine – et qui se décline notamment sous la forme d'une journée travaillée en moins dans la semaine par rapport à un temps complet - est devenu une configuration temporelle minoritaire.

« outil progressiste » permettant aux individus des deux sexes de mieux arbitrer la place occupée par l'activité professionnelle face aux autres sphères (famille, loisirs, citoyenneté…) de leur vie sociale. Il est désormais largement imposé aux salariés par des entreprises qui créent des emplois directement à temps réduit. Ainsi, « sur près de 3 millions d'emplois créés entre 1982 et 2007, plus de 2,3 millions l'ont été à temps partiel » (Dayan, 2008 : 23). Or, le TTP favorise la corvéabilité de salariés prêts à tout, ou presque, pour obtenir le nouveau sésame : le travail à temps plein ; il creuse les inégalités sociales – sexuelles en particulier – et favorise l'appauvrissement des femmes. Le lien entre TTP et bas salaires n'est plus à démontrer (Concialdi, Ponthieux, 1999). Ainsi, les femmes représentent 80% des salariés à bas salaire (c'est-à-dire percevant une rémunération correspondant à moins des deux tiers du salaire médian) et sont dès lors majoritaires au sein de la catégorie des *woorking poor*[30].

La vulnérabilité des femmes sur le marché du travail est également le fait de leur place prépondérante parmi les salariés ayant un emploi atypique. Notons que depuis les années 1980, ces statuts d'emploi dérogeant à la norme du « CDI-temps plein » – qu'il s'agisse des CDD (contrats à durée déterminée), des stages, de l'intérim, de l'apprentissage… – ont fortement progressé en France, passant de 5,4% des actifs occupés en 1982 à 12,3% en 2007. Or, en 2008, les femmes occupent 60% des CDD[31]. La présence féminine majoritaire au sein du secteur tertiaire où, en 2008, près des trois quarts des embauches sont des CDD, explique la sur-féminisation de ce type de statut d'emploi.

De même, elles sont majoritaires parmi les salariés qui ont un emploi de type « stages et contrats aidés par l'État ». Pour

---

30. L'intégration professionnelle féminine marquée au sein de secteurs d'emplois faiblement qualifiés et rémunérateurs dans le secteur tertiaire (commerce-restauration, aide à domicile, nettoyage…) est également pour beaucoup dans la féminisation excessive de la pauvreté laborieuse.
31. C'est une population masculine qui, en revanche, occupe principale-ment les emplois d'intérimaires et relève du statut d'apprentis.

parfaire ce sombre tableau, il convient de préciser que les femmes sont plus fréquemment que les hommes concernées par la pluriactivité – notion qui recouvre la situation de salariés exerçant plusieurs professions (souvent à temps partiel) ou exerçant une profession pour plusieurs employeurs. Or, « la pluriactivité va de pair avec des salaires très bas » (Beffy, 2006 : 1), du temps partiel imposé et un type de travail, généralement dans le domaine des services à la personne, qui tend à isoler le salarié (confiné dans l'espace domestique de son/ses employeur/s) et l'expose à des conditions et une organisation du travail sans contrôle ni contre-pouvoir possibles.

En réalité, nombre de femmes qui travaillent ont une position grandement fragilisée sur le marché du travail. En effet, il n'est pas vain de remarquer que la principale cause de perte d'emploi en France est la fin d'un emploi à durée limitée[32]. Ainsi, 45,2% des femmes au chômage en 2008 l'ont été suite à la fin de leur CDD, contre 24,2% d'entre elles qui ont connu un licenciement (individuel ou collectif), 3,2% qui ont subi une rupture de contrats pour maladie ou invalidité (3,2%), et 14,3% qui ont démissionné (INSEE, enquêtes emploi 2008).

3- Précaires hier, précaires toujours ? L'impact sur les carrières et les retraites féminines

Le problème de cette précarité objective vécue/subie par les femmes est qu'elle a tendance à se reproduire et se perpétuer tout au long de leur vie professionnelle. Ainsi, le devenir professionnel des salariés à CDD est problématique. On ne fait pas carrière dans une entreprise lorsqu'on n'y reste pas plus de quelques mois ; on ne connaît pas d'évolution professionnelle lorsqu'on multiplie les contrats et les mouvements inter-entreprises. Ainsi, dans le secteur tertiaire

---

32. Ce motif « fin de CDD » est également dominant s'agissant des hommes (46%) mais rappelons-le, leur part au sein de la population salariée occupée à durée limitée est moindre que celle des femmes.

où la part des embauches à CDD plafonne à 74,3% en 2006, la rotation de la main d'œuvre est très importante (53,9%), contrairement à l'industrie et à la construction (respectivement 19,7% et 23,6%) qui ont bien moins recours à ce type de contrat (Loquet, 2008). De fait, la main d'œuvre féminine salariée est plus concernée par cette forme de mobilité professionnelle forcée qui creuse un peu plus les inégalités sexuelles ainsi que les inégalités entre les salariés stables et non stables. Comme le note à juste titre Jean-Louis Dayan, « la gestion flexible de l'emploi présente pour les entreprises de nombreux avantages » qui sont autant de difficultés pour la fraction la plus précaire et fragile des salariés : « [...] répondre au changement des emplois par le test des nouveaux embauchés [...] ; limiter l'offre de formation et de carrière à un noyau de salariés stables ; [...] inciter à l'effort au travail dans un contexte de chômage important » (2008 : 22). Aussi, s'il n'est pas ou peu question de promotion du côté des salariés précaires, c'est plutôt le risque du déclassement qu'il s'agit de conjurer. Or, nombre d'enquêtes ont montré que la possibilité de sortir de la précarité lorsqu'on est en CDD est minoritaire. Même si les chiffres sont anciens, ils sont significatifs à cet égard : en 2002, 42,5% des femmes qui étaient en CDD une année avant l'enquête, se trouvaient dans la même situation ; 2,1% étaient en intérim ; 13,4% étaient au chômage et 8,5% se trouvaient en inactivité. De fait, seules un tiers d'entre elles avaient décroché un CDI suite à leur passage par un contrat de type CDD (Milewski, Dauphin, Kesterman, Letablier, Meda, Nallet et Ponthieux, 2005 : 42).

Par ailleurs, les effets de la précarité de l'emploi, subie désormais tout au long de leur trajectoire professionnelle, s'avèrent particulièrement dévastateurs sur le niveau de vie des femmes à l'heure de la retraite. Les inégalités sexuelles en la matière ne sont pas nouvelles : du fait de carrières fréquemment interrompues pour élever leurs enfants, les femmes percevaient traditionnellement des pensions de retraite bien inférieures à celles des hommes car elles peinaient à cumuler le nombre suffisant d'années de cotisations leur donnant droit à une pension « complète » [33]. L'allongement des carrières féminines aurait pu/dû constituer l'un des facteurs essentiels de réduction des inégalités sexuelles en matière de retraite. En effet, par leur engagement fort sur le marché du travail, les femmes sont désormais en mesure d'acquérir des droits directs plus conséquents et de fait, de sortir de la dépendance redoutable vis-à-vis de leur époux (pension partagée, réversion) ou de l'État (minimas sociaux) pour assurer leurs vieux jours. Cependant, le développement des emplois précaires, du sous-emploi et du chômage dont elles sont des cibles privilégiées risque de balayer les efforts consentis, parfois de haute lutte, pour concilier vie professionnelle et vie familiale. Cette sombre perspective ne risque pas de s'inverser en ces temps de réforme des systèmes de retraite qui se traduisent, partout en Europe, par des projets visant à repousser l'âge légal de la retraite (au-delà des 60 ans pour la France) et à augmenter la durée des années de cotisations.

4- Précarité du travail et atteintes à la santé

À cette précarité de l'emploi longuement décrite correspond une précarité du travail tout aussi redoutable (Linhart, 2008). En effet, chaque emploi décroché signifie, pour le salarié, un effort d'adaptation important mais inéluctablement inachevé car il lui faudra partir après quelques semaines ou quelques mois à peine. La précarité exerce une violence spécifique sur les salariés qu'elle met sous pression de façon constante (Bertaux-

---

33. Selon N. Coëffic, « la grande majorité des hommes (85%) ont pu faire valider une carrière complète » (qui par convention s'établit à 150 trimestres travaillés en 2001), « quand ce pourcentage n'est que de 39% chez les femmes » (2001 : 6). Quant à la durée moyenne de cotisation, elle s'élevait en 2001 à 168 trimestres pour les hommes contre 122 pour les femmes (ibid : 3). Aussi, en 2004, la pension de retraite de droit propre des femmes représente à peine 48% de celle des hommes - ce taux s'élevant quelque peu (62%) si l'on prend également en compte les droits dérivés (pension de réversion) (Bonnet C., Geraci M., 2009 : 1). Reste que les femmes représentent également 62,4% des bénéficiaires du « minimum vieillesse » (soit, 557 euros mensuels en 2001).

Wiame, Fortino, Linhart, 2011). Elle vient redoubler les effets des stratégies managériales modernes – articulées autour de la logique de l'individualisation tous azimuts – qui visent à entretenir un sentiment d'insécurité (pour son poste, son emploi), gageant que ce sentiment favorisera la vigilance, la réactivité et l'adaptation des salariés.

L'intensification du travail, observée depuis la fin des années 1980, joue un rôle similaire. Elle somme les salariés de réaliser leur travail dans des délais souvent intenables, de prouver leur performance malgré une absence criante de moyens adéquats... au péril de leur santé (physique ou mentale). Si la dégradation continue des conditions de travail observée depuis 20 ans n'épargne personne, elle prend une dimension particulière s'agissant des salariées du fait de leur position particulièrement vulnérable et dominée sur le marché du travail. En effet, les grandes enquêtes quantitatives de type SUMER révèlent que les femmes sont plus exposées que les hommes au *job-strain*[34], au surstress et à l'anxiété, à des situations conflictuelles avec des usagers-clients... (Bué, Sandret, 2007 ; Guignon, Niedhammer, Sandret, 2008). Se pose également le problème de la reconnaissance au travail, dont on sait qu'il est au cœur des enjeux de préservation de la santé mentale. Or, les femmes sont légèrement plus exposées que les hommes aux comportements hostiles (en particulier au « mépris ») ainsi qu'aux « atteintes dégradantes » (qui renvoient à des comportements obscènes voire à des formes de harcèlement sexuel). L'impact sur la santé au travail des salariées victimes de ce type de violences est conséquent.

---

34. L'enquête SUMER (Surveillance médicale des risques professionnels) est née à la fin des années 1980 et a véritablement été lancée en 1994. Elle est copilotée par la Dares (l'Institut de recherche du ministère de l'Emploi) et la DGT (Inspection médicale du travail). Elle vise à décrire «les contraintes organisationnelles, les expositions professionnelles de type physique, biologique et chimique auxquelles sont soumis les salariés». Les données sont recueillies par le médecin du travail qui fait passer un questionnaire aux salariés de son entreprise.

L'absence d'autonomie et de marge de manœuvre individuelles, forte exposition des salariés à une demande dans leur travail... sont les éléments centraux de la définition du *job strain*.

« Les personnes qui signalent être l'objet de comportements hostiles dans le travail se disent en nettement moins bonne santé que les autres. Ainsi, alors que 17% de l'ensemble des salariés indiquent un mauvais état de santé, c'est le cas pour 20% des personnes qui signalent un comportement méprisant, 22% en cas de déni de reconnaissance au travail et 34% en cas d'atteinte dégradante » (Bué, Sandret, 2008 : 6). Or, d'autres études ont montré que lorsque les salariés se déclarent en mauvaise santé, le risque d'être au chômage ou inactif dans les quatre années qui suivent est très fort. C'est particulièrement le cas des femmes, dont la probabilité de sortie d'emploi est plus grande que celle des hommes, en particulier lorsqu'elles sont employées dans le cadre d'un CDD (Jusot, Khlat, Rochereau, Sermet, 2007 : 4).

L'exposition aux risques psycho-sociaux n'est pas seule en cause lorsqu'on s'intéresse aux atteintes modernes à la santé des travailleurs(ses). Les maladies professionnelles sont en hausse constante depuis 15 ans, en particulier les troubles musculo-squelettiques (TMS)[35]. Les femmes représentent 58% des cas de TMS déclarés en 2003. Elles sont en effet très concernées par le travail répétitif et ce, davantage que les hommes, tant dans le secteur industriel que dans le tertiaire ; par le port de charges sur des périodes étendues comme dans le cas des caissières qui déplacent des tonnes de marchandises devant leurs caisses pour pouvoir « lire » les codes-barres, des infirmières déplaçant des malades, des puéricultrices portant des bébés toute la journée… ; par des postures corporelles contraignantes, par l'obligation de longues stations debout… « Si l'on raisonne « toutes choses égales par ailleurs », c'est-à-dire à ancienneté, âge, taille d'établissement et famille professionnelle identiques, la probabilité d'être exposé au risque de TMS est de 22% supérieure pour les femmes par rapport aux hommes » (Guignon, 2008 : 61).

---

35. On désigne par TMS un ensemble de pathologies péri-articulaires touchant les tissus mous (tendons, muscles, nerfs, vaisseaux, cartilages) du corps. Ces TMS, qui touchent souvent les articulations du bras comme le poignet, l'épaule… ou du dos, peuvent s'avérer particulièrement invalidantes au point de rendre impossible l'exercice d'une activité salariée.

Les études en ergonomie révèlent que la précarité des statuts d'emploi renforce les risques et les expositions pouvant porter atteinte à la santé. En effet, les employeurs ont tendance à prescrire des cadences et un travail intensif *continu* plus contraignants pour les précaires que pour les travailleurs stables. De même, le manque de formation et l'impossibilité de s'approprier les routines du métier sont des facteurs de risques importants pour les précaires. De fait, les salariés en CDD ou en intérim sont plus fréquemment exposés aux TMS et ont des taux d'accident du travail plus élevés que les salariés en CDI (Doniol-Schaw, 2001). Plus largement, l'impact sur la santé des parcours professionnels précaires commence à peine à être mis à jour, grâce à l'enquête Santé et itinéraire professionnel (SIP). « Lorsque les parcours comprennent de fréquents changements d'emploi, la santé apparaît plus dégradée » (Coutrot, Rouxel, Bahu, Herbet, Mermilliod, 2010 :10). Troubles du sommeil, présence parfois répétée d'épisodes dépressifs majeurs, santé déclarée mauvaise ou seulement moyenne avec des gênes motrices ou des limitations d'activité… sont plus fréquemment présents du côté des salariés ayant des parcours professionnels précaires (c'est-à-dire instables, avec des périodes de chômage et une forte mobilité dans l'emploi) que du côté des stables. Quant aux femmes, dont les itinéraires sont plus concernés par la précarité, elles « semblent connaître moins fréquemment des interactions positives entre leur travail et leur santé » (*ibid* : 10).

5- Incidences de la précarité sur la dynamique des rapports sociaux de sexe au sein de la famille

Précarité de l'emploi et précarité du travail sont des éléments-clés du sentiment d'impuissance éprouvé par nombre de salariés face à une activité professionnelle qui les épuise et n'a souvent que peu de sens à leurs yeux. Ce sentiment a été, en quelque sorte, « mesuré » par l'enquête Conditions de travail de l'INSEE (2005) qui a révélé que 34% des salariés français de 35 à 55 ans déclaraient qu'ils ne se sentaient pas capables de faire le même travail jusqu'à 60 ans. Et l'on notera que les femmes sont plus nombreuses que les hommes (36% contre 32%) à faire état de leur crainte de ne pas tenir (Coutrot, 2008). C'est particulièrement le cas des salariées du commerce et des employées de service qui sont exposées aux contacts conflictuels avec la clientèle, ont des horaires de travail flexibles, des salaires bas et des statuts d'emplois précaires ; mais c'est également le cas des cadres féminins dont les horaires de travail explosent et des employées d'administration qui souffrent moins de pénibilité physique que de la monotonie, des prescriptions incohérentes ou impossibles et de l'absence de reconnaissance. Plus largement, l'impossibilité de concilier vie professionnelle et vie familiale constitue pour les femmes un élément central d'insatisfaction au travail, de stress et de fatigue qui les fait douter de leur capacité à tenir au travail jusqu'à l'âge de la retraite. Or, cette perception subjective de la trajectoire ne manque pas d'avoir des répercussions objectives sur cette dernière. Les travaux d'A.F. Molinier (2005) ont en effet montré que les personnes qui pensaient ne pas pouvoir occuper leur poste jusqu'à 60 ans sont plus nombreuses que les autres, cinq ans après l'enquête, à se retrouver en inactivité ou au chômage.

Démission, congé parental, arrêt pour longue maladie, retraite anticipée (comme dans la fonction publique où après 15 ans de service actif, les mères de 3 enfants avaient le droit de partir en retraite, soit bien avant 60 ans), chômage passif… sont autant de façons de se retirer d'un emploi intenable ou du marché du travail, de façon provisoire ou définitive, c'est selon. On l'a vu précédemment, d'un point de vue statistique, les femmes démissionnent bien davantage que les hommes — la démission constituant, pour elles, un motif important dans le fait de se trouver sans emploi (14,3% des cas). De même, la sortie de la précarité par le statut d'inactif est également plus fréquente dans les trajectoires féminines que masculines. L'enquête qualitative réalisée auprès de femmes précaires, faiblement qualifiées, permet de mieux cerner le caractère déstabilisant des trajectoires professionnelles hachées, discontinues[36]. En effet, les femmes étudiées renoncent à leur emploi parce qu'elles ne tiennent pas, parce que les conditions d'emploi, de salaires, de statut... que leur offre le marché du travail balaye les projets, les désirs d'autonomie voire les convictions des plus déterminées d'entre elles à ne rien sacrifier, ni la famille ni le travail.

Une intégration professionnelle jamais aboutie

On prendra quelques cas, parmi tant d'autres, qui exemplifient une expérience du travail prenant la forme d'une intégration professionnelle jamais véritablement aboutie, même dix à quinze ans après la sortie du système scolaire. Ainsi, Laurence qui sort du système scolaire avec un CAP de secrétariat en 1988. Pendant dix ans, elle va changer de statut tous les ans. Voilà résumées à grands traits dix années de sa vie professionnelle : elle commence sa carrière de précaire par une période de chômage d'un an (1988-1989) avant de décrocher son premier emploi, en CDD comme serveuse (1989-1990) ; elle enchaîne avec une « formation » de type « remise à niveau » (1990-1991) puis trouve son premier emploi en CDI comme hôtesse d'accueil lequel, hélas, se terminera par un licenciement économique (1991-1992) ; c'est alors le retour au chômage (1991-1993) entrecoupé de quelques mois d'activité en CDD, comme animatrice pour enfants ; son statut de chômeuse longue durée lui permet de prétendre à un contrat aidé par l'Etat, un CES (Contrat emploi solidarité) (1993-1994) qui ne débouche sur aucun emploi mais signifie pour elle, le retour au chômage (1994-

---

36. Les principales caractéristiques de notre échantillon sont les suivantes : il s'agit majoritairement de femmes âgées de 26 à 45 ans (64%), vivant le plus souvent seules (38% sont en couple).
La majorité d'entre elles (62,5%) a des enfants. 66,1% n'ont pas de diplôme ou sont peu qualifiées - leur qualification scolaire n'excédant pas le BEP. Un autre tiers détient au moins le baccalauréat et parmi celles-ci, 21% ont effectué des études supérieures. En ce qui concerne les emplois occupés ou la catégorie socioprofessionnelle d'appartenance, les femmes interrogées sont massivement concentrées dans la catégorie des employées (81,7%), une petite fraction appartient aux classes moyennes supérieures (15,9%).

1995) ; elle obtient un nouveau CDD en tant que secrétaire (1995-1996), et après un ultime passage par le chômage (1996-1997), « elle jette l'éponge ». À la naissance de son enfant, elle prend un congé parental d'éducation.

Valérie-Jade est diplômée d'un CAP-BEP « industrie de l'habillement » lorsqu'elle se présente sur le marché du travail en 1991. Sa trajectoire est un « véritable gruyère » : sur une année, elle cumule deux et parfois trois CDD (dans le secteur de la vente) puis c'est le retour à l'ANPE. En dix ans, elle aura occupé plus de douze emplois en CDD et sera passée par huit périodes de 6 mois minimum au chômage. Djamila va connaître une situation plus difficile encore avec des emplois dont la durée va de deux semaines à un mois maximum et qui, à chaque fin de mini-contrat, retourne au chômage, avant que la même entreprise ne la rappelle une nouvelle fois. L'extrait d'entretien qui suit, illustre assez bien les craintes de la jeune femme après chaque fin de CDD et tout autant la gestion de la main d'œuvre pratiquée actuellement dans le secteur du commerce de grande distribution : « À partir du

28 novembre, j'ai eu mon CDD dans le rayon 'fromages' […] (Après) ils m'ont appelée pour faire la broderie, entre mi-novembre et mi-décembre. Après ils m'ont arrêtée une semaine […] (Après, ils m'ont reprise) pour faire le blanc (en janvier), et après le blanc […] ils m'ont rappelée pour (faire du) roller au sein du magasin [elle vérifie les prix des articles en rayon en fonction des besoins exprimés par les caissières] […] Après, ils m'ont fait des contrats d'une semaine, puis encore une semaine, encore une semaine… Chaque semaine ils m'ont renouvelé le contrat […] J'y pensais toute la semaine, je paniquais, je me disais : 'Est-ce qu'ils vont me rembaucher ? Qu'est-ce qui va se passer ?'. Je paniquais, quoi ! Je faisais encore plus que ce que je devais faire, je travaillais double pour pouvoir garder ma place » (Djamila, 24 ans, titulaire d'un BEP dans le secteur de la vente).

Pour les interviewées plus âgées, la morphologie de leur trajectoire professionnelle marque une véritable rupture au milieu des années 1980. Jusqu'alors, elles n'avaient connu que des emplois durables qu'elles quittaient volontairement quelques mois (ou quelques années) pour élever leurs enfants.

Mais dans les années 1980, tout s'effondre : le chômage fait son apparition dans leurs différents parcours qui, à l'instar des plus jeunes femmes rencontrées, ne connaîtront plus la stabilité. Gisèle, par exemple, a presque 50 ans au moment de l'enquête. Elle n'est que faiblement diplômée (BEPC) lorsqu'elle accède à son premier emploi dans les années 1970, mais très vite, guidée par le désir d'une ascension sociale, elle décroche un CDI (1970-1974), puis un second plus intéressant (1975-1980), un troisième (1981-1984 : elle sera responsable d'un grand magasin vendant des tissus, du fil et autres machines à coudre…) avant de démissionner en 1985 pour se mettre à son compte. Elle vendra des tissus sur les marchés mais l'expérience va tourner court. Lorsqu'elle retourne sur le marché du travail dans les années 1990, elle ne s'attendait pas à rencontrer de telles difficultés. Elle ne décroche plus aucun CDI, cumule les CDD de quelques mois à peine et les périodes de chômage. Quant à Françoise (BEPC, employée de commerce) qui n'avait connu qu'un seul emploi, en CDI, de 1974 à 1981, elle va finir par renoncer à sa vie professionnelle après six années de tentatives d'insertion marquées par la litanie « CDD-Chômage-CDD-Chômage »… Elle décide alors d'élever ses enfants, comptant sur son mari pour assurer la pitance familiale.

Précarité au féminin et dépendances

La question de la dépendance économique des femmes précaires rencontrées, soit vis-à-vis du conjoint, soit vis-à-vis de l'État (sous la forme de prestations sociales diverses venant se rajouter à des salaires propres souvent très faibles et surtout non garantis d'une année sur l'autre) est évidente. Pour les femmes vivant en couple, cette dépendance pèse sur la dynamique des relations conjugales. Comment refuser un déménagement, quitte à perdre son emploi, quand c'est une place de cadre qui attend le conjoint ? Comment refuser d'accompagner le projet de travail en indépendant du mari quand on est soi-même employée à durée déterminée ou à temps partiel et que son revenu propre compte si peu dans les ressources globales du ménage ? La trajectoire de Nathalie révèle bien la tension entre des projets masculins bien affirmés et la faible légitimité de l'activité professionnelle de l'épouse. Nathalie a 43 ans, elle est mariée, vit en couple et a trois enfants (un seul est encore à sa charge au moment de l'enquête). Nathalie est faiblement diplômée (CAP de sténodactylo). Son mari est maître d'hôtel dans un grand restaurant et gagne très bien sa vie tandis qu'elle « vivote » dans ses activités professionnelles de secrétaire, passant de CDD en remplacement temporaire… En 1980, elle va changer d'orientation professionnelle : elle décide de garder des enfants à domicile, faute de trouver un véritable emploi dans le secteur socio-éducatif. Si ce métier lui plaît, son statut (non déclarée) et les faibles revenus qu'elle en tire (600 euros par mois) ne lui donneront que peu d'arguments à opposer au désir de son époux de se mettre à son compte. La famille déménage alors dans le sud de la France et ouvre un « snack-bar-sandwicherie » : lui est aux fourneaux et Nathalie fait le service. Rien dans cette « aventure » – qui économiquement finira par péricliter – ne la satisfait : ni le travail en lui-même qui s'avère très fatiguant et peu passionnant, ni les horaires (extensibles), ni les revenus (faibles), ni le contexte familial (elle ne voit plus ses enfants tant le travail est prenant).

C'est la même dynamique qui a conduit Francine à abandonner son emploi administratif dans une entreprise industrielle pour partir dans une autre région s'occuper de sa mère dont la santé déclinait. Sa précarité d'emploi est venue renforcer la dynamique des rapports sociaux de sexe : en tant que fille, elle se devait de prendre en charge sa mère ; en tant que précaire, elle n'avait pas de motif valable pour ne pas s'exécuter, quitte à sacrifier sa propre existence (présente et future). Elle raconte : « Si (je suis au chômage), c'est à cause de maman, hein ? J'ai quitté mon emploi pour aller la soigner, partir à son chevet (…) Elle n'a pas vu le dégât que ça pouvait faire après et les risques de manque de travail (…) Je pense qu'elle n'a pas réfléchi suffisamment aux conséquences qui risquaient de m'arriver ». Elle a 52 ans à présent et des années après la mort de sa mère, elle n'obtient que de rares contrats aidés (comme assistante-maternelle). C'est avec angoisse qu'elle voit s'allonger chaque mois un peu plus la période de chômage qu'elle vit actuellement depuis plus de deux ans : « On se dit : comment ça va tourner ? […] (J'y pense) tout le temps. Tout le temps, tout le temps, tout le temps ! […] Je dors avec un demi comprimé tous les soirs pour m'endormir, autrement ce serait le cinéma permanent […] Et les craintes sont là, et tous les matins, je me réveille avec la hantise […] la crainte qui vous court après tout le temps. » Ce qu'elle désire maintenant, c'est que l'État lui donne le droit (via un dispositif de pré-retraite) de se retirer pour de bon du marché du travail, plutôt que de rester dans cette situation : « Il faudrait qu'on essaie de trouver une solution pour nous retirer du marché de l'emploi tout en nous donnant quelque chose qui puisse nous faire vivre, quoi ? Un genre de préretraite ? […] C'est plus la peine qu'on nous mette sur le marché du travail si on ne parvient pas à retrouver quelque chose » (CAP secrétariat bilingue, français-anglais).

On le voit nettement dans le récit de Francine mais le constat est autrement plus général, les femmes rencontrées développent une forme assez aigue d'altruisme vis-à-vis des attentes familiales (masculines, en particulier). En effet, il est un moment, dans leurs différentes trajectoires, où elles vont se confronter à des exigences sociales faisant appel à des valeurs (dévouement, compassion, esprit de solidarité…) auxquelles elles ne vont pas réussir à se dérober. La force de ces valeurs intériorisées, constitutives même de l'habitus féminin, est telle qu'elle peut transformer la dynamique de trajectoires sociales marquées jusqu'alors par le désir de ces femmes d'exister par elles-mêmes, c'est-à-dire, sans médiation (conjugale ou familiale). Plus encore, le dévouement requis peut virer au cauchemar en cas de divorce ou de veuvage, lorsque le conjoint se retrouve lui-même en difficulté d'emploi ou de santé, quand l'affaire familiale tourne mal ou… quand la conjoncture économique s'aggrave, rendant plus difficile l'accès, le maintien ou le retour à l'emploi. Lorsqu'elles ont quitté leur emploi (ou l'ont perdu), elles ne se doutaient pas à quel point il leur serait difficile et douloureux d'en retrouver un. Elles ne se doutaient pas non plus à quel point elles en auraient besoin pour se reconstruire après un divorce ou un accident de parcours. En d'autres termes : la précarité renforce le risque, pour les femmes, de tomber dans les « pièges compassionnels » (Molinier, 2003 : 229). C'est en cela que la précarité au féminin se distingue encore radicalement de la précarité masculine. Si les hommes sont également frappés par l'instabilité socio-économique et le chômage, ils parviennent en revanche à se tenir à distance des nécessités et des exigences de la vie familiale et domestique grâce à la division sexuelle du travail qui leur épargne cette charge (en la confiant aux femmes) et les légitime dans le rôle social de M. Gagne-Pain. Plus encore, la socialisation masculine permet aux hommes de se détourner des valeurs du dévouement et de la compassion (réservées aux femmes) et ce faisant, leur permet d'accéder à « la position égoïste » qui constitue à n'en point douter « le plus grand privilège de la domination masculine » (*ibid* : 218).

Conclusion

Aujourd'hui, la précarité pose le problème d'un travail qui ne permet plus aux individus et aux groupes sociaux dominés (jeunes, femmes, personnes issues de l'immigration…) d'accéder à l'autonomie. Le processus d'individuation des femmes comme la conquête de leur autonomie sont très fortement impactés voire empêchés par la précarité massive des statuts d'emplois qu'elles connaissent depuis 20 ans. CDD, temps partiel imposé, bas salaires, contrats aidés sans débouchés… tous ces éléments vont contribuer à « rabattre » les femmes vers la sphère familiale. Simultanément, la précarité subie dans la sphère professionnelle fait perdre à ces femmes, dans la sphère privée, une grande partie de leur légitimité de travailleuses. Lorsque le revenu qu'elles tirent de leur activité professionnelle est très bas alors que les conditions d'exercice de l'emploi sont très contraignantes, elles ne parviennent pas/plus à justifier leur maintien dans l'emploi face aux attentes conjugales et familiales. Pour dire les choses autrement, à force d'être précaire, une activité de travail peut perdre son statut symbolique et social de travail. Pour ces femmes en « insertion perpétuelle », dont la position professionnelle n'est jamais vraiment acquise, il n'est vraiment plus possible de se référer au travail pour se sentir utile socialement et légitimer leur place dans la famille, comme dans le reste de la société. Sortir de la précarité devient dès lors la condition première à l'émancipation des femmes aujourd'hui.

-III-

La précarité de l'emploi en Espagne est-elle une affaire de femmes ?

Teresa TORNS

1- INTRODUCTION

Les spécialistes en analyse du monde du travail semblent être arrivés à un certain consensus sur l'importance jouée par la précarité de l'emploi dans le modèle d'emploi espagnol de ces dernières années. Cette réalité devient même visible pour ceux qui n'ont pas hésité à qualifier de « décennie dorée », la période 1995-2005, en raison de la croissance énorme dont l'emploi a fait l'objet en Espagne pendant ces années-là. Cependant, malgré les difficultés rencontrées lorsque l'on veut caractériser au plus près les limites du concept de précarité, l'existence d'un chômage structurel qui peine à disparaître depuis déjà vingt ans, plus particulièrement chez les femmes, ainsi que la fragilité des emplois créés lors de cette décennie dorée – la quantité n'ayant pas été accompagnée de la qualité –, ouvrent la voie pour fixer ces limites. De même, la présence persistante de grandes poches d'emplois de l'économie informelle sur le marché du travail espagnol participe également à l'établissement des limites diffuses de cette précarité.

Au centre de toutes ces situations se trouvent les groupes sociaux qui en sont victimes, principalement des femmes, et plus particulièrement des femmes jeunes et/ou des femmes immigrées, qui constituent actuellement le noyau dur de la précarité de l'emploi en Espagne, quelles que soient les limites établies. Une telle hégémonie féminine crée en outre une certaine polarisation dans l'emploi du groupe des femmes, phénomène à peine perceptible auparavant. Ainsi, l'augmentation importante de l'emploi féminin qui s'est dernièrement produite en Espagne, loin de faire disparaître les inégalités de genre propres au marché du travail, ont révélé une disparité manifeste dans l'emploi des femmes.

L'objectif de cet article est d'analyser les caractéristiques de la précarité de l'emploi féminin en Espagne, en utilisant les données sociologiques existantes. Notre propos vise à révéler, en premier lieu, qu'il ne s'agit pas d'un phénomène nouveau, comme l'indiquent les historiennes du travail des femmes. En deuxième lieu, nous souhaitons préciser que nous ne nous trouvons pas devant une question conjoncturelle mais que cette précarité constitue peut-être la norme sociale de l'emploi pour les femmes, norme que les analyses conventionnelles n'envisagent habituellement pas. Et, finalement, nous voulons rappeler que ces emplois précaires féminins, en particulier ceux qui sont consacrés aux services de soins aux personnes, constituent actuellement l'un des défis dont il faut tenir compte pour le futur des services sociaux en Espagne.

2- La précarité de l'emploi comme objet d'étude

La précarité de l'emploi apparaît dans les études comme un phénomène lié aux transformations subies par l'emploi, en Europe, à partir des années 1980. L'Espagne a constitué un terrain particulièrement propice à l'étude de cette précarité, étant donné les caractéristiques régnant sur le marché du travail comme l'ont montré les travaux de magnifiques spécialistes du thème. Carlos Prieto, Ernesto Cano, Albert Recio, ou feu Andrés Bilbao, pour n'en mentionner que quelques-uns, analysent la précarité de l'emploi comme le trait qui définit le mieux les caractéristiques des emplois créés lors de ces dernières décennies sur un marché du travail où l'emploi stable et les conditions de travail, réglées et négociées entre les agents sociaux, semblent être en voie d'extinction. Prieto (2002) nous rappelle que la précarité de l'emploi suppose la disparition de la norme sociale de l'emploi, telle qu'elle existait pendant les trois décennies précédentes. Et la majorité des études signale que la vulnérabilité et l'incertitude de l'emploi sont les limites les plus communes d'une situation du travail à laquelle il faut aussi ajouter des salaires bas, des conditions de travail en pleine régression et des droits sociaux faibles ou inexistants – un panorama guère encourageant dans lequel les frontières avec l'économie informelle sont faibles ou n'existent pas.

Les arguments avancés pour expliquer cette précarité de l'emploi s'orientent le plus souvent vers la question du dérèglement du marché du travail. Selon cette approche, les politiques « flexibilisatrices » de la gestion de la main d'œuvre et leurs multiples conséquences sont les principaux protagonistes de ces transformations « précarisatrices ». D'autres approches, plus proches de la postmodernité, en appellent habituellement à l'idée de la faiblesse de l'emploi pour traiter la question et insistent sur la soi-disante perte de la centralité du travail, dans une acception qui continue à considérer le travail comme le synonyme d'emploi. Les analyses n'oubliant pas la perspective de genre rappellent que le phénomène de la précarité, loin d'être nouveau, est à mettre en relation avec certains emplois féminins qui n'ont presque jamais été ajustés aux caractéristiques d'une représentation sociale de l'emploi, excessivement redevable au modèle taylorien-fordien. Concrètement, la récente augmentation de l'emploi dans les services et, plus spécialement dans les services à la personne, a fait émerger et a renforcé des traditions de l'emploi féminin dont on avait à peine tenu compte jusqu'à présent. Le service domestique étant un ghetto féminisé, épitomé de cet oubli et de la grande variété des services de soins (SAD) dans la vie quotidienne, les services de proximité ou *care services* sont des exemples parfaits des caractéristiques de l'emploi précaire actuel.

De même, les données statistiques sur le chômage de longue durée, les emplois temporaires, le temps partiel et les salaires bas permettent de définir avec des degrés de certitude acceptables quels sont les groupes sociaux concernés par la précarité de l'emploi et leur nombre. Parmi ces derniers, on peut souligner les jeunes, les femmes et les personnes immigrées, en précisant l'existence de sous-groupes dans lesquels se rencontrent les trois caractéristiques comme celui constitué par les femmes immigrées (Parella, 2003). La précarité de l'emploi semble ainsi affecter les personnes supportant la plus grande subordination sociale ou, comme on l'a dit par ailleurs, « la précarité semble avoir une plus grande incidence sur les sujets dont les droits à la citoyenneté ne sont pas pleinement reconnus (personnes immigrées) et/ou ceux auxquels ils sont attribués de manière médiatisée (femmes seulement considérées en tant que mères et épouses, et jeunes en tant que fils ou filles) » (Carrasquer, Torns, 2007 : 143).

En définitive, l'existence de ces données et de ces arguments sous-tend l'idée selon laquelle la précarité de l'emploi n'est un phénomène ni nouveau ni d'apparition récente. Depuis que l'industrialisation a configuré le travail dans la société contemporaine, les emplois occupés par les femmes et les personnes immigrées ont été affectés par tous les traits (ou seulement quelques-uns, c'est selon) de ce que l'on appelle aujourd'hui précarité de l'emploi. Cette idée doit cependant être nuancée car actuellement, même si immigration et précarité de l'emploi continuent à être des termes presque équivalents, une part importante de l'emploi féminin est loin de cette précarité. Dans le premier cas, ceci est dû au fait que l'augmentation considérable et récente des migrations en Espagne s'est concentrée dans des secteurs comme la construction ou les services à la personne où la précarité de l'emploi et/ou l'économie informelle constituent des traits substantiels de ces secteurs. Dans le deuxième cas, le développement des services publics de l'État-providence a supposé la création de meilleurs emplois pour un groupe de femmes avec un niveau d'études plus élevé (Oliver, 2004), même si les données les plus récentes sur le travail temporaire et le temps partiel dans ce secteur doivent nuancer ce propos.

3- COMMENT LA PERSISTANCE DES INÉGALITÉS DE GENRE ENTRAÎNE UNE PLUS GRANDE PRÉCARITÉ

Malgré la récente publication de la monographie *Hombres y Mujeres en España* (2008) publiée par l'INE[37], il faut citer une des dernières analyses présentant des données statistiques très précises sur le marché du travail féminin en Espagne (Castaño, 2004) qui montre à quel point le changement initié, avec le développement de l'activité professionnelle des femmes en 1985, s'est consolidé. Vingt années après cette date, on peut dire que ces deux biographies féminines (Garrido, 1993) sont devenues exemplaires, à travers l'augmentation de l'activité chez les femmes jeunes et les adultes d'âge moyen (25-54 ans). Concrètement, lors de la dernière décennie (1995-2005), le taux d'activité des Espagnoles est passé de 40,3% en 1995 à 61,5% en 2005, comme on peut le voir dans le tableau 1. Il est encore plus remarquable que le taux d'activité des femmes mariées, pendant les années de « la centralité reproductive » (30-49 ans) se maintienne actuellement proche de 60%. Cette augmentation permet d'affirmer que ce maintien en activité est l'aspect le plus significatif du processus de changement des femmes espagnoles. Par conséquent, cette même augmentation de l'activité féminine est l'une des principales protagonistes de la croissance de l'emploi qui a eu lieu sur le marché du travail espagnol lors de la « décennie dorée » (1995-2005).

	1995		2005	
	15 à 64 ans	25 à 54 ans	15 à 64 ans	25 à 54 ans
Union Européenne (25 pays)	Nd*	Nd*	56.6	69.3
Espagne	31.7	40.3	51.2	61.5
France	52.1	67.6	58.5	74.0

Tableau 1. Pourcentage de femmes actives selon les groupes d'âge (source : EUROSTAT).
* Non disponible.

---

37. L'INE est l'équivalent espagnol de l'INSEE (note de la traduction).

Cependant, cette croissance de l'emploi a aussi provoqué une polarisation considérable parmi les femmes actives – les principaux marqueurs de cette polarisation étant la région, le niveau d'études, et dans une certaine mesure l'âge. Le Pays Basque et la Navarre au nord du pays, la Catalogne et les Baléares au nord-est, ainsi que les jeunes femmes diplômées d'un titre universitaire sont les régions et le groupe social où résident cette augmentation et la polarisation qui en découle. De même, il faut souligner que les services, et tout particulièrement les services à la personne, constituent le secteur concerné par cette augmentation. Comme cela a déjà été mentionné, le développement des services générés par l'élargissement de l'État-providence constitue l'impulsion principale à la création de cet emploi féminin. Cependant, il faut rappeler les indications de l'économiste Josep Oliver (Indice Laboral Manpower, 2004) qui estime que l'Espagne aura besoin de plus de vingt ans pour atteindre la moyenne européenne de l'emploi féminin dans les services publics de l'État-providence. Cette estimation, réalisée avant l'apparition de la crise économique actuelle, ne fait pas autre chose que d'envisager un scénario futur peu encourageant dans lequel l'augmentation ou le renforcement de la précarité de l'emploi féminin continuera à être la norme. Il convient ainsi de ne pas oublier, comme cela arrive de nos jours, que les services privés de soins à la personne sont synonymes de précarité et constituent, sans l'ombre d'un doute, le point faible de la polarisation de l'emploi des femmes en Espagne.

Ainsi, l'optimisme qui pourrait, dans un premier temps, être tiré de cette croissance de l'emploi doit être nuancé, au vu de la mauvaise qualité de l'emploi créé. L'on pourrait ajouter que la nouvelle situation de croissance de l'emploi féminin en Espagne, au-delà des signes de modernisation ou d'homologation avec l'Europe, doit et peut être interprétée d'une autre manière. Par exemple, il faut se souvenir qu'en 1985, l'énorme volume de chômage qu'il y avait en Espagne avait un profil nettement féminin (Torns, Carrasquer & Romero, 1995), et qu'il présentait des caractéristiques structurelles produisant, aujourd'hui encore, des taux de chômage féminin supérieurs au chômage masculin. La crise actuelle semble être en train de changer cette situation, vu l'augmentation du chômage masculin dans le secteur de la construction, mais le temps dira si un tel changement se maintient. Concrètement, le taux de chômage féminin est de 12,66% contre 10,32% pour le chômage masculin, selon les dernières données de « *l'Encuesta sobre la Población Activa* » (Enquête sur la population active) du troisième trimestre 2008. Cependant, le pourcentage de femmes espagnoles qui sont concernées par le chômage de longue durée tourne autour de 60% dans tous les groupes d'âge – le niveau d'études ne semblant pas agir chez les femmes comme l'excellent antidote que beaucoup réclament contre le chômage, même s'il constitue un bon vaccin. Selon les mêmes données de l'EPA, les femmes présentent un taux de chômage plus élevé que les hommes quel que soit le niveau d'études retenu, à l'exception de la population analphabète qui connaît un taux proche des 30% pour les deux genres. Cette différence de genre est tout particulièrement manifeste s'agissant des études ayant le plus haut prestige académique ou les meilleurs débouchés sur le marché du travail. Dans le premier cas, le taux de chômage des hommes ayant obtenu le titre de docteur est faible (0,5%) alors que pour les femmes dans le même cas, il atteint 5,4%. Pour ceux qui obtiennent une formation et une insertion professionnelle avec un niveau d'études secondaires, le taux de chômage est de 7,5% pour les hommes et de 18,90% pour les femmes.

Il n'est donc pas exagéré d'affirmer que la croissance de l'emploi féminin s'est traduite, en Espagne, par un processus de substitution du chômage féminin par l'emploi sous statut précaire. En d'autres termes, la croissance de l'emploi féminin en Espagne, loin de favoriser la disparition des inégalités de genre sur le marché du travail, a fait émerger deux axes clés : le travail temporaire et les contrats à temps partiel, qui définissent au mieux le type de précarité de l'emploi des femmes. Étant donné le secteur dans lequel ces emplois apparaissent en majorité, ces deux axes sont toujours accompagnés des pires conditions de travail, de salaires bas, d'horaires atypiques et d'économie informelle. L'âge renforce l'inégalité entre les hommes et les femmes : les femmes de moins de 30 ans sont celles qui subissent le plus le travail temporaire et le temps partiel. Selon les données présentées par l'Observatoire OBJOVEM en 2008, pour les jeunes salariées, le travail temporaire atteint 73,3% si elles se trouvent dans le secteur privé et 48,6% si elles travaillent dans le secteur public.

Il faut aussi signaler qu'en Espagne, le travail temporaire féminin est le double de celui la moyenne européenne, comme l'indique le tableau n°2, et qu'il atteignait même 36% en 2005, avant la crise actuelle. Mais c'est pour les contrats à temps partiel que les différences espagnoles se manifestent avec le plus de clarté – ce type d'emploi étant, comme on le sait, une tradition de l'emploi féminin européen.

	1995	2005
Union Européenne (25 pays)	Nd*	15.1
Espagne	38.3	35.7
France	13.6	15.0

Tableau 2. Pourcentage de femmes salariées avec un contrat à durée déterminée (source : EUROSTAT).
*Non disponible.

Dans ce cas, il est en outre intéressant d'observer (tableau n°3) que les femmes espagnoles qui travaillent et qui ont des enfants de moins de 12 ans présentent un plus grand pourcentage de temps partiel que les hommes espagnols, comme le veut la norme sociale de l'emploi en Europe. Ce pourcentage féminin signale à son tour une autre grande différence avec la moyenne européenne, et cette différence est encore plus grande à mesure qu'augmente le nombre d'enfants. Le groupe de femmes avec trois enfants (ou plus) est particulièrement remarquable. Concrètement, dans ce sous-groupe, seulement 18% des femmes espagnoles avec trois enfants (ou plus) de moins de 12 ans ont un contrat à temps partiel, contre 51% des Européennes qui sont dans la même situation.

	EU-25	ESPAGNE	FRANCE
Femmes sans enfant	20	14	18
Femmes avec un enfant	33	19	21
Femmes avec deux enfants	44	20	32
Femmes avec trois enfants ou plus	51	18	45
Total femmes	27	16	22
Total hommes	4	1	3

Tableau 3. Temps partiel des femmes (20-49 ans) avec enfants ≤ 12 ans (% sur total population active). Source : European Labour Force Survey 2003, EUROSTAT (2005). Tableau résumé avec seulement les données espagnoles, françaises et celles de l'Europe des 25.

Cette différence avec la moyenne de l'Europe des 25 ne doit cependant pas faire oublier d'autres caractéristiques comparables, à savoir que tout comme cela se produit dans le reste de l'Europe, la grande croissance de l'emploi féminin modifie peu l'inégalité entre les hommes et les femmes espagnols vis-à-vis du travail à temps partiel. Le pourcentage d'emplois masculins à temps partiel a même diminué lors de la décennie de plus forte croissance de l'emploi en Espagne, comme on peut l'observer dans le tableau 4.

	1995			2005		
	T	H	F	T	H	F
TOTAL	100	65,9	34,1	100	60,1	39,9
TEMPS COMPLET	100	69,3	30,7	100	65,5	34,5
TEMPS PARTIEL	100	23,7	76,3	100	21,9	78,1
Pour assister à des cours	100	49,9	50,1	100	46,9	53,1
Pour maladie ou incapacité temporelle	100	58,2	41,8	100	42,2	57,8
Pour obligations familiales ___Enfants ou adultes malades ou handicapés ___Autres obligations familiales ou personnelles	100	2,4	97,6	100 100	1,6 5,4	98,4 94,6
Pour ne pas trouver de travail à temps complet	100	25,8	74,2	100	21,1	78,9
Pour ne pas vouloir un travail à temps complet	100	17,6	82,4	100	18,6	81,4
Pour le type d'activité réalisée*	100	23,8	76,2	Nd	Nd	Nd
Pour d'autres motifs	100	29,8	70,2	100	29,7	70,3
Ne connaît pas le motif	--	--	--	100	45,3	64,7
NON CLASSIFIABLE	100	64,2	35,8	--	--	--

Tableau 4. Population espagnole active par genre et type d'horaire de travail (1995-2005). Source : Elaboration propre à partir d'EPA.
*Inclus dans autres motifs en 2005

Il faut noter, en outre, que le facteur le plus important de cette inégalité de genre réside dans les motifs habituels qui poussent les femmes à avoir un emploi à temps partiel – concrètement, les obligations familiales. Les femmes doivent assumer les tâches consistant à s'occuper d'enfants, des personnes âgées ou des adultes malades ou handicapés.

Il faut également ajouter que la situation de l'emploi féminin de plus en plus précaire semble renforcer le scénario fort peu encourageant des analyses européennes les plus récentes. L'étude réalisée par Colette Fagan *et al.* (2006) dans trente pays européens analyse les risques d'exclusion et de pauvreté en tenant compte des relations de genre et elle signale que tous les indicateurs du processus d'inclusion sociale sont défavorables au groupe des femmes. Elle soutient l'affirmation en détaillant les données qui montrent que les femmes européennes ont de plus faibles possibilités de trouver un emploi avec un salaire décent, ce qui fait que les femmes sont sur-représentées dans les emplois les moins bien payés. De la même manière, l'étude souligne que leur présence majoritaire parmi les salariés à temps partiel fait que les femmes obtiennent les plus faibles pensions. Ainsi, parmi les personnes ayant les conditions de travail les plus défavorables, cette étude situe les mères seules, les femmes âgées, les gitanes, les immigrées, les femmes handicapées, les victimes de la violence machiste ou du trafic sexuel – ce dernier secteur n'étant habituellement pas mentionné dans les analyses du travail. Ces profils constituent, dans leur ensemble, ce que l'on a appelé la féminisation de la pauvreté, et nous rappellent que le problème de l'emploi féminin n'est pas tant le « plafond de verre », comme l'annoncent certaines voix médiatiques, que le « sol collant » qui englue des employées précaires de plus en plus nombreuses.

Ainsi donc, cette précarité persistante de l'emploi féminin corrobore l'hypothèse centrale de cet article qui considère que la précarité est la norme sociale d'emploi pour les femmes. Cette persistance est l'un des meilleurs points de départ pour contester le concept actuel de citoyenneté ou, si l'on préfère, les bases actuelles d'un État-providence dans lequel seul l'homme, en tant que chef de famille, se voit reconnaître les pleins droits et devoirs. Comme l'affirment les scientifiques engagées, sensibles aux questions de genre, ces absences féminines du marché du travail (dues au chômage, au travail temporaire, au temps partiel et sans oublier l'inactivité) sont largement acceptées socialement (Torns, 2000). Elles constituent donc l'un des principaux axes pour revoir les relations entre le travail et le bien-être dans le cadre de l'État-providence des sociétés européennes. Dans le cas contraire, les femmes et plus particulièrement celles disposant du plus faible pouvoir de négociation (public et privé) – la classe sociale n'étant pas une donnée insignifiante – seront seulement considérées comme femmes au foyer s'occupant exclusivement ou partiellement des tâches ménagères et de la famille, et elles continueront à avoir beaucoup de travail mais très peu d'emplois.

4. Le travail de soins (à la personne) est un travail précaire

Selon les données de l'EPA (2008-IIIème trimestre), 64% des femmes travaillent dans le secteur des services à la personne, secteur qui comprend la restauration. Si l'on souhaite détailler le traditionnel service domestique dans les données, on trouvera un taux de féminisation écrasant, s'élevant à 94%. Mais un tel chiffre doit être cherché parmi les personnes qui sont sujettes à un régime spécial, c'est-à-dire extérieures au régime général de la Sécurité Sociale qui protège la population active *normalisée*. Cette situation existe en Espagne depuis la création du Statut des Travailleurs en 1980, avec une large complicité des agents sociaux, institutionnels et de toute la société espagnole.

Expliquer la raison de l'exclusion de cette accablante majorité de femmes du domaine professionnel revient probablement à contempler la face la plus cachée de la précarité de l'emploi féminin. Et l'associer à l'analyse du sous-secteur actuel des services à la personne revient à affronter non seulement les limites diffuses entre « emploi régulé » et

« emploi non déclaré », mais aussi à faire émerger la base qui sous-tend les relations entre travail et bien-être dans les sociétés où existe encore le modèle social européen. Or dans ce modèle, le travail de soins (à la personne) à l'intérieur du foyer-famille est l'éternel absent des analyses conventionnelles du travail. Cette absence persiste malgré ce que démontrent les statistiques officielles actuelles sur l'utilisation inégale du temps et de la charge totale de travail entre les hommes et les femmes européens (Aliaga, 2006) ; malgré aussi le fait que ce travail de soins et son attribution féminine majoritaire constitue paradoxalement l'axe articulant la majorité des recommandations réalisées pour pallier les inégalités de genre dans les études sur le temps et le travail dans l'Union Européenne (Burchell, Fagan *et al.,* 2007).

En fait, la tertiarisation des sociétés européennes peut être expliquée ainsi : les emplois masculins *blue collar* sont devenus des emplois féminins *pink collar* et, automatiquement ou presque, la qualité et la quantité sont devenus des termes antithétiques en matière d'emploi. Le caractère schématique d'une telle argumentation peut et doit sans aucun doute être nuancé, mais le fait que le sous-secteur actuel des services à la personne continue à présenter les taux de féminisation les plus élevés est un indicateur significatif. On pourrait ajouter que la seule chose ayant vraiment changé est qu'auparavant, de tels emplois étaient non déclarés mais qu'ils le sont aujourd'hui et, par conséquence, sont plus ou moins régulés. Cependant, les caractéristiques propres à ce que l'on appelle de nos jours la précarité de l'emploi (Cf., bas salaires, horaires irréguliers, faible stabilité et prestige social nul) se maintiennent.

Cependant, l'importance de ces services ne réside pas seulement dans le fait qu'ils ont été diagnostiqués comme l'un des plus forts gisements d'emploi ; elle peut s'expliquer aussi par l'augmentation des besoins sociaux dérivés, principalement, du vieillissement de la population. Des chercheuses ont dit que ce type de services avaient un grand futur devant eux, même s'il ne semble pas que ce dernier soit très heureux (Torns, 1998), vu ce que nous savons déjà de leur présent. En fait, ces services-là sont un exemple parfait de la manière dont l'emploi féminin tend à rester à l'écart de la norme sociale de l'emploi stable, et l'on ne doit pas oublier qu'ils sont difficiles à revaloriser car ils sont trop proches de la domesticité (Fraisse, 2000).

5- Un nouvel accord social est nécessaire

Les spécialistes sont de plus en plus nombreux à réclamer le changement des normes socioculturelles en vigueur autour du modèle familial « homme chef de famille / femme au foyer », modèle qui a rendu possible l'existence de l'État-providence contemporain. Aujourd'hui, la présence plus importante des femmes sur le marché du travail a brisé une réalité selon laquelle, sur le plan matériel, le père de famille était le principal ou l'unique source de revenus quand la femme était l'âme du foyer, s'occupant à temps plein des enfants et du reste de la famille. Cependant, l'imaginaire social résiste à ce changement, en Espagne comme dans le reste des pays du sud de l'Europe. Il est par conséquent nécessaire et urgent d'établir un nouveau contrat entre les hommes et les femmes, contrat que les politologues ont commencé à nommer comme « nouveau contrat social entre les genres » et que d'autres analystes réclament en tant que convention. Avec ce nouveau concept, on reconnaît en effet que l'accord est tacite et implicite, qu'il est fondé sur des représentations communes, sur des références collectives se situant dans un temps historique déterminé (Letablier, 2007 : 74). En cas de doute sur le besoin d'un tel accord, il faut se souvenir que bien que les femmes européennes soient encore assignées aux tâches domestiques et aux activités de soins vis-à-vis des personnes de la famille, cette obligation morale est en crise pour de simples questions démographiques, par-delà les sentiments et les émotions identitaires féminines. Il semble donc indispensable d'exiger que l'État-providence organise socialement les systèmes de soins des personnes dépendantes (Daly, Lewis, 2000) et que la société dans son ensemble révise les consensus sociaux qu'elle est disposée à établir autour des idées d'autonomie et de dépendance, tout au long du cycle de vie des personnes, en allant au-delà des critères économiques qui les ont jusqu'à présent définies.

L'Espagne est actuellement un des meilleurs exemples du fait que la situation a beaucoup changé mais que ce modèle « homme-chef de famille / femme au foyer-fournissant des soins » persiste, même si ce n'est qu'à un niveau symbolique. C'est ce que montrent les analyses sur les difficultés culturelles auxquelles se heurtent les actions favorables à la conciliation de la vie professionnelle avec la vie familiale (Torns, Borràs, Carrasquer, 2003). Cela fait déjà dix ans que les jeunes Espagnoles ont atteint des niveaux éducatifs supérieurs à leurs contemporains masculins et qu'elles ne pensent pas se résigner à l'inactivité. De même, il est évident que les hommes jeunes ont aussi changé et que contrairement à leurs pères, ils réclament de pouvoir agir d'une manière plus active en tant que pères. Ces hommes, en particulier les jeunes hommes des classes moyennes urbaines ont donc aussi besoin de concilier leur vie professionnelle avec leur vie familiale. Il est donc fondamental que de tels changements atteignent la grande majorité des hommes de la classe ouvrière qui semblent constituer un groupe de résistance patriarcale face aux nouvelles manières de penser et de vivre au quotidien. Sans compter que ces hommes, et spécialement les adultes, vont prendre leur retraite de plus en plus jeunes, et que de longues années de vie les attendent encore. Ils demanderont alors beaucoup de travail de soins.

L'Espagne est, selon les données démographiques, l'un des cinq pays les plus vieux du monde, et les espoirs soulevés par la Loi 39/2006, en date du 14 décembre 2006, portant sur la « *Promoción de la Autonomía Personal y Atención a las Personas en Situación de Dependencia* » (Promotion de l'autonomie personnelle et attention vis-à-vis des personnes en situation de dépendance) sont nombreux. Cette loi sera fondamentale pour développer le quatrième pilier de l'État-providence et organiser socialement le soin aux personnes. Personne ne met en doute le fait que face à cette situation, les défis économiques sont énormes mais cela vaut la peine de se rappeler que jusqu'à présent, les coûts élevés pour soigner et s'occuper des personnes dépendantes ne sont pas (et n'ont pas été) gratuits car ils ont été assumés par le temps et le travail féminins, qu'il relève des femmes de la famille ou soit pris en charge par des emplois précaires, comme nous l'avons commenté auparavant.

Les chercheuses qui étudient les politiques de l'État-providence proposent le développement à court terme des services de soins dans la vie quotidienne (SAD), destinés à affronter les soins quotidiens de la population dépendante. Selon leurs analyses, l'existence de tels services est fondamentale pour atteindre l'égalité de genre, en plus de promouvoir le bien-être dans la vie quotidienne. Ces services devraient par conséquent être revendiqués en tant que droits à la citoyenneté à un niveau universel et individualisé, comme l'éducation ou la santé. Ces services ne constituent pas seulement la différence principale entre les États-providence européens du nord et ceux du sud, mais ils expliquent en outre les différences concernant le volume et la qualité de l'emploi féminin existant dans chacun de ces pays. Comme on le sait, à l'instar de ce qui existe dans les pays méditerranéens (Bettio, Simonazzi, Villa, 2006), l'alternative espagnole semble considérer que les femmes de la famille – ou pire encore, que l'emploi, dans le cadre familial, d'une femme immigrée relevant du régime d'économie informelle – sont la seule solution possible. Or, cette solution présente des limites évidentes qui se mesurent non seulement par le mal être et la culpabilité des femmes des familles, mais aussi par une augmentation de la précarité de l'emploi et de l'économie informelle pour les femmes immigrées. Ces limites apparaissent aussi si l'on considère la faible natalité en Espagne et la croissance des espérances des jeunes Espagnoles vis-à-vis de leur vie. Actuellement, les femmes de la *génération sandwich*[38] sont celles qui font face à la situation. Ce sont elles qui, par conséquent, comprennent le mieux la nécessité d'organiser socialement les activités de soin, ce qui suppose d'arriver à un nouvel accord/contrat entre hommes et

---

38. Cette notion de "Génération sandwich" renvoie à un groupe social de femmes qui, en plus de dédier une journée de travail à leur profession, doivent également consacrer une part importante de leurs ressources à leurs enfants ou adolescents, souvent d'ailleurs de façon conflictuelle, et fournir des soins à des parents âgés (note de la traduction).

femmes. Or, dans cette perspective, il n'est pas acceptable d'augmenter la précarité de l'emploi ni de renforcer les inégalités de classe, de genre et d'ethnie déjà existantes.

6. Commentaires finaux

Face à un futur dans lequel la norme sociale de l'emploi (majoritairement masculine) semble, si elle n'a pas disparu, s'être transformée en précarité ou, dit autrement : face à une précarité (majoritairement féminine jusqu'à présent) qui semble s'être étendue au collectif masculin, les besoins d'intervention sociale semblent incontestables et ce, pas uniquement dans le but de pallier des inégalités de genre persistantes sur le marché du travail. C'est pour cette raison que cet article ébauche, à travers ces commentaires finaux, quelques propositions et réflexions visant à contribuer à la modification de la dérive actuelle de la précarité de l'emploi. À titre d'exemples, il faudrait :

a) fixer comme objectif immédiat la réorientation des politiques d'emploi afin que cette réorientation réponde aux insatisfactions produites par les politiques d'égalité des chances entre hommes et femmes (Rubery, Figuereido, Smith, Grimshaw, 2004). En effet, après un peu plus d'une vingtaine d'années, on reconnaît que certaines mesures ont été positives, car il y a eu davantage d'emplois féminins, mais que l'effort n'a pas été suffisant. On sait en outre que ces actions doivent être associées à la notion de transversalité, désignée sous le terme de *gender mainstreaming*.

b) revoir l'organisation actuelle du temps de travail. La flexibilité, même négociée, ne semble pas souhaitable, du moins dans le contexte actuel de subordination totale vis-à-vis des intérêts de l'entreprise. Il est nécessaire de souligner ici la menace que suppose la future directive européenne favorable à une durée hebdomadaire de travail de 65 heures. La revendication de la réduction de la durée hebdomadaire du travail, de manière synchronique et quotidienne, relève d'une toute autre logique. Les solutions trouvées pour le moment sont des améliorations techniques obtenues sans consensus social convenable (Torns, Mígueles, Borràs, Moreno y Recio, 2006).

c) revoir les catégories socioprofessionnelles, en revalorisant celles qui sont aujourd'hui dévalorisées (comme c'est le cas des CSP renvoyant aux activités de ménage et aux soins aux personnes) et en réduisant les avantages qui accompagnent habituellement les catégories les mieux considérées (qui sont majoritairement des CSP masculines, en rapport avec l'innovation technologique ou avec d'autres biens plus ou moins tangibles). Les études signalent que les salaires bas et la discrimination salariale diminuent généralement avec ce type d'actions.

d) Prendre en compte les discours critiques face aux politiques actuelles de conciliation de la vie professionnelle et familiale (Torns, 2005). Les actions favorisant la régulation du temps de travail semblent être les actions les plus adéquates si toutefois, on prend en compte la charge totale de travail. Dans l'attente de meilleurs résultats des politiques de l'État-providence, la revendication d'une augmentation des services de soins dans la vie quotidienne (SAD) semble être déterminante pour une meilleure parité entre genres, classes et ethnies, ainsi que pour atteindre un meilleur bien-être quotidien. Cependant, comme il ne semble pas que de telles exigences et de tels consensus puissent bénéficier d'un futur immédiat, il ne semble pas exagéré de réclamer un emploi non précaire qui réponde aux normes que le BIT, institution que personne n'ose qualifier d'utopique, a recommandées pour déterminer le *travail décent*.

-IV-

Précarité et modèles de consommation : la société à bas coût

Luis Enrique ALONSO

> « Nous avons été surpris par un monde d'incertitude fabriquée »
> Anthony Giddens

> « La précarité est avant tout un rapport au temps,
> pour maitriser l'avenir, il faut une certaine stabilité du présent »
> Robert Castel

1- INTRODUCTION : LES JEUNES ET LA PRÉCARITÉ DU TRAVAIL

En Espagne, nombreuses ont été les voix à souligner la manière dont la période de la vie qui correspond à la jeunesse s'est étirée, au point que les plus de trente ans sont considérés officiellement comme jeunes (Injuve, 2005 ; Pérez *et al.*, 2006). Ceci est directement lié au fait qu'un pourcentage très élevé de trentenaires est encore dépendant de ses parents, d'un point de vue économique et au niveau du logement, et que pour de plus en plus d'entre eux, il n'est pas possible de mener un projet de vie que l'on pourrait considérer comme totalement autonome. Certains discours ont souligné l'indolence des nouvelles générations en les accusant de vivre trop confortablement au sein de leurs familles. Il est vrai que les relations interpersonnelles dans la famille espagnole ont résolument changé et que la vie des enfants (eux-mêmes devenus un produit de luxe dans cette société d'hyperconsommation) a été de différents points de vue, bien plus simple que celle des générations précédentes, non seulement en termes de prospérité matérielle, mais aussi de développement de relations dans lesquelles l'affectif a pris une place essentielle. Néanmoins, les deux raisons principales pour lesquelles les jeunes n'ont pas pu quitter le foyer et se trouvent dans l'incapacité de mener à bien un projet de vie indépendant, traduisent plutôt un problème d'origine économique : les prix élevés du logement et les emplois de mauvaise qualité (et leurs bas salaires). Selon les rapports précédemment cités (Pérez *et al.*, 2006 : 8), les jeunes souhaitent bien prendre leur indépendance : deux jeunes de moins de trente ans sur trois vivent encore chez leurs parents, mais 80 % souhaiteraient vivre seuls. Cette situation se dégage clairement des statistiques : selon les données d'Injuve (2005), 71,4 % des jeunes de moins de trente ans vivent encore chez leurs parents. Certaines estimations indiquent que les personnes de cette tranche d'âge obtiennent leur indépendance totale à 36 ans (selon Pérez *et al.*, 2006 : 11).

Les jeunes restent chez leurs parents et économisent pour acheter plus tard un logement neuf, et ils sont en général étudiants tant qu'ils vivent dans leur famille. Parallèlement à ce schéma culturel spécifique, la plupart des jeunes justifient le fait de rester chez leurs parents par des motifs économiques, essentiellement à cause des difficultés rencontrées dans la recherche d'emploi. En effet, les jeunes sont les plus touchés par le chômage, comme le montre le tableau 1 :

	Total	De 16 à 24 ans	De 25 à 34 ans	De 35 à 44 ans	De 45 à 54 ans	Plus de 55 ans
Les deux sexes	8,51	17,92	9,12	7,02	5,94	5,44
Hommes	6,31	14,97	6,89	4,79	3,96	4,61
Femmes	11,55	21,61	11,90	10,06	8,85	7,08

Tableau 1. Pourcentage de chômage en Espagne (source : INE, 2007).

La précarité du travail semble ainsi être devenue un phénomène structurel, non seulement en Espagne mais aussi dans toute l'Europe. Mais il est vrai que dans le cas espagnol, des facteurs tels que le *mileurismo* (néologisme désignant le fait de gagner un salaire de mille euros), les bourses sans couverture sociale, les CDD (rien de moins qu'un tiers du total des travailleurs ont un contrat de ce type), les contrats de formation, les agences de travail temporaire et le recours de plus en plus fréquent à la main d'œuvre étrangère, dressent un décor dans lequel disposer de conditions de travail dignes et stables, relève de plus en plus du défi, tout comme accéder à un logement digne. La réflexion sur la précarité a été menée à partir d'une critique des stratégies de flexibilisation du marché du travail mises en place par les entreprises, stratégies soutenues par les changements législatifs des dernières décennies. Il s'agirait du résultat du passage de la société industrielle à la société de services dans un cadre de concurrence internationale croissant, né de la mondialisation et des politiques néolibérales hégémoniques dans le capitalisme désarticulé. La précarité du travail, qui touche surtout les segments les plus faibles et les plus vulnérables de la société (jeunes, femmes, immigrés), se pose comme le résultat, que personne ne souhaite, d'une réorganisation du cadre institutionnel du travail, nécessaire pour garantir la compétitivité sur les marchés (Ruesga, 2002 ; Alonso, 2007).

2- Précarité, postfordisme et dérégulation des relations de travail

Le phénomène de la précarité sur le marché du travail espagnol a été étudié en profondeur par de nombreuses publications (Miguélez et Prieto, 1999 ; Alonso, 2001 ; López Calle et Castillo, 2004). L'Espagne est le pays de l'Union européenne où le pourcentage de travailleurs en CDD est le plus élevé (34 % en 2006), se plaçant ainsi en tête de cette triste statistique. Ces 34 % correspondent au double de la moyenne de la zone euro qui se situe à 16 %. Nous pouvons également comparer les statistiques espagnoles à celles d'autres pays de l'Union européenne (tableau 2) :

	Pourcentage de contrats temporaires	Pourcentage de contrats temporaires < 25 ans
Allemagne	12,2 %	53,0 %
ESPAGNE	32,5 %	65,7 %
Finlande	16,0 %	43,8 %
France	12,9 %	47,9 %
Grèce	11,8 %	26,3 %
Irlande	4,4 %	14,0 %
Portugal	19,9 %	46,5 %
Royaume-Uni	6,0 %	1,8 %
Pologne	21,9 %	58,5 %
Slovaquie	5,4 %	10,9 %
UE-25	12,8 %	37,0 %

Tableau 2 : Pourcentage de contrats temporaires dans différents pays de l'UE (source Eurostat, 2006).

L'Espagne, comme nous le disions plus haut, est le pays où le travail temporaire est le plus fréquent et un tiers de sa main d'œuvre se trouve dans cette situation. Il est intéressant d'observer comment le postfordisme a transformé la carte du travail en Europe : la précarité chez les jeunes est étonnement élevée dans de nombreux pays, et on peut parler d'un emploi faible (Alonso, 2001) qui perd sa place centrale dans la vie sociale et est remplacé par la consommation et les styles de vie comme source essentielle d'identité personnelle. Cette situation doit être replacée dans le cadre de la transition du fordisme au postfordisme, qui constitua une transformation des économies occidentales vers un modèle plus axé sur le secteur des services, et donc vers une importante restructuration du tissu industriel. La fermeture de nombreuses industries traditionnelles en Europe a conduit à rechercher des formules moins drastiques de réduction de l'emploi ; pour éviter un chômage massif, on s'est tourné vers des mesures telles que rendre les contrats plus flexibles et faciliter les conditions permettant le licenciement d'une partie de la force de travail seulement. Au cours des trois dernières décennies, ces politiques de l'emploi fondées sur la flexibilité se sont généralisées dans les entreprises européennes afin d'améliorer leur compétitivité. En ce sens, le cas de l'Espagne a été paradigmatique, car elle a reporté brutalement la précarisation des relations de travail sur les jeunes générations qui sont entrées sur le marché du travail depuis les années 1980 (Alonso et Martínez Lucio, 2006). Le *fordisme inachevé* espagnol a fini par devenir un curieux *postfordisme* dans lequel le marché du travail a été clairement segmenté.

En fait, plutôt que de parler de dérégulation pure des marchés du travail, il conviendrait de parler de « multi régulation », car les normes légales non directement liées au travail (les différentes législations sur l'immigration par exemple) comme les normes culturelles, les valeurs et les perspectives des modes de vie (féminisation rapide, modes de vie familiaux, transitions des jeunes vers un emploi adulte tout en vivant chez les parents, forte tendance à l'obtention de diplômes, etc.) sont fondamentales pour la formation et le fonctionnement du marché du travail espagnol de ces dernières années. La représentation sociale selon laquelle la création d'*emploi* dépend de la bonne disposition des acteurs du travail à se flexibiliser, à se « moderniser » et à faciliter l'enchère – individuelle – pour un poste de travail (Prieto, 2006), se confirme. Ainsi, l'efficacité économique devient automatiquement la condition non négociable des politiques de l'emploi, et l'efficacité est toujours associée à la compétitivité des économies locales dans le processus de mondialisation. Si le corporatisme classique supposait le soutien de l'État pour la mise en place de politiques concertées en dehors de la rationalité marchande, la nouvelle ère des politiques de l'emploi postcorporatiste rapidement appliquées en Espagne, est associée à l'idée d'un État pouvant de moins en moins intervenir, qui facilite le fonctionnement des marchés tout en essayant d'éviter leurs effets les plus destructeurs. Les politiques actives lancées en Espagne qui suivent à la lettre la Stratégie européenne de l'emploi et dans lesquelles les subventions diminuent ainsi que le soutien à la formation et les aides à l'embauche versées aux entreprises, sont les principaux moyens d'action (plus que d'intervention) sur le marché du travail.

Ce type d'(anti) politiques de l'emploi a introduit un fort individualisme dans les stratégies de recherche d'emploi et dans les modes de vie des jeunes, ainsi que la tendance à transférer presque totalement la responsabilité du chômage (ou du mauvais emploi) au chômeur ou au sous-employé, qui n'a pas su suffisamment se former, ni suffisamment se mobiliser pour obtenir un poste de travail qui se trouve quelque part « flottant » dans l'air du marché. Cette situation a créé d'importantes couches de jeunes en concurrence pour des postes sur le marché du travail, nécessitant une solide formation, mal payés, avec de lourdes charges de travail et de longues journées. Cette « multi régulation » des marchés du travail suit en fait les philosophies du *workfare* d'origine anglo-saxonne et américaine (plutôt que les lignes des politiques de cohésion sociale d'Europe centrale et du Nord) et son application vise à augmenter l'employabilité (facilité d'intégration sur le marché du travail), la disponibilité et la mobilité du travail, en faisant baisser le coût du travail, en débureaucratisant les conditions des contrats, en considérant l'égalité des chances comme un objectif externe et indépendant à atteindre, en supprimant les préjugés et les normes culturelles et sociales qui freinent la libre concurrence méritocratique. Pendant cette période, les politiques de redistribution se sont achevées et ont été remplacées par des politiques de *flexicurité* qui, depuis la fin des années 90, ont eu tendance à activer le marché du travail conformément aux besoins du cycle économique, en contribuant à un excellent résultat en termes de croissance économique et de création de capital des entreprises. Ces interventions qui suivent la philosophie de la *flexicurité* – et qui peuvent se résumer par la programmation d'actions de formation, la débureaucratisation et la libéralisation de fait des processus d'embauche et de licenciement – ont dû être accompagnées de tout type de mesures d'incitation à l'embauche (y compris à l'embauche en CDI) destinées aux entreprises. En effet, les conséquences de ces politiques sur l'emploi stable, ont été inévitables et indéniables ces dernières années. Cela a créé un ensemble de catégories particulièrement fragiles et des groupes marginaux sur le marché du travail (marginaux du point de vue de leur pouvoir d'embauche ou de leur capacité de négociation collective, et non pas de leur taille, car leur croissance est constante), dont la présence sociale et l'importance en tant que problème, ne font plus de doute (Cachón, 2004). Les catégories caractéristiques qui évoluent dans ces espaces incertains (légaux, biographiques et sociaux) sont les chômeurs de longue durée et les personnes sans emploi d'un certain âge issues du secteur industriel décadent, les femmes peu formées, les nombreux groupes d'immigrés (dans des situations très variées) ainsi que tout type de jeunes gens en situation de transition longue, difficile et décourageante vers l'emploi adulte, une situation si habituelle dans le quotidien de l'Espagne des dernières années, au point que certains groupes de jeunes – ceux disposant d'un moindre capital social – considèrent que leur situation précaire va durer toute leur vie.

3- JEUNES PRÉCAIRES ET CONSOMMATION SANS NORMES

Le caractère temporaire du travail affecte particulièrement les jeunes. Dans le tableau 3, nous pouvons observer les différents taux d'emplois temporaires dans différents secteurs de l'économie. Il est important d'observer la précarité des jeunes : dans tous ces secteurs, le taux d'emplois temporaires est le double ou le triple de l'ensemble de la population, à l'exception du secteur de la construction. Il est par ailleurs important de souligner que le secteur des services est celui qui offre la plupart des emplois aux jeunes et qu'il est lui-même très concerné par le caractère temporaire des emplois et la précarité. Finalement, il semble également pertinent de relever les problèmes présents dans l'administration publique où 60 % des employés de moins de 35 ans ont un contrat à durée déterminée.

Secteur	% emplois temporaires du secteur	% emplois temporaires du secteur chez les jeunes (16-35 ans)
Industrie	22,1 %	76,8 %
Bâtiment	56,0 %	61,4 %
Commerce	26,3 %	81,3 %
Restauration-hôtellerie	35,8 %	69,3 %
Administration publique	18,9 %	60,2 %
Éducation	24,9 %	65,6 %
Santé et services sociaux	30,4 %	62,1 %
Tous secteurs	30,7 %	62,0 %

Tableau 3 : Taux d'emplois temporaires chez les jeunes dans différents secteurs de l'économie (source : INE, 2006).

Un des autres aspects parlants est le fait que ces jeunes générations ont reçu la meilleure formation scolaire et universitaire de toute l'histoire de l'Espagne. À cause du chômage massif du début des années 1980, les politiques d'éducation ont favorisé les études universitaires dans l'objectif que les jeunes puissent avoir de meilleures opportunités sur le marché du travail, sachant que cela retarde en plus leur entrée sur ce marché peu prometteur. Le nombre de personnes ayant un diplôme universitaire a atteint un niveau élevé, notamment chez les jeunes femmes. Pourtant, cela n'a pas permis d'éviter la précarité, mais a au contraire contribué à son extension à tous les jeunes sans véritable distinction de formation, du fait de la massification du marché du travail destiné aux travailleurs disposant d'un niveau universitaire. Cela a conduit les jeunes diplômés à essayer d'ajouter de nouvelles qualifications à leur *curriculum vitae*, et à se lancer dans une sorte de course aux diplômes, une *diplômite*, qui mène à une perte de valeur du diplôme universitaire sur le marché de travail due à l'excès de détenteurs.

Ainsi, comme il fallait s'y attendre, les changements de modèles de structuration des nouvelles classes moyennes ont également touché leurs modes et leurs styles de vie. Si la radicalisation sociopolitique des éléments les plus actifs des nouvelles classes moyennes se situe à l'origine des fameux mouvements urbains des années 1960 et 1970, dont l'action a dépassé les limites de la politique commerciale en mêlant le public et le privé, la culture, la politique, la société et la vie quotidienne, à partir des années 1980, on assiste à la déradicalisation active de grandes franges d'une classe moyenne qui, à ses niveaux inférieurs, est de plus en plus segmentée et cloitrée. Elle s'est éloignée du collectif et s'est tournée vers la consommation privée comme une sorte de défense pour conserver un statut mis en danger par la vague de reconversions technologiques et les stratégies de dérégulation et de privatisation. Pendant ce temps, les catégories supérieures se sont tournées vers une culture obsessionnelle de l'esthétisme ostentatoire, de l'ambition, du désengagement, de l'individualisme extrême et de la consommation, expression absolue de la condition sociale. Sur le marché espagnol, cette tendance s'est matérialisée par une demande inhabituelle de logements, la construction devenant à la fin des années 90, le secteur phare de l'activité économique espagnole, à la croissance exponentielle et désordonnée, refuge de tous les investissements spéculatifs, premier secteur d'emploi de main d'œuvre immigrée et corrupteur des politiques municipales, et dont les résultats ont été désastreux pour l'environnement, pour l'émergence d'une écologie durable et pour le paysage, ainsi que pour l'accès au logement des jeunes, des personnes à faible revenu et des catégories les plus défavorisées (Naredo 2006).

C'est dans ce contexte que les stratégies tournées vers la consommation à bas coût ou le *low cost* ont surgi avec un grand succès sur les marchés destinés aux jeunes. En termes de quantité et de qualité, les offres de consommation *low cost* proposées tendent à s'éloigner de l'idée de couverture des besoins fonctionnels d'achat ou du calcul de stratégies moyennes de prix-qualité. Le *low cost*, c'est l'irruption à grande échelle de l'*hyperconsommation* (Lipovetsky 2006) dans le monde de la consommation des jeunes : voyages à bas coût, textile bon marché mais différencié, multiplication des images de la mode informelle et de l'expression de l'identité, rapide, facile et renouvelable en permanence. Acheter pour acheter correspond pour le *low cost* à garder sa place sur le marché des produits. L'accumulation d'expériences, de séjours, de messages, d'échanges informatiques, de petits produits électroniques est envisageable pour la première fois grâce à leurs prix, même pour les catégories de la population les plus jeunes. La dimension expressive intègre la consommation par l'achat lui-même. En d'autres termes, le jeu de la consommation commence par obtenir le prix le plus bas dans des enchères symboliques permanentes. Achat, produit et loisir ne font qu'un, la marque bon marché étant le principal détonateur d'un nouveau style d'achat qui permet une énorme accumulation de produits, de voyages, d'expériences, si on le compare aux possibilités qui s'offraient aux jeunes du même âge il y a seulement dix ans. Cette nouvelle forme d'hyperconsommation s'oppose à la société de consommation classique. La fidélité à la marque (à l'entreprise, au lieu, au magasin, etc.) typique de la croissance continue de la société de consommation industrielle et fordiste classique, où les valeurs centrales étaient le stable et le durable, a été remplacée par une hyperconsommation débordante, bon marché, qui se renouvelle rapidement et dont la technologie et l'esthétique deviennent vite obsolètes, et dans laquelle les jeunes construisent leurs liens sociaux et à laquelle ils s'identifient.

Cela dit, le modèle d'hyperconsommation s'étend à toute la société. Même les jeunes touchés par la précarité sur le marché du travail n'y échappent pas : les bas salaires n'ont pas freiné le consumérisme des jeunes générations et malgré leurs faibles revenus, elles dépensent l'essentiel de leur salaire dans des nouvelles formes de consommation plutôt que d'économiser leur argent. Et bien plus encore, ceux qui peuvent se permettre un crédit immobilier ne cessent pas de consommer et ont recours à tout type de crédit. L'hédonisme semble être partout présent. Citons un premier élément utile à la réflexion : les jeunes consomment avant tout. Ils ont accès à la consommation, ce qui n'était pas le cas des générations précédentes. Ils ont de l'argent à dépenser et ils sont nés dans une société qui idolâtre et pousse à la consommation. Ils vivent chez leurs parents et leur adolescence s'est en quelque sorte prolongée, ce qui fait que leurs dépenses sont essentiellement centrées sur les loisirs. Ainsi, les nouvelles formes de consommation qui apparaissent n'ont rien à voir avec la satisfaction des besoins (dont s'occupent les parents), mais plutôt avec celle des envies. Dans le cas de l'Espagne, il faut signaler que la consommation est centrale malgré la précarité du travail et la quasi-impossibilité d'accéder à un logement, en partie grâce au consentement des parents. Cette consommation des jeunes semble avoir une dimension paradoxale : les nouvelles générations de *mileuristas* (salariés gagnant mille euros par mois) pensent que leur futur est incertain. C'est pourquoi leurs modes de consommation ressemblent à une sorte d'exutoire. Dans le tableau 4, nous pouvons observer ce que les jeunes aiment faire pendant leur temps libre :

Activités	% de jeunes
Visiter des musées, expositions	34 %
Écouter la radio	87 %
Faire du sport	64 %
Aller dans les bars, les cafés	90 %
Lire	65 %
Regarder la télé	94 %
Écouter de la musique	97 %
Sortir en discothèque	76 %
Aller au cinéma	87 %
Faire du shopping	81 %

Tableau 4 : Activités fréquemment réalisées par les moins de 25 ans en 2005 (source : González Blasco, 2006 : 363).

Nous constatons qu'écouter de la musique se situe en tête des préférences, suivi par regarder la télé et aller dans les bars. Une des caractéristiques principales des jeunes espagnols est qu'ils aiment sortir, dans un pays où la vie sociale est organisée autour de la fameuse *fiesta*, c'est-à-dire sortir avec les amis pour boire et manger. Les jeunes poursuivent les mêmes pratiques, même s'ils manquent d'argent, car les parents leur en donnent. Quand les jeunes commencent à percevoir un salaire, ils restent chez leurs parents et continuent à sortir. Dans le tableau 5, nous pouvons observer les raisons pour lesquelles les jeunes considèrent qu'il est important de sortir.

	Très important	Plutôt important	Pas très important	Pas du tout important
Danser	37,0 %	32,8 %	18,3 %	10,3 %
Être avec les amis	65,2 %	27,5 %	3,4 %	2,2 %
Chercher un/e partenaire sexuel/le	9,2 %	16,3 %	28,8 %	42,7 %
Chercher un/e partenaire sentimental/e	9,7 %	20,5 %	27,4 %	39,7 %
Déconnecter du quotidien	53,2 %	32,8 %	7,1 %	4,9 %
Se droguer	4,3 %	6,8 %	17,3 %	68,1 %
Boire de l'alcool (*botellón*, boire dans la rue)	8,5 %	23,0 %	27,9 %	37,5 %
Écouter de la musique	32,3 %	34,4 %	17,7 %	13,4 %
Se sentir bien avec soi-même, dans son milieu	34,7 %	37,3 %	14,8 %	10,5 %

Tableau 5 : Raisons pour sortir faire la fête (source : González Blasco, 2006 : 376).

La perception de la consommation d'alcool et les déclarations des jeunes sont extrêmement décourageantes et généralisées. En revanche, les signes de protestations à l'encontre des conditions actuelles de vie précaire se situent à l'opposé : ils sont rares et diffus. La précarisation ne semble pas être la cible d'une contestation caractérisée par une lutte active et une résistance des jeunes, même s'il s'agit d'une des catégories sociales qu'elle touche le plus. Il s'agit d'ailleurs d'un des sujets les plus caractéristiques de la forte démobilisation des acteurs sociaux espagnols (López Calle, 2008). Bien au contraire, l'attitude de la plupart des jeunes vis-à-vis de cette question en Espagne, a toujours été ambiguë, fuyante, presque apolitique (ou conservatrice, selon le point de vue avec lequel on l'observe). Ainsi, même s'ils sont confrontés à de graves problèmes, leur réponse est une sorte de consumérisme amnésique. Au lieu d'un mouvement collectif solidement organisé réclamant une amélioration des conditions de travail, la société espagnole découvre qu'elle est en tête des pays consommateurs de cocaïne et de substances similaires : le mal-être quotidien est combattu en se réfugiant dans un plaisir impossible à satisfaire. Il est inutile de dire que le *botellón* semble être devenu une source essentielle d'identité chez les jeunes, aux côtés d'un autre loisir moderne : faire du shopping. Aujourd'hui, il est habituel pour les parents des classes moyennes et supérieures d'acheter à leurs enfants, tout type d'appareils de haute technologie et d'autres biens de consommation, et même une voiture (à leur majorité). Les jeunes, élevés dans cette culture de la dépense, reproduiront ces modèles de comportement à une autre échelle. Ces habitudes qui font du centre commercial une source de loisirs de la postmodernité, s'étendent à toute la société, même si les catégories sociales inférieures ont évidemment plus de difficultés pour supporter économiquement ce rythme de dépenses (d'autant plus face à l'augmentation des prix des produits de base).

Il semble qu'en Espagne, la transition du fordisme inachevé au postfordisme ait provoqué des changements très importants. La *norme fordiste de consommation* qui a permis aux classes laborieuses de disposer de salaires suffisants pour accéder au monde des biens de consommation, est devenue une *consommation sans normes* dans laquelle la fragmentation des modes de vie a rongé la solidarité et les liens sociaux. Les inégalités en termes de revenus ont augmenté, les classes moyennes enrichies et puissantes contrastent avec des larges catégories sociales très fragiles luttant au quotidien pour tenter de conserver leurs emplois précaires. Cette précarité affecte d'importants groupes sociaux, notamment les jeunes, et pas seulement en matière de travail, mais aussi en ce qui concerne le logement, la possibilité de fonder une famille et presque tout le reste. Nous pouvons même parler de précarité vitale générale : il ne semble y avoir aucune stabilité dans cette *modernité liquide* (Bauman, 2003) et la précarité prend le statut de situation biopolitique.

Le modèle du travail postfordiste (fondé sur une division entre ceux qui ont de bons emplois, des CDI, des investissements dans des propriétés immobilières, etc., et ceux qui en revanche ont de mauvais emplois, des crédits immobiliers élevés et connaissent la précarité) a été partiellement camouflé par un consumérisme militant partagé par presque tous les membres de la société (sauf les strates les plus pauvres) à différents niveaux, un consumérisme dans lequel une philosophie du *low cost* prend la forme d'une nouvelle culture de la consommation adaptée à ces identités précaires. Cependant, ce modèle social est confronté à un futur problématique. En effet, il est difficile qu'il puisse continuer à survivre car, malgré la croissance du PIB, il n'est pas évident qu'il puisse garantir l'accumulation et la solidarité intergénérationnelle. Les générations qui ont connu l'époque du fordisme ont pu non seulement accéder à des biens de consommation, mais aussi acheter leur logement, leur voiture et même faire des économies. Cela a été rendu possible par la redistribution favorisée par le modèle keynésien. Cependant, la crise de ces processus de redistribution a eu une conséquence ; aujourd'hui les jeunes générations ont des revenus réels très inférieurs, et une partie de leur niveau de vie (particulièrement dans le cas de l'Espagne) dépend des transferts de revenu des générations précédentes. Les jeunes générations consomment parce qu'elles disposent de revenus reversés par leurs parents, mais également parce qu'elles s'endettent en achetant à crédit, en dilapidant en quelque sorte, leurs propres investissements à terme.

4- Conclusion : vies précaires

L'affaiblissement de la signification du travail construite socialement et juridiquement, dans un processus qui coïncide avec la centrifugation des relations de travail (qui tente d'éliminer le plus de personnes possibles de la négociation collective), impose par ailleurs une rupture de la ligne d'incitations qui verticalise, hiérarchise et accentue immédiatement les inégalités entre les positions du processus de travail. Ainsi, en haut, les spécialistes qui pendant l'époque keynésienne avaient construit grâce à leurs dynamiques de formation et de défense des intérêts collectifs par la négociation, des alliances avec les organismes de classe historiques, se démarquent aujourd'hui du pacte sous la forme d'« *analystes symboliques* » – qui définissent l'utilisation de la formation et de la stratégie. Ils sont à la recherche de promotions et d'incitations totalement individualisées et entrent dans ces carrières agressives qui, tout en assurant leur meilleure position dans l'entité, tendent à aggraver la position des autres, notamment des plus faibles et de ceux ne pouvant pas se défendre à cause de leurs compétences ou de leur situation dans l'entreprise. En bas, la précarisation, la mobilisation et l'insécurité généralisée et institutionnalisée font de la simple survie, la motivation principale, une motivation par ailleurs perverse, d'individualisme exacerbé, qui fait voler en éclats le monde du travail (Alonso, 2001). La volatilité et le manque d'organisation macroéconomique du modèle postfordiste – un capitalisme désorganisé qui fonctionne sur le mode de la météo – finissent par créer deux types de flexibilité sociale. D'un côté, une *flexibilité interne* qui individualise, relance et applique des situations de marché restreint, aux professionnels qui essaient d'arracher leur capital humain des autres capitaux sociaux pour qu'il soit plus rentable selon le cycle économique (Paugam, 2000). D'un autre côté, la *flexibilité externe*, pure application du darwinisme social aux formes les plus élémentaires, turbulentes et incertaines d'emploi, construites entre le chômage structurel et le mauvais emploi cyclique, qui fait naitre des exigences de savoir et de qualification très basses là où peuvent être éliminés les emplois traditionnels stables (Maurin, 2006). Il semble ainsi difficile que la solution à la précarité provienne de quelques retouches de la législation des contrats de travail, en quête d'un travailleur en CDI qui par définition, est confronté à tous les paramètres selon lesquels l'actuel capitalisme global prend forme.

Dans le même ordre d'idée, on observe un phénomène connu comme la société *low cost* (Gaggi et Narduzzi 2006), selon lequel la consommation de nouveaux produits dont le coût est réduit du fait qu'ils sont fabriqués dans les pays semi-périphériques ou périphériques (ou grâce à des structures logistiques et de distribution qui associent flexibilité de tout type à une utilisation précaire de la main d'œuvre) crée une nouvelle perception de possibilité de forte consommation très variée en termes quantitatifs et qualitatifs chez la plupart des jeunes précaires. Les consommateurs tirent avantage du faible coût des produits – à revenus égaux, il se produit un *effet revenu*, une augmentation du pouvoir d'achat due à l'orientation du marché à bas coût – et donnent la sensation de construire leur propre image avec des matériaux très accessibles, dans un processus allant des produits de luxe (le phénomène du *nouveau luxe*) dans les catégories favorisées, à l'achat de produits d'importation bas de gamme vers lesquels se dirigent les consommateurs des classes populaires, même s'ils peuvent tous être importés de Chine ou d'Inde. La classe moyenne à laquelle les jeunes aspiraient d'un point de vue économique il y a vingt ou trente ans, s'est diversifiée et fragmentée en un grand nombre de groupes dignes de la société d'ordres, dans des situations de consommation très différenciées, mais dans l'ensemble rendues possibles par ces nouveaux systèmes de production et de distribution commerciale qui favorisent la sensation de croissance générale du pouvoir d'achat. Avec l'apparition des entreprises appliquant la philosophie *low cost*, surgit un type de consommation qui associe la baisse du coût des produits à un sentiment de plus grande liberté et de richesse. Cela tend à faire disparaitre encore plus, si cela est possible, le lieu de travail comme référence sociale principale pour conforter l'idée de l'identité consumériste des jeunes précaires (Lichtenstein, 2005). Cette nouvelle consommation *low cost* en plus d'accentuer la sensation d'opulence et de mettre à la portée de l'acheteur précaire des produits nombreux et variés, créé l'idée d'*agence*, c'est-à-dire que le consommateur finit par monter, programmer, personnaliser et multiplier ses possibilités d'achat qui deviennent plus complexes. Qu'il s'agisse de voyages, de textile, de meubles ou d'électronique, ces possibilités d'achat s'élargissent pour les catégories précaires, parallèlement au développement du « à monter soi-même », du libre-service et des relations en réseau. Les services

où le personnel est nombreux font place à un type d'organisation logistique où la *désintermédiation* est la clé de la croissance de la rentabilité et d'une nouvelle création de la *subjectivité consumériste* des jeunes qui se pose aujourd'hui comme une authentique technologie de l'individualisation ou de la constitution de communautés symboliques de consommations fragmentées et différenciées (Bauman, 2007).

En revanche, ce que l'on sait aujourd'hui de la consolidation du postfordisme, c'est que les différentes trajectoires de la précarité confirment une convergence de situations conduisant à un même diagnostic, malgré les différentes législations et des bases culturelles parfois opposées. Les mécanismes contractuels d'entrée dans la société postindustrielle sont structurels et il est nécessaire de trouver des réponses aux défis actuels allant au-delà des ajustements nationaux ou régionaux traditionnels qui reposent sur de simples bricolages juridiques des conditions du contrat de travail déjà considéré comme une simple relation individualisée et désidéologisée. La conclusion est inévitable : il y avait un accord absolu entre un modèle de production fordiste et un système de relations, de droits et de formes d'organisation des temps et des âges sociaux. À partir de là, la base qui définissait institutionnellement le contrat de travail du salarié par un lien presque unique de la subordination/dépendance à une forme dominante de relation où primait la *culture de l'aléatoire* (Roulleau-Berger, 2006) s'est transformée.

Dans toutes les sociétés industrielles, à des niveaux certes différents, une importance centrale était donnée aux histoires de vie professionnelle basées sur des contrats salariés à temps complet, à durée indéterminée et standard, sur un rapport entre un fort niveau de subordination et de contrôle disciplinaire par l'employeur et d'un niveau élevé de stabilité et de compensations en termes de prestations sociales et de garanties pour l'employé. Ce principe général n'existe plus aujourd'hui. La norme sociale a changé, la forme disciplinaire s'est individualisée et est devenue subjective, en raison des nouvelles technologies mais aussi des mutations de l'organisation du travail et des modes de consommation (Castel et Haroche, 2005). Dans ce cadre, non seulement le professionnel le mieux formé et le plus compétent doit faire preuve d'une certaine autonomie professionnelle, mais tous les statuts de l'emploi, en matière de normes et de formation, s'éloignent du schéma initial de subordination et de dépendance absolue à tous les âges, pour prendre des formes beaucoup plus autonomes, parasubordonnées et changeantes (et aussi plus incertaines du contrat de travail). Parallèlement au développement de l'organisation en réseau des entreprises, de l'externalisation et de la sous-traitance, d'autres formes d'emploi se développent avec des limites plus floues et plus autonomes, encouragées par ce *low cost* généralisé qui consiste à baisser les coûts et à fragiliser systématiquement toutes les situations d'emploi et dans lequel, le monde du travail et la citoyenneté au travail ne reposent plus tant sur une propriété sociale que sur une « propriété de soi », c'est-à-dire sur la manière de faire valoir individuellement ses capacités, ses compétences et son capital social et symbolique.

-V-

La précarité des immigrants en Espagne :
la construction de la fragilité d'un nouveau sujet

Lorenzo CACHÓN

Ces vingt dernières années, l'Espagne est devenue un pays d'immigration. Ce changement s'est fait dans le cadre d'un processus de transformation sociale de grande ampleur et avec une rapidité extraordinaire. Quelque chose commençait à changer en Espagne vers la moitié des années 1980, qui transformait l'immigration en un « fait social » amenant une « nouvelle immigration » : *nouvelle* par ses zones d'origine et par le niveau de développement de ces zones, qui a commencé par l'Afrique (surtout le Maroc) et l'Amérique Latine (Équateur et Colombie) qui, dans les années 1990, s'est étendu à L'Europe de l'Est (surtout la Roumanie) ; *nouvelle* par les cultures et religions concernées ; *nouvelle* par ses traits phénotypiques ; *nouvelle* surtout au niveau de ses motivations économiques, avec l'existence d'un « effet d'appel » depuis le marché du travail espagnol et qui se répercutera sur les groupes d'immigrants marocains et latino-américains. C'est, enfin, une *nouvelle* immigration parce qu'au tout début, elle est surtout individuelle, attirant des hommes comme des femmes. De fait, la féminisation de l'immigration qui arrive de certains pays est un élément très important et révélateur. Cette « nouvelle immigration » qui s'accélère beaucoup au début du XXIᵉ siècle produit des effets remarquables sur la composition ou recomposition de la structure sociale et sur les attitudes des espagnols face à ce phénomène.

1. « ESPAGNE IMMIGRANTE » ET TRANSFORMATION SOCIALE

L'élément déclencheur de ce processus est la restructuration du marché du travail qui se produit alors en Espagne et qui produit d'un côté, un « facteur attrait », un effet d'appel pour les immigrants et de l'autre, un changement important dans le niveau d'exigences vis-à-vis du travail des travailleurs autochtones, une véritable transformation sociale. On assiste en effet à la disparité (*mismatch*) croissante entre une force de travail autochtone qui a augmenté peu à peu son « niveau d'exigence » et le fort besoin de travailleurs dans certaines branches d'activité du marché du travail secondaire et ce, dans des conditions que les autochtones considéraient inacceptables.

C'est vers l'année 2000 que commence un processus d'institutionnalisation, au sens donné par Lenoir (1993), de la « question migratoire ». Selon Lenoir, on peut distinguer trois séries de facteurs qui interviennent dans la formation d'un « problème social » : tout d'abord, des transformations qui se répercutent sur la vie quotidienne des individus en raison des changements produits sur leur environnement. Cela renvoie directement aux changements survenus sur le marché de l'emploi espagnol à partir de la moitié des années 1980. Mais ces transformations n'amènent pas un « problème social » parce qu'il faut, pour cela, que se produise un processus de « formulation publique ». Il faut dès lors tenir compte des processus « d'évocation » (à travers les différents traitements donnés à l'immigration dans les médias), « d'imposition » dans les débats publics (dans lesquels les agences intermédiaires travaillant avec les immigrants ont joué un rôle essentiel) et de « légitimation » par les instances officielles, par le biais de leur reconnaissance. Ce processus a débouché sur « l'institutionnalisation » du « problème social » de l'immigration qui est apparu en Espagne, par exemple, avec la création de forums d'immigrants à différents niveaux administratifs, avec l'approbation de « plans pour l'intégration des immigrants », avec la création d'instances administratives spécialisées pour s'occuper du groupe immigrant ou avec la prolifération d'études. C'est au cours de cette étape qu'apparaissent les premiers processus importants de conflits et de luttes revendiquant l'amélioration des conditions de travail et de vie et, en guise de préalable, l'obtention de « papiers » permettant la reconnaissance d'une situation légale permettant aux immigrants de réclamer des droits en tant que citoyens. Les conflits des immigrants avec les administrations ont aussi commencé à se développer et nous pensons ici, notamment aux occupations de certaines églises lors de l'entrée en vigueur de la Loi 8/2000 en décembre 2000, aux conflits entre autochtones et immigrants (et notamment aux violents évènements survenus à El Ejido en février 2000), ainsi qu'aux conflits découlant de la compétition, sur le marché de l'emploi, entre les différents collectifs d'immigrants. Rappelons ici, le conflit qui a opposé des travailleurs marocains et équatoriens dans la région de Murcie ou encore celui qui a éclaté dans les champs de culture de fraises de Huelva entre des travailleurs masculins marocains et des travailleuses polonaises ou roumaines. De fait, on va réclamer – en plus des droits civils, culturels, sociaux et économiques – des droits politiques pour les immigrants (Cachón 2008b et 2009).

Dans la première partie de cet article nous verrons comment le « cadre institutionnel discriminatoire » contribue à faire de *l'autre, de l'immigrant* un sujet fragile ; la seconde partie rappellera que ce qui définit l'immense majorité de l'immigration aujourd'hui est sa dimension ouvrière ; la troisième précisera certains aspects de la précarité des immigrants sur le marché du travail en Espagne et les conclusions montreront comment les diverses crises actuelles ont tendance à aggraver la précarité du sujet immigrant.

2- LE « CADRE INSTITUTIONNEL DISCRIMINATOIRE » DANS LE DOMAINE DE L'IMMIGRATION ET LA PRODUCTION DE « L'AUTRE IMMIGRANT » EN TANT QUE SUJET FRAGILE

La « tache immigrante » n'a pas la racine génétique que Philip Roth attribue à la « tache humaine » dans son roman, auquel j'emprunte l'expression. Elle ne l'a pas parce qu'il n'y a pas de « tache originelle » et qu'elle est un produit des institutions, en commençant par cette grande institution qu'est l'État qui marque ses frontières et définit qui sont « ses » citoyens. La « tache » apparaît lorsque l'on traverse cette frontière nationale. John Berger l'a dit avec force en 2002 : « À un moment donné il a traversé la frontière. Cette frontière peut coïncider ou pas avec la ligne de division géographique de son propre pays. Ce n'est pas la frontière géographique qui importe mais simplement le lieu où il court le danger d'être arrêté et que son intention de partir soit frustrée. De l'autre côté de la Frontière, une fois traversée, il deviendra un travailleur immigrant. » La « tache immigrante » n'est pas un problème d'identité ni un problème génétique. Cependant, elle laisse une empreinte profonde dans les identités collectives et individuelles que les immigrants peuvent construire à partir du moment où ils traversent la frontière et se constituent en tant qu'immigrants (Cachon, 2009).

À l'origine de ce que nous appelons « cadre institutionnel discriminatoire », il y a cette compétence des états pour établir des frontières et « administrer » (reconnaître, garantir et refuser) les droits des personnes. « L'étrangérisation » du migrant ou immigrant, la qualification du migrant qui traverse les frontières en tant qu' « autre », différent des nationaux (citoyens) de l'État, la remise en question de l'immigrant en tant que personne qui a le « droit d'avoir des droits », selon l'expression connue d'Arendt, en raison de son « appartenance » à un autre État (Solanes, 2009)… c'est le « péché originel », la « blessure originelle » (Lucas, 2003) des politiques migratoires.

Dans le cas des migrations internationales économiques, il y a un élément de départ à prendre en compte qui diffère des autres logiques migratoires telles que les migrations de populations ou de réfugiés. C'est la définition non formelle, la supposition implicite que l'on retrouve dans les politiques d'immigration, qui veut que la figure centrale de l'immigrant soit celle de « travailleur/étranger », qu'il est le « véritable et bon immigrant » (Lucas, 2002 : 45). Tout le cadre institutionnel tourne autour de cette image.

Ce cadre institutionnel discriminatoire est formé par un ensemble d'éléments normatifs spécifiques, par des « règles » qui affectent de manière particulière les immigrants, soit dans les politiques d'immigration ou d'intégration, soit dans les politiques générales et leurs différentes variations, en particulier les variations associées à différents groupes qui contribuent à la construction institutionnelle de réalités différenciées. Les règles du cadre institutionnel discriminatoire définissent le champ des possibles des *travailleurs/immigrants*, l'espace social (professionnel) où ils peuvent s'installer et circuler. Elles définissent des catégories de résidents en situation légale et, par conséquent, en définissent d'autres comme « irréguliers ». Elles définissent les domaines de possibilités ou d'impossibilités en établissant des espaces absolus d'exclusion (par secteurs, métiers ou territoires) où les immigrants ne peuvent pas entrer. Elles définissent enfin les immigrants en termes négatifs, quand elles utilisent le concept de « situation nationale de l'emploi » comme l'élément délimitant les besoins de main-d'œuvre étrangère. Mais elles les définissent également, en positif, en imposant certains secteurs/métiers/territoires en tant que « voies d'entrée » communes des immigrants et par conséquent, utilisées par eux. Parfois, cette définition positive est complétée, par exemple, par des règles différentes pour les hommes et les femmes, par des règles de préférence pour certains groupes d'immigrants en fonction de leur origine nationale ou de leur niveau social, leur niveau de compétences. À partir de là, les politiques d'immigration accentuent la ségrégation sociale (de classe), mais aussi, la ségrégation sexuelle ainsi que la ségrégation selon l'origine ethnique ou nationale. Cette définition positive des voies d'entrée – avec ses variantes suivant les groupes sociaux – vient presque toujours consolider les champs du possible que le marché a définis au préalable. Le « cadre institutionnel discriminatoire » est ainsi « la boucle » qui ferme la logique du marché. Parfois c'est le « cadre institutionnel » qui marque, par exclusion ou préférence, le champ de non-circulation des immigrants (par exemple, à travers les références à la « situation nationale de l'emploi »), d'autres fois, l'État vient ratifier ce que le marché a déjà fixé au préalable comme « champ des possibles ». Cette boucle « marché-État » agit lorsque l'État, au lieu de « compenser » les effets discriminatoires du marché, vient au contraire ratifier, consolider et potentialiser ces effets.

Nous avons parlé jusqu'ici du cadre institutionnel discriminatoire au singulier. Mais nous pouvons aller un peu plus loin en affirmant qu'il y a deux grandes variantes de ce cadre institutionnel qui s'observent dans la logique de gestion du marché du travail. Ces deux variantes acquièrent le caractère de « positions idéaltypiques ». Il faut dès lors étudier les traits, les règles concrètes qu'établit le cadre institutionnel de chaque pays, à un moment déterminé. Notons que nous construisons cette dichotomie à partir de l'analyse des politiques d'immigration visant à réguler la main d'œuvre.

Dans les démocraties libérales, le cadre institutionnel discriminatoire qui cherche à réguler les besoins de main d'œuvre étrangère des systèmes productifs des pays d'accueil, peut adopter deux orientations différentes : d'une part, la logique *Gastarbeiter*, de « travailleurs invités » ou de migrations circulaires qui renvoie à une « logique d'exclusion » et d'autre part, une logique qui part du « besoin » de travailleurs étrangers et de la demande du système productif mais qui, dans une « logique inclusive » ne se limite pas à réguler les flux et reconnaît les droits, à égalité avec les autochtones, des immigrants. Dans les différentes réalités nationales, nous pouvons retrouver des combinaisons singulières de cette dichotomie, avec des pratiques mélangeant ces deux logiques et qui sont variables dans le temps.

Toutefois, même dans la logique « inclusive », il faut signaler que ce cadre institutionnel peut produire des situations ou des périodes au cours desquelles la vulnérabilité des immigrants et leur faiblesse vis-à-vis des employeurs augmentent. Ce sont les moments de renouvellement des permis de travail et de résidence. Dans ces moments d'attente de permis, les immigrants peuvent avoir besoin d'un emploi et accepter une offre de travail mais dans des conditions où leur « pouvoir social de négociation » se retrouve très réduit. Il en va de même des effets différenciateurs de certaines règles, comme dans le cas, par exemple, de l'accès à la nationalité en Espagne. La norme générale veut que dix années de résidence légale permanente soient nécessaires mais seulement deux années seront requises dans le cas des immigrants d'Amérique Latine, des séfarades et de quelques autres groupes sociaux.

Cependant, même dans le cas où le cadre institutionnel discriminatoire s'inspire de ce second « modèle », il conduit pourtant les travailleurs immigrants à occuper les postes de travail les plus bas lorsqu'il définit comme seuls ports ou portes d'entrée au marché du travail, les postes qui ne sont pas pourvus par la « situation nationale de l'emploi », c'est-à-dire par la seule offre intérieure ou nationale ; il limite le « pouvoir social de négociation » qui permet aux travailleurs immigrants d'accepter ou de rejeter ces postes. De fait, parce que l'on fait entrer sur le marché du travail les travailleurs immigrants par le niveau le plus bas et le moins désirable de l'échelle socioprofessionnelle, tant en termes de métiers que de secteurs d'emploi, cela occasionne une mobilité sociale ascendante *apparente* pour le reste de la population. Cette mobilité peut n'être qu'apparente parce que la « position » (dans l'absolu) du reste de la population peut se maintenir à l'identique, même si sa « situation » (relative) progresse. Fréquemment aussi, la position se déplace de façon ascendante parce que l'immigration permet l'amélioration de certaines positions sociales, surtout dans les « niveaux moyens à hauts » de la pyramide sociale.

Cependant, les effets sur la mobilité sociale sont différents si c'est la logique *Gastarbeiter* (d'exclusion) qui domine ou si c'est une logique plus inclusive qui fonctionne parce que cette dernière tend à faciliter le déplacement ultérieur des travailleurs sur l'ensemble de l'échelle sociale, à favoriser la mobilité des travailleurs immigrants vers d'autres métiers, secteurs ou zones géographiques où ils sont nécessaires. Toutefois, il est clair que l'empreinte des premières étapes va marquer très profondément le reste de leur parcours professionnel et de vie.

Le cadre institutionnel discriminatoire déploie une série de contraintes *institutionnelles* qui marquent des chemins, qui mettent des barrières et qui établissent des préférences de collectifs par rapport à d'autres ; ces contraintes ne sont pas les seules auxquelles les agents (les immigrants) doivent faire face sur le marché et dans la société d'accueil parce que marché et société offrent des *opportunités* plus ou moins grandes à certains collectifs plutôt qu'à d'autres, variables selon les moments, et c'est à partir de ces contraintes et de ces opportunités que les agents (les immigrants) structurent leurs *stratégies*, individuelles et collectives, pour mettre en valeur leur « capital social » et pour lutter contre la discrimination.

Ce cadre institutionnel discriminatoire constitue la base des précarités dont souffrent les immigrés dans différents domaines de la vie sociale, dans leurs conditions de vie et de travail ou encore les précarités culturelles, « identitaires » ou politiques. Mais il faut aussi y ajouter leur « condition ouvrière ».

3- La condition ouvrière des immigrés

« Les immigrés sont doublement désavantagés : non seulement ils font partie des groupes les plus désavantagés des sociétés contemporaines, mais il est fréquent aussi de les voir étiquetés comme cause des problèmes » (Castles et Miller, 2003 : 197). Certes, la causalité des problèmes, surtout de « leurs » problèmes, est souvent mise sur le compte de tous les groupes infériorisés, du moins durant certaines étapes de l'histoire. Mais ce fait est particulièrement marquant dans le cas des immigrés en raison de la « logique » de la « tache immigrante » : les immigrés, ce sont « les autres » et cette altérité s'accentue par temps de crise. Cela multiplie les effets de leur vulnérabilité. Ils connaissent ainsi une vulnérabilité structurelle du seul fait d'être « autres », d'être « tachés », du fait même d'être immigrés et correspondant à l'image du travailleur étranger, de condition ouvrière, provenant des pays moins développés ; ils subissent aussi une vulnérabilité conjoncturelle car les effets de la crise vont les toucher de façon beaucoup plus négative que d'autres groupes sociaux parce qu'ils sont ouvriers, parce qu'ils occupent des postes peu qualifiés et parce qu'ils sont immigrés ; ils sont aussi dans une situation de vulnérabilité vis-à-vis de l'opinion publique car on essaie de les faire apparaître comme les principaux fautifs de « leur » situation et, en même temps, comme responsables de la mauvaise situation des autres catégories sociales, de ceux que l'on désigne comme « nous », surtout si une part de ce « nous » est au chômage ou connaît des situations de précarité.

Bien entendu, cette vision singulière du travailleur immigré ne rend pas compte de la situation de tous les immigrés. L'image réelle des travailleurs immigrés renvoie à celle du sablier : une base très large qui répond à cette vision singulière, une partie moyenne étroite mais croissante avec le temps (bien qu'elle augmente de façon très inégale selon les différents groupes), et une partie supérieure qui correspond à un segment hautement qualifié et jouissant d'un bon niveau social.

La « condition ouvrière de l'immigré », bien que n'étant pas commune à tous les immigrés, est un trait fondamental pour comprendre l'immigration en Espagne et pour comprendre sa vulnérabilité. À ces caractéristiques sociales, nous pouvons ajouter le caractère typiquement ouvrier de l'incorporation précoce au marché du travail, ce qui est également le cas pour les immigrés (Cachón, 2005). Ce facteur « ouvrier » est un autre élément qui contribue à faire apparaître les immigrés et à les « construire » comme des groupes plus fragiles, non pas en raison de leurs caractéristiques personnelles (cf., formation, compétences, expérience), mais comme conséquence de leur condition d'« ouvriers étrangers provenant de pays (plus) pauvres » et des circonstances de leur situation d'immigrés (pauvres). La famille qui réside encore dans le pays d'origine dépend d'eux, il leur faut rembourser des emprunts contractés pour le voyage ou obtenir des ressources pour financer le déplacement d'autres membres de leur famille ou d'amis. Cette fragilité peut faire d'eux un « sous-prolétariat » qui concurrence/partage des emplois, des écoles, des logements, des services sociaux et des espaces de loisirs… avec les couches sociales les plus basses des autochtones. Or ces prestations sociales sont traditionnellement rares en Espagne, et cette rareté se produit surtout au niveau des services dont devrait bénéficier la couche sociale la plus défavorisée en Espagne.

Il se peut aussi, très souvent même, que la condition ouvrière des immigrants soit due au fait d'avoir traversé une frontière et à la mobilité sociale descendante que cet acte simple entraîne. L'Enquête nationale sur les immigrants de 2007 a permis de montrer ce déclassement social généralisé qui se produit dans les premiers temps de la migration et qui les situe au niveau des positions les plus basses de l'échelle sociale – des positions qui seront difficiles à quitter dans des processus de « contre-mobilité » ascendante (Cachón, 2009 : 239-245).

4- LES PRÉCARITÉS IMMIGRANTES SUR LE MARCHÉ DU TRAVAIL EN ESPAGNE

La vulnérabilité des immigrants sur le marché du travail, dont le fondement ultime réside dans la spécificité de leur « tache immigrante », s'amorce dans leur condition ouvrière et s'amplifie par le fait de connaître des taux de chômage plus élevés, des taux plus importants de travail temporaire, de plus forts taux d'accidentalité que les autres catégories sociales mais aussi par leur forte concentration sectorielle, par des salaires plus bas et de moins bonnes conditions de travail, par leur présence massive dans toutes sortes de journées et d'horaires de travail atypiques et, en définitive, par le fait qu'ils occupent une proportion élevée d'emplois que l'on pourrait qualifier de « 3P ». Ce sont des postes de travail plus *Pénibles*, plus *Périlleux* et plus *Précaires* (l'équivalent des « 3D » en anglais : *dirty, dangerous, demanding* ou des « 3K » en japonais : *kitanai, kiken, kitsui*). Et si nous signalons ces variantes linguistiques, c'est bien pour mettre en évidence la « loi de fer » similaire à laquelle sont soumis les immigrés dans les différents pays et circonstances. En outre, la présence des immigrants est beaucoup plus importante dans l'économie parallèle que celle du reste de la population.

Les chômeurs et les taux de chômage

Le chômage touche davantage les immigrés que les autochtones, voilà bien une autre « loi de fer » des processus migratoires liés au travail à l'échelle internationale. Cette règle constante du différentiel systématique dans les taux de chômage entre les immigrés et les autochtones peut être prise comme une quasi évidence de ce que nous avons qualifié de « discrimination structurelle du marché du travail » (Cachón, 2009). Les taux de chômage sont un premier indicateur, toutefois approximatif car il faudrait isoler les divers composants qui peuvent mener à cette situation (Cf., en particulier, l'origine sociale, le genre, le niveau de formation et l'expérience professionnelle). La situation des immigrés en Espagne ne contredit pas cette régularité, tout en y apportant ses propres traits.

Au premier trimestre 2009, l'Enquête sur la population active signale qu'il y a 4 010 700 chômeurs en Espagne, dont 1 057 500 étrangers, ce qui représente 26% du chômage total et met en évidence une surreprésentation considérable par rapport à ce que représentent les étrangers au sein de la population active espagnole (soit 16%). Ainsi, le taux de chômage de la population active espagnole est de 15,1% et celle des étrangers s'établit à 28,4%, soit pratiquement le double. Ces deux chiffres, la surreprésentation des immigrés parmi les chômeurs et un taux de chômage deux fois plus fort que celui des Espagnols, montrent bien la grande vulnérabilité des immigrants sur le marché du travail. En effet, ces différences ne sont explicables ni par le niveau de formation, ni par l'expérience professionnelle, ni par la durée de leur séjour en Espagne, ni par leur âge, ni par leur genre, bien que certaines de ces caractéristiques expliquent en partie cette inégalité.

Le caractère temporaire du travail

Les immigrants ne connaissent pas seulement un taux de chômage plus élevé ; leur taux de travail temporaire est le double de celui des Espagnols. Si 25% des salariés espagnols sont sous contrat temporaire, cette proportion dépasse 50% pour les étrangers vivant en Espagne. Une première explication de ce différentiel est liée au fait que les quatre secteurs dans lesquels la plupart des étrangers sont concentrés sont ceux qui possèdent les taux les plus importants de travail temporaire : l'agriculture (57%), le bâtiment (50%), l'hôtellerie (37%) et les services (domestiques) à la personne (36%). Mais dans chacune de ces branches d'activité, les immigrés présentent également des taux bien supérieurs à ceux des Espagnols, excepté du côté des services domestiques.

Les données concernant les affiliations à la Sécurité Sociale (pour l'année 2007), selon les types de contrat, confirment ce caractère temporaire plus fort du travail du côté des immigrants qui comptent 56% de contrats temporaires, contre les 36% en moyenne pour l'ensemble des travailleurs affiliés au régime général. Il est utile de rappeler que certaines catégories ne font pas partie du Régime Général de la Sécurité Sociale, et que deux d'entre elles emploient un grand nombre d'immigrés : les *Employés de maison* et les salariés du *Régime Agricole*. Si les chiffres concernant ces régimes étaient inclus, la proportion des emplois temporaires augmenterait considérablement. Cependant, la Sécurité Sociale nous offre un renseignement intéressant et complémentaire sur le type de contrat des étrangers : non seulement les taux d'emploi temporaire sont plus élevés mais les types de contrats de travail sont différents, aussi bien pour les emplois à durée indéterminée que pour les emplois temporaires. Certains contrats temporaires peuvent favoriser le passage vers l'emploi stable, alors que d'autres sont sans effet sur une éventuelle promotion à ce niveau. Parmi les contrats temporaires des étrangers, nous remarquons un poids plus important des contrats à durée déterminée qui renvoient à une mission particulière (cas fréquents, par exemple, dans le bâtiment), ou encore à ce que l'on appelle les contrats saisonniers qui sont liés à des circonstances particulières de la production ; en revanche, les étrangers occupent un nombre bien moindre de contrats de type « contrats de formation » ou « stage ».

L'accidentalité

Les taux d'accidentalité des étrangers sont également plus élevés que chez les autochtones. Cette plus forte accidentalité concerne les branches d'activité où les immigrants sont en grand nombre, aux types de fonctions exercées dans le cadre de ces dernières et au temps écoulé depuis qu'ils ont commencé à travailler en Espagne. À partir des rares statistiques officielles sur les accidents déclarés en 2007, nous pouvons affirmer que certains groupes d'étrangers connaissent des taux d'accidentalité – tant pour des incidents peu importants que pour les accidents graves ou mortels – sensiblement plus élevés que les Espagnols. Nous pouvons dire que les étrangers ont 56% de probabilités de plus d'avoir un accident mortel, 46% d'avoir un accident grave et 42% d'avoir un accident peu important. Leurs moins bonnes conditions de travail et leur concentration sur des postes « 3P » sont à l'origine de ce constant : les immigrés subissent une plus forte exposition aux accidents du travail.

La santé au travail

Les accidents du travail ne sont que l'aspect le plus visible de la santé au travail et surtout, des atteintes à la santé. Outre les maladies professionnelles qui touchent l'ensemble des travailleurs, nous pouvons dire que l'immigré a « sa propre maladie professionnelle » en tant qu'immigré : celle qu'Achotegui (2006) désigne sous le nom de « syndrome d'Ulysse » ou syndrome de l'immigré, sujet au stress chronique et multiple, et qui se caractérise, d'une part, par le fait que la personne souffre de certains « deuils » et, d'autre part, par la manifestation d'un vaste ensemble de symptômes psychiques et somatiques affectant la santé mentale. Par stress, il faut entendre « un déséquilibre substantiel entre les demandes perçues dans le milieu et les capacités de réponse du sujet » ; et par deuil, « le processus de réorganisation de la personnalité qui a lieu lorsque la personne perd quelque chose qui pour elle est significatif ». La situation de certains immigrés peut devenir à ce point extrême qu'elle rappelle Ulysse. « Assis sur le rivage,

[il] poussait de longs gémissements. Là, comme autrefois, consumant son cœur dans les pleurs, les soupirs et les chagrins, Ulysse contemplait la mer stérile en répandant des larmes », écrit Homère dans l'*Odyssée*. La solitude comme conséquence de la séparation forcée avec la famille et les êtres chers, le deuil de l'échec du projet migratoire, la lutte pour la survie et la peur sont certains des facteurs spécifiques au « syndrome d'Ulysse ».

À partir des résultats de l'Enquête sur les risques psychosociaux menée par l'ISTAS (Instituto Sindical de Trabajo Ambiente y Salud) entre 2004 et 2005, auprès d'un échantillon représentatif de 7650 personnes, Font *et al.* (2007) ont pu démontrer que les expositions à des risques psychosociaux, qui trouvent leur origine dans l'organisation du travail, sont nettement plus importants chez les travailleurs manuels par comparaison avec les travailleurs non manuels et, au sein de cette catégorie des « travailleurs manuels », les expositions sont plus importantes s'agissant des travailleurs immigrés.

La concentration sectorielle

La concentration des emplois des immigrants est un autre indicateur important de ségrégation et de vulnérabilité. 60% des immigrés en Espagne se concentrent sur cinq branches d'activité : bâtiment, hôtellerie, agriculture, commerce au détail et travail domestique. Si nous examinons les conditions de travail dans ces branches, nous remarquons qu'elles sont visiblement moins bonnes que dans la moyenne des secteurs et que, par conséquent, elles figurent parmi les branches les moins « souhaitables » ou recherchées par les travailleurs. L'autre aspect ayant trait à certains de ces secteurs, en particulier le bâtiment, est leur forte sensibilité aux cycles économiques et la fragilité conjoncturelle de leurs emplois.

Les horaires, journées de travail atypiques et autres conditions de travail

Si nous analysons les caractéristiques concrètes des postes de travail occupés par les immigrants, on comprend qu'ils puissent être définis par les trois *P* : les plus *pénibles*, les plus *périlleux* et les plus *précaires*. Dans nombre de cas, les salaires perçus par les immigrants sont plus faibles, leurs journées de travail sont plus longues et leurs conditions concrètes de travail sont pires que celles des Espagnols qui occupent la même profession. Ils sont également surreprésentés dans les journées atypiques de travail, comme le travail le « samedi-dimanche », le travail en roulement, le travail de nuit, etc. Dans certains cas, ils ne sont pas inscrits à la Sécurité Sociale ou encore subissent des pressions pour déduire la cotisation patronale de leur salaire.

De la vulnérabilité au travail à l'exclusion sociale des immigrés

Tous ces indicateurs qui reflètent bien la vulnérabilité dont souffrent les immigrés sur le marché du travail se concrétisent par le fait que nombre d'entre eux sont en proie à de forts processus d'exclusion sociale. Le *Rapport sur l'exclusion et le développement social en Espagne 2008* élaboré par la Fundación FOESSA (2008) relève que les immigrés sont l'un des groupes sociaux qui connait le plus de situations d'exclusion extrême. À partir de 35 indicateurs de différents domaines de l'intégration (économique, politique et sociale), les populations ont été classées suivant quatre niveaux d'intégration : « intégré », « intégration précaire », « exclusion compensée » et « exclusion sévère ». 3,5% des Espagnols et citoyens de l'EU des 15 connaissent des situations d'exclusion sévère. Or, c'est également le cas de 14,2% des étrangers (hors UE des 15) vivant en Espagne. D'autres données disponibles font état de réalités sociales extrêmement contrastées : si 53% d'Espagnols et résidents communautaires (de l'UE des 15) sont en situation de (bonne) intégration, seuls 11% des immigrés partagent cette situation, plus de la moitié d'entre eux connaissent une « intégration précaire » et quasiment un tiers, une « exclusion compensée ».

5- En guise de conclusion : l'immigration par temps de crise

Même si leurs racines viennent de loin, nous entrons dans les « temps nouveaux » de la « question migratoire » en Europe et en Espagne, associée à l'apparition de nouveaux risques. Ces temps nouveaux sont économiques en raison de la crise et de ses effets sur l'emploi, sur l'augmentation du chômage, sur la perte de qualité de l'emploi ainsi que sur les dangers d'exclusion sociale et de fragilisation des classes populaires, entre autres immigrées. Cependant, quand nous évoquions « la crise des Bermudes » (Cachón, 2008c) nous souhaitions mettre en évidence qu'il existe deux autres foyers où se produisent de fortes tempêtes qui menacent le frêle radeau sur lequel navigue la « question migratoire » en Europe et qui font que le premier foyer, combiné aux deux autres, prend des dimensions telles qu'il menace de produire les conditions de la « tempête parfaite ».

La seconde dimension, fondamentale, concerne les « nouveaux temps politiques ». En Europe, comme en Espagne, on voit apparaître des politiques, relativement nouvelles et des discours, relativement nouveaux, qui comportent des dangers pouvant conduire au populisme xénophobe. Or, ces discours favorisent (bien que certains ne le cherchent pas) un « état de xénophobie » qui conduit ensuite à adopter des règles pouvant prendre le caractère de « xénophobie d'État ». Ce danger de glissement n'est pas purement théorique ni prospectif. L'expérience italienne récente montre comment elle se produit et où elle conduit et, en termes prospectifs cette fois, les dégâts sociaux et politiques de longue durée qu'elle peut infliger à une société. Sans aller aussi loin, l'approbation, le 16 juin 2008, par le Parlement européen de la directive (mal nommée) du Retour, rappelle un texte de Coetzee dans *Journal d'une année noire* : « Il y a des moments où l'outrage et la honte sont si forts que tout calcul, toute prudence sont balayés et qu'on est forcé d'agir, c'est-à-dire de parler. »

La troisième dimension représente les « nouveaux temps sociaux » qui se caractérisent par le « climat de peur » (pour emprunter l'expression de Wole Soyinka), à cause de la peur diffuse des sociétés occidentales vis-à-vis de l'immigration, en général, et depuis le 11 septembre, tout particulièrement à l'égard du monde arabo-musulman. Cette peur est le germe d'autres nouveaux dangers tels que les conflits liés à l'immigration et à la « culturisation » de n'importe quel « conflit » lié à l'immigration.

Les dangers de la crise pour la gestion de la « question migratoire » découlent de la confluence des vents (mauvais) qui soufflent de ces trois points, mais les « vents politiques » sont particulièrement pernicieux de par leur puissance, leur diffusion et parce que c'est de leur orientation que dépendra, pour une large part, la perception des vents économiques et l'orientation des vents sociaux.

En ces temps nouveaux et devant ces dangers il est important de construire des arguments pour analyser le phénomène migratoire en Europe et en Espagne, de défendre les discours et les positions des politiques qui vont dans un autre sens, qui poursuivent l'objectif de la pleine intégration des immigrés et avec eux, et ce, dans une logique pleine et entière d'égalité de conditions et des chances avec les autochtones de leur nouvelle société d'appartenance (Lucas y Solanes, 2009 ; Cachón 2009).

DEUXIÈME PARTIE

Précarité objective, précarité subjective et souffrance au travail

-VI-

L'émergence d'une « précarité subjective » chez les salariés stables

Danièle Linhart

Je voudrais avancer ici l'idée d'une précarisation qui affecte des salariés qui ne font pas directement partie de ce que l'on nomme désormais le « précariat » (Castel, 2007). Je souhaite aborder le sentiment de précarité que peuvent avoir des salariés stables – c'est à dire en contrat à durée indéterminée et même sous statut de fonctionnaire (Linhart, 2006) – confrontés à des exigences toujours plus fortes dans leur travail, des salariés qui vivent en permanence avec l'idée du risque de ne plus être un jour à la hauteur, de ne plus pouvoir tenir leur place. Ce sentiment que j'appelle la « précarité subjective » des travailleurs stables reflète le fait qu'ils ne se sentent pas à l'abri, et appréhendent l'avenir. Certes, cette notion de « précarité subjective », pour des salariés qui bénéficient d'un emploi stable à plein temps, peut surprendre et troubler. Ces salariés ne sont-ils pas privilégiés comparativement à la masse non négligeable des salariés (saisonniers, intérimaires, en contrat à durée déterminé), dont le lot commun est une incertitude structurelle, qui sont conduits à vivre au jour le jour et à se sentir dans une situation de grande dépendance ? Ne devraient-ils pas, ces salariés de la stabilité, se vivre précisément comme des travailleurs à l'abri des coups durs ? Ne devraient-ils pas se sentir des privilégiés, image d'ailleurs qui leur est régulièrement renvoyée et qui les contraint le plus souvent à taire leur mal-être, leur inquiétude, et de plus en plus souvent leur souffrance ? Quelle légitimité auraient-ils, en effet, à se plaindre ou à se révolter alors même qu'ils représentent l'eldorado de tous les autres (chômeurs, salariés à temps partiel imposé et précaires) dont la vie est en suspens et qui rêvent d'un emploi à plein temps, stabilisé, et de la possibilité de programmer leur vie ?

Quelle est donc cette « précarité subjective » dont l'évidence a surgi au détour des nombreux terrains d'enquêtes que j'ai pu mener seule ou avec des collègues (Linhart, 2009) ? On pourrait la décrire à travers le sentiment qu'ont ces salariés stables de n'être pas chez soi dans leur travail, de ne pas être entre soi non plus, de ne pas pouvoir se fier à des routines professionnelles, à des réseaux, savoirs et savoir-faire accumulés grâce à l'expérience ou transmis par les plus anciens ; on pourrait la décrire comme le sentiment de ne pas maîtriser son travail et de devoir sans cesse développer des efforts pour s'adapter, pour remplir les objectifs fixés, pour ne pas se mettre en danger ni physiquement, ni moralement (dans le cas d'interactions avec des usagers, des clients) ; comme le sentiment de ne pas avoir de recours en cas de problèmes graves de travail, ni du côté de la hiérarchie (de plus en plus rare et de moins en moins disponible), ni du côté des collectifs de travail qui se sont effilochés avec l'individualisation systématique de la gestion des salariés et leur mise en concurrence. C'est ainsi un sentiment d'isolement et d'abandon. Mais c'est aussi la perte de l'estime de soi, qui est en lien avec le sentiment de mal maîtriser son travail, avec le sentiment de ne pas être à la hauteur de son travail, de faire du mauvais travail, de ne pas être sûr d'assumer son poste. Et cela parce que le management moderne impose à tous les salariés des changements incessants, des restructurations permanentes, des mobilités systématiques et ce, au sein d'organisations de travail modernisées elles-mêmes très déstabilisantes. Au nom de l'autonomie et de la responsabilisation, ces organisations dites post-tayloriennes « confient » aux salariés eux-mêmes, tout au long de la ligne hiérarchique, les défis d'un travail devenu plus complexe, imprévisible, objet de multiples tensions et contradictions. C'est aux salariés, qu'ils soient cadres, opérateurs ou employés qu'il revient de trouver les solutions organisationnelles pour atteindre les objectifs fixés en productivité comme en qualité, et ce dans le cadre d'une intensification spectaculaire des rythmes de travail. La « précarité subjective », c'est la peur, un jour ou l'autre, de commettre, pour atteindre ses objectifs ou pour faire correctement son travail (car les deux ne sont pas toujours compatibles) des erreurs qui pourraient justifier un licenciement, ou une mise au placard. L'essor du licenciement pour motif personnel (sorte de négociation entre l'employeur et le salarié qui se traduit par un départ consenti de ce salarié sous forme de licenciement) est probablement paradigmatique : le salarié est acculé par ses supérieurs à déclarer forfait, parce qu'il ne se sent pas à sa place dans un travail qui repousse toujours les limites (Palpacuer, Seignour, Vercher, 2007). De ce fait la « précarité subjective », ce sentiment de n'être jamais protégé d'une perte subite d'emploi, rejoint *in fine* la précarité objective.

Cette « précarité subjective » n'est pas étrangère à la souffrance qui s'inscrit de plus en plus dans le rapport au travail moderne, elle en serait même plutôt une des caractéristiques. On peut la mettre en relation avec le phénomène inquiétant des suicides au travail (approximativement 400 par an en France, mais l'on manque de statistiques stables) qui commencent à être reconnus comme des accidents du travail depuis la décision prise par une Caisse primaire d'assurance maladie en 2007. On peut aussi l'appréhender à travers la diffusion de la consommation de tranquillisants et de neuroleptiques sur les lieux de travail (la France vient en tête des pays européens pour ce type de consommation). Le cas de France Télécom est tristement illustratif de cette question lancinante des suicides avec 25 cas en un an et demi, qui ont occupé la scène médiatique dans l'automne. Or cette entreprise autrefois publique s'est lancée depuis une quinzaine d'années dans une frénésie de réformes qui ont conduit à ce que Jean Luc Metzger (2000) nomme des désapprentissages massifs, à des pertes de repères, des déstabilisations professionnelles de grande ampleur. Nombre d'agents affirment ne plus savoir très bien où ils se situent dans les organigrammes, souffrent de ne plus avoir le temps de constituer des réseaux professionnels – pourtant si importants pour l'efficacité du travail –, ne savent plus envers qui ils sont responsables. Nombre d'entre eux se disent stressés, inquiets, estiment que leur travail et leurs efforts ne sont pas reconnus et qu'ils ne sont pas écoutés (Du Roy I., 2009). France Télécom représente un exemple paroxystique de la précarité subjective des stables puisque 70% des personnes qui y travaillent bénéficient du statut de fonctionnaires.

Cette souffrance et la « précarité subjective » qu'elle génère sont une composante du travail moderne. Or un discours tenace qui n'est pas sans influencer l'opinion publique est régulièrement tenu en France par les décideurs économiques et politiques : « La valeur travail serait attaquée et il faudrait remettre le travail au cœur des préoccupations des Français. » C'est, sans aucun doute, la réduction de la durée légale du travail à 35 heures, en 1998, qui a été le grand déclencheur d'un tel discours qui autorise un Premier ministre à affirmer qu'il faut remettre les Français au travail et qui est à l'origine du slogan du Président de la République N. Sarkozy : « Travailler plus pour gagner plus ! »

Pourtant, il ressort des enquêtes de terrain une tonalité générale d'intensification du travail et de corps à corps douloureux entre les salariés et leur travail, une dimension dramatique, souvent même tragique qui inspire nombre d'écrivains, d'auteurs de pièces de théâtre et réalisateurs de cinéma. Il n'est pas anodin en effet de constater que le monde du travail qui transparaissait à peine dans les œuvres culturelles au cours des Trente Glorieuses (années 1950, 1960, 1970) est soudainement réapparu dans les années 1990, sous une forme particulièrement spectaculaire, et s'impose désormais à travers la vision d'un monde dur, violent, d'épisodes héroïques où les acteurs jouent leur vie, et parfois celle des autres. Mais qu'est-ce qui fait la dureté de ce monde du travail moderne, comparativement au monde des Trente Glorieuses ? Pourquoi est-ce la notion de souffrance qui le reflète dans les travaux des spécialistes du travail comme Christophe Dejours (1998) qui a intitulé son livre *Souffrance en France* ? Qu'est-ce qui rend ce monde du travail aussi perméable à la souffrance ? Deux faisceaux d'éléments peuvent être mobilisés pour répondre. Le premier est lié au délitement des parades collectives aux agressions du travail. Le second est lié à la prétention managériale de mobiliser, en la formatant et canalisant, la subjectivité des salariés.

1. Une remise en cause des logiques collectives d'appropriation du travail

La période des Trente Glorieuses était associée à celle d'un taylorisme systématique qui se caractérisait par la dureté des conditions de travail et des relations sociales dans les entreprises, où une hiérarchie méprisante relayait les principes d'une organisation du travail déniant aux salariés leurs qualifications réelles et leur condition d'êtres humains pour les réduire au rôle de simples exécutants et pions du système. Il ne s'agit en aucune façon d'exprimer de la nostalgie pour une telle logique imposée du travail, et nombreux étaient les sociologues qui la dénonçaient en analysant ses fondements sociaux, techniques et organisationnels. Par contre, il est pertinent de réfléchir sur les modes de résistance et d'adaptation que déployaient alors les salariés et de les mettre en relation avec ceux que peuvent développer les salariés dans le contexte modernisé actuel. Afin de fixer et fidéliser leur main d'œuvre (on était loin des politiques contemporaines de fluidification, de flexibilisation), le patronat français avait développé pendant les Trente Glorieuses des politiques privilégiant les dimensions collectives de gestion avec l'augmentation des salaires à l'ancienneté, les classifications par postes de travail, et des horaires identiques pour tous. À la recherche d'économies d'échelles, il a créé d'immenses concentrations d'ouvriers au sein d'impressionnantes usines. Ce type de politique a *de facto* imposé des conditions similaires de vie au travail, favorisé une relative égalité entre les ouvriers et permis des formes d'adaptation et de résistance orientées vers la solidarité, l'entraide, l'élaboration de valeurs et d'identités communes. La souffrance était ainsi interprétée comme un aspect du rapport de forces qui oppose classe ouvrière et patrons. Elle était perçue comme un élément de l'enjeu politique que constitue le travail. Une véritable culture ouvrière donnait sens à ce qu'endurait chacun, fournissant un idéal de transformation du sort commun, une aspiration commune à changer les choses, non pas seulement par le politique et le syndical, mais dans la vie concrète et quotidienne de travail. Une telle configuration conduisait à une situation où les ouvriers se sentaient dans l'usine « chez eux » et en mesure relative de se réapproprier leur travail (Linhart R., 1978 ; Bernoux ; 1981).

Une vie collective de travail, installée dans la durée, permet en effet d'instaurer des règles du jeu entre soi, C'est un des aspects importants du travail et du rapport au travail de la période précédant les grands changements imposés à partir des années 1980. Au sein de leur entreprise, avec le temps, les salariés parviennent collectivement à inscrire leur empreinte d'acteurs sociaux et à contredire une logique taylorienne qui cherche à les installer formellement dans le rôle de simples exécutants. La stabilité, alliée à une gestion collective, fournit ainsi les armes cognitives et subjectives aux salariés pour faire front face aux conditions dépersonnalisantes de leur travail taylorien (Hatzfeld, 2002). Elle autorise une forme d'implication professionnelle dans le travail qui se manifeste par une morale ouvrière axée autour de la solidarité et de l'entraide, afin de travailler dans des conditions plus humaines, tout en respectant un certain type de conscience professionnelle (Reynaud, 1989). Cette stabilité autorise également une forme d'implication subjective qui se déploie autour de l'expression collective d'une contestation de l'ordre social régnant dans ces entreprises, une remise en cause de la dureté du sort ouvrier et de l'inégale répartition des fruits du travail entre capitalistes et ouvriers (Noiriel,1986). La critique de la domination exercée par le patronat, légitime aux yeux de la majorité des ouvriers, scelle comme un accord autour d'un projet de transformation de la société (Beaud et Pialoux, 1999). Elle éclatera d'ailleurs en Mai 1968 qui vit la plus longue grève générale (trois semaines) du vingtième siècle en France (Vigna, 2007)

La France de ces années-là était pour nombre d'ouvriers perçue à travers le prisme de la lutte des classes. Majoritairement, une identité commune, un espoir commun de changer le monde étaient relayés par des organisations syndicales puissantes souvent adossées à des partis politiques. Les collectifs informels – correspondant à un segment d'un atelier, d'une chaîne de montage, soumis à un même supérieur hiérarchique – faisaient vivre au jour le jour, des valeurs et des projets contestataires, autour de pratiques déployées clandestinement, en tout cas dans l'ombre, et à vrai dire élaborées et entretenues sans véritable débat démocratique, ni confrontation interne (Dejours, 1993). La garantie de leur survie et de leur force résidait plutôt dans un clair-obscur qui les nourrissait, qui les protégeait à travers une sorte de naturalisation de cette identité solidaire (Borzeix et Linhart, 1989).

On comprendra mieux l'importance de la dimension informelle et clandestine de ces collectifs qui n'existaient pas dans les organigrammes officiels, lorsqu'ils seront brutalement propulsés dans la lumière, lors de leur officialisation dans le cadre du droit d'expression direct et collectif. Au moment de l'accession des socialistes au pouvoir en 1981, une des premières lois votées fut celle qui donnait, à chaque salarié, un droit individuel de s'exprimer au sein d'un groupe homogène de travail. Ce droit d'expression faisait suite à des demandes formulées d'abord par la CFDT (depuis le milieu des années 1970), et ensuite par la CGT (à partir de 1980) qui faisaient valoir la nécessité de donner la parole aux salariés sur le travail, eux qui en étaient les véritables experts. Le droit d'expression mis en place portait sur les conditions et l'organisation du travail, et la direction avait l'obligation de répondre aux demandes formulées soit, en introduisant les changements souhaités soit, en argumentant les raisons de l'impossibilité d'introduire ces changements.

Ce droit à la parole officielle des collectifs de travail s'est rapidement avéré un fiasco. Parce que ces collectifs ne parvenaient pas à peser sur les directions mais aussi et surtout parce qu'ils avaient du mal à se mettre d'accord sur les changements souhaités et découvraient, sous les yeux de la hiérarchie présente, leurs fissures, leurs divergences internes. Ils leur arrivaient parfois de s'entredéchirer. Passer du non-dit à l'explicitation des besoins, des attentes de chacun représente une épreuve périlleuse, et nombre de groupes d'expression en ont fait l'expérience malheureuse (Linhart, 1991, 2004). Cette expérience a en fait révélé à la fois la grande force des collectifs informels, clandestins de travailleurs, leur capacité à faire face collectivement aux contraintes dévastatrices du travail taylorien, à les accommoder en faisant vivre un travail réel distinct du travail prescrit, à imprimer leurs valeurs solidaires et contestatrices dans la vie quotidienne de travail (Linhart R., 1978) mais en même temps, elle a montré leur extrême fragilité et vulnérabilité dès qu'on les sortait de leur contexte naturel. Une fois institutionnellement reconnus et sollicités, les collectifs se sont trouvés confrontés à des logiques qui cristallisaient des tensions internes jusque là enfouies.

2- L'INDIVIDUALISATION : UNE STRATÉGIE MANAGÉRIALE

En réponse à la grande secousse de Mai 1968 qui a menacé les fondements mêmes de l'ordre industriel capitaliste, lors de ses Assises Nationales en 1973 à Marseille, le patronat a mis au point une parade qui allait vite se révéler gagnante : l'individualisation de la gestion des salariés et de l'organisation du travail. Cette stratégie avait un double avantage de son point de vue : prétendre, d'une part, répondre aux aspirations qui s'étaient manifestées au cours du mois de mai ; instaurer d'autre part, une atomisation susceptible d'inverser un rapport de forces devenu nettement défavorable, en raison des grandes concentrations ouvrières capables de s'organiser et de mettre en péril les intérêts du patronat (Boltanski, Chiapello, 1999). Progressivement se sont mis en place une individualisation des augmentations de salaires, des formations personnalisées, des critères personnels dans la grille de qualification au sein des conventions collectives. Les compétences incluant le savoir-être se sont substituées aux qualifications et enfin les entretiens individuels avec le N+1 pour définir et évaluer les objectifs se sont systématisés. S'ajoutent à cela la polyvalence systématique, la mobilité, la flexibilité, la mise en place de groupes de travail de diverses natures constitués formellement et ponctuellement par la hiérarchie. L'on comprendra aisément que les collectifs spontanés et quasi clandestins des salariés se sont trouvés systématiquement ébranlés et mis à mal. L'entreprise moderne met en avant, à travers un discours structuré, sa volonté explicite de valoriser la personne, de miser sur ses compétences les plus intimes, intellectuelles comme affectives et émotionnelles. En ce sens, pour reprendre l'analyse de Boltanski et Chiapello, elle ne retient que la critique « artiste » (qui recèle des revendications pour plus d'autonomie et de créativité dans le travail) et minimise la critique sociale qui cherche à combattre les inégalités. Elle s'appuie dans ce dessein sur l'évolution de la nature du travail (qui devient plus abstrait, plus réactif, plus qualitatif, et qui s'inscrit de plus en plus dans des activités tertiaires, de services), comme sur la nouvelle donne de la concurrence économique dans le cadre de la globalisation, mondialisation qui rendent les prescriptions tayloriennes moins adaptées, en tout cas moins performantes et qui incitent à miser sur la mobilisation individuelle de chacun.

Si la prescription taylorienne n'est plus aussi efficace, le management se trouve dans cette situation particulièrement périlleuse pour lui de dépendre de la bonne volonté de ses salariés. La logique taylorienne c'est en effet l'inscription, dans la définition même des tâches, de la contrainte et du contrôle. C'est une façon avantageuse pour l'employeur de résoudre l'incomplétude fondamentale du contrat de travail. En décomposant les tâches, en définissant de façon détaillée la manière de faire et le temps pour faire, l'employeur tient enfin la certitude d'utiliser au mieux le temps de ses salariés indépendamment de leur bonne ou mauvaise volonté, indépendamment de leur motivation au travail et de leur envie de se réapproprier leur temps. L'organisation taylorienne du travail est ainsi, du point de vue de l'employeur, une façon d'obliger « légitimement » (puisque la *one best way* est établie selon la science), les salariés à être au maximum de leur productivité.

Si ce recours n'est plus en soi suffisant, ou s'il se révèle moins adapté, il faut alors de nouvelles stratégies de mise au travail. Plutôt que de se tourner vers de véritables transformations des organisations du travail, le management va opter pour de nouvelles logiques de mobilisation (Linhart, 1991). Il s'agit de faire adhérer le salarié à la cause de son entreprise, le conduire à s'identifier à elle, à en devenir un relais efficace. La plupart des grandes entreprises se sont dotées de chartes éthiques, de règles de vie, ou de codes déontologiques (Salmon, 2000). Elles témoignent d'une ambition managériale désireuse de remodeler les comportements, de canaliser la subjectivité des salariés (Hochschild, 2002), de la formater pour la rendre adaptée à des organisations du travail moins finalisées, parfois hybrides mêlant prescriptions et autonomie relative. De nouvelles modalités sociales et morales sont impulsées par la hiérarchie et la direction, pour enrôler de façon productive les subjectivités a priori réfractaires.

Faire table rase du passé est un objectif explicite de nombre de directions, qui veulent faire advenir un autre type de rapports entre salariés et direction, plus consensuel, mêlant discipline, esprit d'abnégation et autonomie chez les salariés. Les directions modernistes exigent en effet disponibilité, flexibilité et mobilité – ce qui revient d'une certaine façon à mobiliser aussi la vie hors travail, la vie privée et familiale – tout en demandant une adhésion aux valeurs de l'entreprise. Le cadre est posé de ce qui est attendu d'un salarié vertueux, de celui qui seul a sa place dans l'entreprise. Les bases de la sélection sont établies, et celles de la précarisation subjective également. Car c'est en permanence sur le fil du rasoir que les salariés mènent leur travail, seuls, sans le support et l'aide opérationnelle de collectifs solidaires, au sein d'organisations du travail qui ne leur fournissent pas toutes les ressources mais qui leur sous-traitent les tensions et contradictions (Dujarier, 2006). C'est dans un tête à tête solitaire avec leur travail qu'ils sont condamnés à trouver les solutions, qu'ils sont sans arrêt mis au défi par les objectifs toujours plus exigeants qu'on leur impose, sans possibilité de négocier leurs moyens. Un sentiment d'une précarité diffuse, insaisissable, mais toujours présente les accompagne. Rien n'est jamais acquis, rien n'est jamais gagné. Il faut en permanence faire ses preuves, démontrer sa compétence et son employabilité, justifier sa présence. Si c'est le consensus qui est visé, il s'orchestre dans le cadre d'une mise en concurrence acharnée et permanente. C'est une des raisons du taux d'activité si faible des seniors et des juniors en France. Il est difficile de durer dans ces conditions. La pyramide démographique des entreprises révèle bien que de telles politiques de mobilisation ne peuvent s'affirmer que sur la base d'une sélection et d'un tri. Tout le monde n'a pas sa place, l'entreprise moderne se fonde sur ceux qui recherchent sans cesse l'excellence et qui s'engagent totalement.

Si le management moderne requiert dévouement et disponibilité, il prétend offrir des contreparties en flattant les dimensions narcissiques de ses salariés, comme l'analyse Vincent de Gaulejac (2006). La « re-narcissisation » des salariés est en effet une arme qu'utilise le management pour conduire les salariés à faire le meilleur usage d'eux-mêmes, selon l'expression d'Yves Schwartz (2000). C'est là, l'autre dent de la tenaille dans laquelle les salariés sont pris. Le management moderne associe en effet souvent deux ressorts de mobilisation, celui qui inscrit le salarié dans une dépendance et une adhésion à l'entreprise et celui qui l'enferme dans une exaltation de son ego, à la recherche de sa toute puissance. La mise en concurrence, soulignée précédemment, a aussi pour fonction d'entraîner le salarié à démontrer aux autres et à lui-même qu'il est le meilleur, qu'il parvient à faire tout ce qu'on attend de lui, à remplir tous ses objectifs, à relever tous les défis rencontrés dans son activité. Le management joue sur cette quête de reconnaissance (Honneth, 2002), sur le désir de se dépasser (inhérent à chaque individu), pour canaliser cette énergie à son profit. En lui proposant, comme l'analyse Marie-Anne Dujarier (2006)

« un idéal du travail inatteignable », le management maintient en haleine ses salariés, il les maintient dans une tension censée être hyper productive. Mais il les maintient aussi dans un état de fébrilité et d'insécurité. Les salariés ont peur de ne pas y arriver, qu'ils soient à des postes de cadres ou à des postes subalternes, ils se savent en permanence évalués, comparés, jugés ; ils savent que ce qui est requis explicitement par ce management moderne c'est l'excellence et la volonté en permanence de se surpasser, de prouver qu'ils méritent leur place. De plus, ils ont besoin de se le prouver à leurs propres yeux (Enriquez, 1997). L'échec devient alors catastrophique de ces deux points de vue, et la peur d'y être confronté, la source d'une angoisse réelle. Le burn out et le harcèlement, comme les suicides, pourraient bien en être des conséquences. Le burn out en raison de la tension permanente ; le harcèlement parce que les collègues, loin d'être des complices solidaires, des soutiens, des « mêmes », sont non seulement des concurrents mais aussi des obstacles quand par leurs insuffisances, leurs maladresses, ils compromettent le succès du travail. Le harcèlement vise alors à contraindre les collègues ou subordonnés à en faire plus, à faire mieux, pour assurer sa propre réussite. L'échec peut alors conduire au suicide, non seulement parce que l'on peut avoir le sentiment d'avoir démérité aux yeux de la hiérarchie ou de son entreprise, mais aussi à ses propres yeux, et parce que l'on peut avoir le sentiment de ne plus pouvoir s'en sortir. Tout ce qui se joue au travail devient une question de vie ou de mort.

3- Le travail est devenu une épreuve solitaire

Les recours possibles sont quasi inexistants. Les collectifs porteurs d'un autre sens du travail, d'autres valeurs, d'autres projets, se sont effacés sous le joug de la modernisation, emportant avec eux la solidarité, l'entraide et la relativisation des difficultés et injustices du travail qu'ils assumaient. Il n'y a pas non plus la distance que la famille peut entretenir car elle-même est embarquée dans une soumission aux exigences de l'entreprise comme l'analyse I. Bertaux-Wiame (2008). Le salarié est un individu, une personne seule, sans aide, et confrontée à des contraintes et idéaux non ajustés aux réalités concrètes du travail. C'est là que réside la « précarité subjective ». Au sein du travail lui-même, la modernisation a planté désormais les germes d'une insécurité généralisée, et est parvenue à défaire tout ce qui avait été construit par les salariés afin de contenir et maîtriser leur sort. Tous les efforts développés antérieurement par les syndicats, relayés par les collectifs, pour domestiquer le travail ont volé en éclats. Désormais, chacun négocie seul son destin dans l'entreprise et surtout voit en l'autre une menace ou un poids à porter.

Le sentiment subjectif de précarité peut se nourrir aussi de la difficulté à renoncer à certaines valeurs importantes en relation avec la société, de la difficulté de ne porter et défendre que le périmètre restreint des seuls intérêts de l'entreprise au détriment de valeurs plus universelles et plus en phase avec la morale et les intérêts de la société dans son ensemble. Ou à ne se satisfaire que de la recherche d'une toute puissance narcissique. L'instrumentalisation d'autrui qui en résulte a un coût psychologique et moral fort, même si les salariés parviennent à l'occulter, à le nier quand les conditions s'y prêtent, c'est-à-dire quand ils parviennent à remplir leurs objectifs et à s'auto-valoriser. Mais ces conditions ne sont jamais définitives, jamais assurées, elles peuvent très vite se retourner et le salarié non reconnu par son institution, se trouve sans filet de protection face aux conflits de valeurs toujours présents (même si c'est sous une forme larvée). Il a à les affronter, en tout cas il sait qu'ils sont là même s'ils sont refoulés.

Parvenir à introduire de la précarité au sein des emplois stables fait bien partie des intentions managériales. Le discours managérial est très prolixe sur les méfaits des routines, des acquis, des certitudes. Ils sont dénoncés comme autant d'archaïsmes, contreproductifs dans le cadre d'un travail qui devenant de plus en plus interactif, fluctuant, qualitatif exigerait des postures professionnelles particulièrement fluides. Pour les faire advenir, le management pratique en fait une politique systématique du changement (Salmon, 2000). Celui-ci est considéré comme une finalité en soi, une valeur en soi et tend à se substituer à la notion de progrès. Les réformes systématiques se multiplient : restructurations de services sous forme de décentralisation puis recentralisation, redéfinition des métiers, externalisation de certaines activités qui sont plus tard, à nouveau reprises, fusion de différentes natures… Outre la finalité d'ajuster l'entreprise aux fluctuations du marché, de la concurrence et aux impératifs financiers, elles ont aussi pour but de maintenir les salariés en état de fébrilité, de vigilance inquiète, de remise en question systématique de tout ce qui constitue un métier.

L'objectif de changements permanents vise à ce que les salariés ne s'habituent ni à leurs collègues, ni à leur maîtrise ni à leurs cadres (qui sont eux-mêmes soumis à des clauses de mobilité féroces), et ne puissent pas s'appuyer sur des routines. Or ces routines permettent de soulager le salarié qui peut se consacrer aux incidents, aux imprévus (comme le chirurgien dont le travail très codifié lui permet cependant de prendre des décisions très rapides en cas d'événements en cours d'opération) ; elles sont rassurantes, de même que peuvent l'être les réseaux stables. Le fait de connaître ses collègues, sa maîtrise et ses cadres, de connaître leurs compétences, de savoir comment ils réagissent en cas de problèmes, comment ils peuvent aider… est un élément décisif pour accomplir son travail sans s'épuiser.

Mais briser les repères, bousculer les habitudes, c'est du point de vue managérial éviter que ne se reforment les collectifs avec leurs pouvoirs de contestation ; c'est maintenir les salariés en insécurité, les rendre plus vulnérables et donc plus réceptifs à ce que la hiérarchie attend ; c'est les rendre plus dépendants – condition perçue comme nécessaire pour les contraindre à travailler en permanence au maximum de leurs possibilités, et à chercher sans cesse à se dépasser. La déstabilisation, la précarisation au travail qui contraignent le salarié à toujours faire ses preuves, et à se faire valider en permanence sont donc des ressources pour des directions qui ne peuvent plus tabler seulement sur la logique taylorienne et qui ont désormais des bataillons de cadres, d'ingénieurs qui ne jouent plus, loin de là, le rôle de salariat de confiance qui est a priori acquis aux intérêts de l'entreprise et qui se situe du côté du patron dans le cadre du rapport de force entre employeurs et masse de salariés. « Le rapprochement subjectif des cadres vis à vis des autres salariés » (Bouffartigue, 2001) accentue l'impérieuse nécessité pour le management de trouver les bases d'une mobilisation efficace (selon son point de vue) de l'ensemble du corps social qui compose l'entreprise.

4- La non reconnaissance comme aiguillon

L'individualisation, puis la personnalisation de la relation de travail, la mobilité systématique et la mise au défi permanente du salarié au sein d'organisations du travail qui ne fournissent pas les ressources nécessaires au salarié pour atteindre ses objectifs, représentent ainsi des facteurs de vulnérabilité, de fragilisation, de précarisation qui sont sources de souffrance pour les salariés mais outils de gestion pour le management.

La non reconnaissance des efforts fournis, du travail réel effectué, des compétences déployées n'est pas un effet secondaire de la nouvelle politique managériale, elle en est son principe même. Pour affronter la concurrence, et la financiarisation, les directions estiment que les salariés ne peuvent s'accorder le droit de souffler. Les restructurations et la mobilité sont là pour y veiller. Les procédures de fixation d'objectifs et d'évaluation des performances aussi.

En raison de leur forte mobilité, les responsables ne sont en général pas des spécialistes des métiers qu'ils ont à évaluer, ce sont des managers : nombre de syndicalistes rapportent l'état d'ignorance de la réalité des situations de travail de leurs subordonnés dans lequel se trouvent les responsables qui fixent les objectifs et évaluent les performances. Ces responsables font également l'objet de pressions importantes de la part de leurs propres supérieurs. Il leur faut des résultats et chacun use de son pouvoir sur les autres pour les obtenir. Il faut demander beaucoup, fixer des objectifs ambitieux qui peuvent se révéler totalement surdimensionnés, et même irréalistes. Une ex-manager de France Télécom me confiait qu'un de ses subordonnés lui avait rappelé qu'elle lui avait fixé comme objectif de « rendre l'impossible possible » !

Or ces objectifs représentent l'horizon avec lequel se débattent les salariés, celui par rapport auquel ils vont déployer tous leurs efforts, celui qui tend à prendre une place obsessionnelle, qui les poursuit dans leur vie privée. Mais tous ces efforts, ces sacrifices ne sont pas reconnus pour autant. Au cours des entretiens d'évaluation c'est la même ignorance qu'ont les responsables de la réalité du travail déployé par les salariés pour atteindre leurs objectifs. Les ont-ils atteints que certains d'entre eux s'entendent dire qu'on attendait mieux d'eux, qu'on attendait qu'ils dépassent certains de ces objectifs sinon tous. N'ont-ils pas été atteints qu'on ne veut rien savoir des causes indépendantes de la volonté des salariés qui ont conduit à l'échec. Or ces évaluations ont des implications bien réelles sur les primes, les formations à suivre, les déroulements de carrière et parfois même sur la permanence dans l'entreprise. Les salariés disent appréhender ces moments où ils se sentent jaugés, jugés, comparés aux autres sans que les bases de cette évaluation ne soient clairement établies et justifiées. C'est non seulement leur destin qui est en jeu dans l'entreprise, mais leur image de soi. Ce sont leurs qualités personnelles qui sont passées au crible de l'évaluation. Un sentiment d'injustice s'installe lorsque se développe la conviction d'être confronté à des jugements aléatoires ou arbitraires puisque leur sort dépend de responsables qui ne connaissent pas leur vrai travail.

Leur impuissance à faire reconnaître leur travail réel, leurs qualités et les efforts qu'ils ont fournis est le plus souvent vécue comme une épreuve personnelle, elle n'est que rarement mise en relation avec ce que les autres subissent de leur côté. C'est la résultante de l'individualisation, de la mise en concurrence comme de « l'idéal du travail » mis en avant. Chacun a tendance à se considérer comme responsable de ce qui lui arrive, et à vivre la précarisation de son travail comme un fatum personnel. Mais non sans que ne s'affirme un insupportable paradoxe : les suicides au travail qui représentent pourtant la quintessence même de l'acte personnel et intime sont en passe de devenir une expression collective du mal-être au travail qui interpelle l'opinion publique comme les décideurs.

-VII-

Travail, précarité et santé

Yves CLOT

1- LA FONCTION PSYCHOLOGIQUE DU TRAVAIL

Comme on le sait, on s'est attaché dans notre domaine à mettre à jour la fonction psychologique du travail (Clot, 1995, 1999) contre les facilités des thématiques de la disparition de la « valeur travail ». On s'est même refusé à faire le « deuil du travail » comme on nous y invitait très souvent il y a 10 ou 15 ans. Et on l'a fait pour des raisons cliniques et sociales argumentées : le refus de cette catégorie psychologique pour penser l'exclusion sociale, le refus de transformer l'injustice subie en pathologie. Le deuil d'une personne chère en nous confrontant à la mort nous inscrit dans la condition humaine, mais l'exclusion du travail social nous expulse de cette condition humaine. On a tenu l'idée que la mise à l'écart du travail dans le chômage de masse faisait courir un risque de soustraction au réel à des millions de sujets. L'idée était que la précarité de l'exclusion débouchait sur un désoeuvrement dangereux car il ne consiste justement pas à ne rien faire mais à ressasser son impuissance personnelle et sociale à des coûts subjectifs démesurés. Ces effets psychiques de l'exclusion ouvraient pour nous sur le risque de basculer, par la médiation du ressentiment, dans la rumination de vengeances imaginaires, la haine de l'autre qui commence par la haine de soi.

En contrepoint, la fonction psychologique du travail consiste justement à prévenir la chute dans une temporalité strictement subjective, incarcérée, privée des épreuves grâce auxquelles le temps social propose une histoire possible à la subjectivité. Le travail, disions-nous, est démarcation d'avec soi-même, mise hors de soi pour être soi davantage, adoption d'une contenance symbolique qui est loin d'être nécessairement renoncement à soi. Il révèle l'inscription du sujet parmi ses semblables, dans la chaîne des générations par la médiation des œuvres à poursuivre, objets, institutions, techniques ou langages. Ces « œuvres » le lestent. Elles sont l'homme en dehors du sujet, écrivait Malrieu (1978 : 266) et aussi finalement dans le sujet, pourrait-on valablement ajouter. Dans ses œuvres chacun peut trouver la garantie que sa vie subjective a une histoire possible, découvrir un sur-destinataire (Bakhtine, 1984) de l'effort consenti, l'assurance vitale qu'il n'est pas superflu. Au fond, on retrouve la force de la proposition de H. Wallon : au travail, chacun peut « contribuer par des services particuliers à l'existence de tous afin d'assurer la sienne propre » (Wallon, 1982 : 203). Même si personne n'a la naïveté de penser que la domination de quelques-uns puisse être passée sous silence, il n'empêche : au travail on se trouve partie prenante d'une histoire qui n'est pas que la sienne. L'existence de tous, de l'ensemble humain, est alors l'horizon transpersonnel du travail humain, la production d'un monde et d'une histoire, l'engagement dans un travail de culture, pour parler comme Freud (1995) alors très proche de Vygotski (2003 ; Clot, 2002). Allons jusqu'au bout : ne pas pouvoir *se livrer* à ce travail-là, dont chacun sent bien qu'il n'est pas réductible à la tâche prescrite, peut rendre malade ou, au moins, expose ceux qui en sont écartés à « en faire une maladie » comme dit joliment le langage populaire. Précarité, exclusion et risques pour la santé – du corps et de l'esprit – sont ici reliés par des cercles vicieux trop souvent morbides.

2- LA PRÉCARITÉ VUE DE PRÈS

Cette analyse qui fait le bilan des ravages engendrés par la perte du travail chez les plus précaires n'est sûrement pas à contredire. Mais il faut reconnaître qu'elle mérite au moins d'être complétée. Et pour ce faire, les travaux de G. Le Blanc, après d'autres, mais avec une radicalité certaine, peuvent nous aider. Ils nous montrent deux choses : la première est que la précarité vécue n'est pas unilatéralement cette dévitalisation. C'est précisément parce que le sentiment de « futilité » sociale éprouvé par les précaires et les exclus est un réel supplice que « l'homme précaire », selon sa formule, peut témoigner parfois d'une vitalité – même désespérée – qui dépasse celle du travailleur « ordinaire » rongé, lui, par la passivité quotidienne qui le mine au travail. La vie du « précaire » est un intense travail psychique. Du coup, il « faut regarder la précarité comme une épreuve de réduction de la normativité des vies et des modes de fabrication de l'humain tout en l'envisageant comme la création d'une allure de vie singulière, diminuée mais originale, pouvant du même coup donner lieu à des possibilités de vie et d'humanité insoupçonnées » (Le Blanc, 2007 : 286). Et même au-delà de l'achèvement trop souvent constaté des vies « normales » en situation de travail ordinaire.

En fait, si la précarité peut être vue avant tout comme une précarisation de la créativité, un empêchement vital, elle devient la loupe grâce à laquelle on voit mieux, paradoxalement, ce qui arrive au travail humain lui-même. C'est le deuxième apport du travail de G. Le Blanc. Le délestage qu'on signalait plus haut commence bien à l'intérieur du travail.

3- Retour au travail : santé et efficacité

Il commence lorsque celui-ci n'est plus une histoire humaine à poursuivre, la contribution qu'on peut apporter et déposer dans le « lot commun ». Il commence lorsque celui-ci est également désœuvrement ; ce qu'il faut bien appeler travail en « apnée », cette respiration interdite qui asphyxie l'activité. En clinique de l'activité, nous avons appris à voir combien l'engourdissement psychologique pouvait suivre en ligne droite la sur-activité. On sait que l'intensification opératoire est également un temps psychique improductif, un « temps mort » miné par les obsessions et les tyrannies du court terme. Une certaine intensification du travail refoule, non sans dégât, l'intensité pourtant requise de l'engagement des travailleurs, même si ce n'est pas partout et toujours le cas.

L'efficacité du travail est pourtant tout le contraire de cette intensification factice. Car, au fond, « bien » travailler aujourd'hui réclame toujours plus d'avoir *le loisir*, dans le travail lui-même, de penser et de repenser ce qu'on fait (Du Tertre, 2005). Ce loisir, c'est le temps qu'on perd pour en gagner, l'imagination de ce qu'on aurait pu faire et de ce qu'il faudra refaire, soi-même et avec les autres. La qualité du travail est maintenant indissociable du dégagement d'un *temps libre* en son sein. Et ce, alors même que l'ainsi nommé *temps libre* est si souvent compris comme un domaine à part dans la vie personnelle et sociale, assigné au « hors travail ». La qualité du travail trouve paradoxalement de plus en plus ses ressorts dans l'interruption de l'action, là où l'activité s'arrête pour faire reculer ses limites, dans la disponibilité conquise *au travers* du résultat, par-delà le « déjà fait » et au-delà du « déjà dit ». Le temps « libéré » pour revenir sur ses actes, les juger avec son collègue, même différemment de son collègue, contre sa hiérarchie et aussi avec elle, devient une condition pour pouvoir se reconnaître dans le travail qu'on fait. Car c'est la possibilité préservée de s'étonner, la curiosité nourrie par l'échange au sein de collectifs humains tournés vers le réel ; ce réel qui tient si bien tête aux idées reçues. La pensée y circule alors pour progresser. Autrement dit, le travail contemporain sollicite le loisir de déchiffrer alors que simultanément, il est trop souvent soumis à la seule injonction de chiffrer.

De plus, ce loisir-là ne « s'externalise » pas sans risque. Quand l'activité professionnelle manque de respiration, elle finit par empoisonner la vie entière. Elle a le bras long (Gadbois, 1979). Ce qui s'y trouve empêché intoxique les autres domaines de l'existence. Alors, le « temps libre », refoulé « hors travail » vire au *temps mort*. Quand l'activité ordinaire se trouve systématiquement contrariée, ravalée et finalement désaffectée, la vie au travail, d'abord impensable, devient indéfendable aux yeux de ceux qui s'y livrent. Ils peuvent alors être gagnés par un sentiment de futilité et d'insignifiance. Ainsi s'explique que la suractivité professionnelle soit compatible avec une certaine forme de désœuvrement psychologique. Au-delà d'un seuil, l'intensification factice du travail laisse la vie en jachère en la privant paradoxalement de toute intensité réelle (Clot, 2006). C'est sans doute ce que G. Le Blanc a appelé la « maladie de l'homme normal » (2004). C'est là la source essentielle du malaise dans le travail actuel.

Car la valeur du travail réalisé chaque jour ne réside pas seulement dans ce qui est fait mais dans ce qu'on peut apprendre chaque fois en le faisant et dans ce qu'on imagine pouvoir essayer encore en le refaisant. Alors seulement on s'y retrouve. Sans doute ce loisir-là n'est-il pas de tout repos. Car il n'est un dégagement à l'égard de l'organisation du travail qu'au prix d'un engagement dans une autre histoire que l'histoire personnelle de chacun. Ce temps libre n'est pas libéré de l'effort. Car c'est un effort pour ceux qui travaillent d'inscrire leur activité propre dans la mémoire collective d'un milieu. Mais c'est là ce qui rend le travail défendable à leurs propres yeux, ce qui fait qu'une vie professionnelle vaut d'être vécue. Pouvoir se sentir comptable d'une mémoire professionnelle, lot commun du travail, d'où chacun peut tirer quelque chose et où il peut déposer ce qu'il a trouvé est un ressort subjectif très actif dans le travail contemporain. C'est d'autant plus vital que l'objet de l'activité s'éloigne de la chose industrielle qui, en quelque sorte, la lestait. Le mauvais traitement de cet arrimage à une histoire collective dans laquelle on peut se reconnaître est sans aucun doute à l'origine de beaucoup de situations professionnelles pathogènes.

4- C'EST LE TRAVAIL QUI EST PRÉCAIRE

C'est pourquoi, et du point de vue même de la fonction psychologique du travail, je partage les conclusions de G. Le Blanc : la distinction ne se joue plus entre « avoir » ou ne pas « avoir » de travail mais entre « être précaire » ou ne pas l'être à l'intérieur du travail ou en dehors. C'est cette division qui bouleverse les frontières entre travail et non-travail, la précarité n'étant plus seulement un statut mais une condition sociale située entre l'inclusion et l'exclusion ; une condition sociale qui relie l'exclusion et l'inclusion par le fil de l'amputation du pouvoir d'agir, de l'activité contrariée, de l'activité ravalée. Et ce peut-être pour une autre raison. En fait, l'exclusion commence à l'intérieur du travail car ce ne sont plus seulement les sujets qui sont précaires ou précarisés mais c'est le travail humain lui-même qui est directement précarisé dans l'organisation des entreprises et de la société plus largement.

Ce faisant la société fait rage contre elle-même (Linhart, 2009), l'organisation sociale des activités contre l'activité sociale empêchée. C'est un peu comme si la condition de précarité faite au travail privait les travailleurs et les « précaires » réunis, du sur- destinataire de leur activité, « l'existence de tous ». De plus, ce sur-destinataire, qui permet de se reconnaître dans ce qu'on fait, autrement dit de se reconnaître dans quelque chose – et pas seulement d'être reconnu par autrui – semble bien « confisqué » par quelques uns sans qu'il leur soit possible d'ailleurs de vraiment réussir cette confiscation. Cette confiscation impossible cherche à aligner ce que le sur-destinataire a de trans-personnel, une histoire collective en jachère, sur l'impersonnel des prescriptions gestionnaires. Cet alignement impossible est la source de la précarité du travail entendue comme amputation du pouvoir d'agir en société.

La revitalisation du répondant transpersonnel de l'activité au travail et hors travail pourrait donc bien aujourd'hui avoir une fonction psychologique vitale pour préserver et développer la santé. Car la santé est nomade et traverse les frontières du travail et du hors travail. On peut s'employer — et c'est en quoi consiste le métier de psychologue du travail dans l'exercice d'une clinique de l'activité — à seconder cette revitalisation (Roger, 2007 ; Clot, 2008 ; Fernandez, 2009).

Concluons avec G. Canguilhem : « Je me porte bien lorsque je peux porter la responsabilité de mes actes, porter des choses à l'existence et créer entre les choses des rapports qui ne leur viendraient pas sans moi » (2002, p. 68). La santé va bien au-delà de l'absence de maladie. Elle est la permission qu'on se donne de vivre et d'agir, souvent malgré tout. Au travail et ailleurs.

-VIII-

Les suicides liés au travail : un indice de sa précarisation ?

Pascale MOLINIER

En France, dans les années 1970-1980, le mouvement social de sensibilisation à l'amélioration des conditions de travail a influé, entre autres, sur le développement de deux courants étroitement liés dans les sciences du travail : l'ergonomie de langue française et la psychodynamique du travail.

Les ergonomes ont déconstruit le paradigme conception vs exécution, dévoilant l'intelligence des opérateurs sans laquelle, même sur une chaîne de montage, aucune production ne serait possible (*Travailler*, 2005). Ils ont également mis en évidence l'unité du travailleur et « les empreintes du travail » sur la sphère hors travail (Teiger, 1980 ; Dessors, 2009).

La psychodynamique du travail a greffé sur ces acquis une définition de l'intelligence en situation de travail, l'ingéniosité, qui inclut la corporéité et la subjectivité dans une théorie phénoménologique. Les travailleurs sont compris comme des sujets, au sens psychanalytique du terme[39], ce qui permet de donner une nouvelle intelligibilité à des conduites jusqu'alors

---

39. La psychodynamique du travail n'est pas seule à avoir introduit le sujet dans une approche psychopathologique du travail, c'est également le cas de Paul Sivadon et sa psychopathologie du travailleur (Torrente, 2004), de Claude Veil et sa phénoménologie du travail (1957), de Jean-Jacques Moscowitz dans l'enquête réalisée auprès des cheminots (1971). Mais la psychodynamique du travail est la seule à s'être constituée comme un courant disciplinaire reconnu comme tel.

jugées irrationnelles et inadaptées en mettant au jour leur rationalité défensive (Dejours, 1980). La thèse dite de la « centralité du travail » vise à théoriser ce dernier comme l'expérience sociale qui, lorsqu'elle réussit, permet le plus communément de donner du sens à sa vie et d'en surmonter les vicissitudes. Cette réussite est subordonnée aux conditions de la reconnaissance de la beauté et de l'utilité du travail réalisé. Au collectif, avec ses règles de métiers et ses stratégies collectives de défense, est attribué un rôle capital dans la préservation de la santé mentale, son inexistence ou sa disparition représentant au contraire un risque de déstabilisation pour celle-ci. Dans les années 1990, il apparaît comme une évidence que le chômage et la précarité font obstacle à la réalisation de soi, même si les vagues de restructuration, en particulier dans les entreprises publiques, suggèrent déjà que les salariés du noyau dur rencontrent eux aussi de plus en plus de difficultés (Molinier et al, 1996).

Au CNAM[40], un lieu universitaire atypique qui se consacre à la formation des adultes, un milieu, une culture commune s'inventent où la question de la souffrance dans le travail devient incontournable. En 1998, le succès du livre de Christophe Dejours, *Souffrance en France*, contribue à élargir cette communauté de sensibilité au-delà du milieu des praticiens du travail (syndicalistes, médecins du travail, travailleurs sociaux ou psychologues).

Les théories et les concepts sont le terrain d'une bataille qui n'est pas seulement scientifique, mais également idéologique et politique. C'est évidemment le cas en ce qui concerne ceux qui permettent de penser les relations entre santé mentale et travail, dans la mesure où les connaissances qui sont construites dans ce champ sont supposées avoir des traductions en termes de prévention des risques, reconnaissance des préjudices causés par le travail et réparation, c'est-à-dire un coût économique et social pour les entreprises ou pour l'État. La psychodynamique du travail joue un rôle capital et reconnu comme tel dans la spécificité de la sensibilité française vis-à-vis des relations entre

---

40. Conservatoire national des arts et métiers, à Paris.

travail et santé mentale. L'ANACT[41], qui s'est récemment positionnée comme l'un des acteurs de la concertation paritaire autour des risques psychosociaux, fait figurer la souffrance dans leur liste (avec le stress, les addictions, le harcèlement et les violences), car on ne peut « ignorer la demande sociale qui s'exprime en ces termes et en référence aux travaux de Dejours » (Sahler *et al.*, 2007). Il en résulte que les chercheurs en psychodynamique du travail ont aussi une responsabilité vis-à-vis des destins sociaux du discours sur la souffrance dans le travail et, actuellement, tout particulièrement me semble-t-il, en ce qui concerne l'apparition d'une nouvelle catégorie psychopathologique plutôt problématique : celle des suicides liés au travail.

1- IL Y A MORT D'HOMMES : LE TRAVAIL EN ACCUSATION

« Le travail en accusation » est le titre « choc » d'un dossier de la revue *Santé Travail* paru en 2007, suite à une série de suicides très médiatisés parmi les salariés de grandes entreprises françaises (Renault, Peugeot, Sodexho, EDF...). « Le travail apparaît au centre du désespoir ayant poussé ces salariés à mettre fin à leurs jours », écrit François Desriaux dans l'éditorial. Poids des mots, mais aussi des images : la couverture du numéro de *Santé Travail* représente un buste d'homme en costume avec une corde de pendu à la place de la cravate. Cette représentation saisissante exclut les ouvriers et les femmes. L'ensemble des illustrations du dossier ne représente également que des hommes (et blancs). Un nouvel imaginaire social se dessine qui associe l'acmé de la souffrance dans le travail à la représentation masculine d'un col blanc. On peut penser que ce qui a fait de « la vague des suicides », un « sujet de société », marqué l'opinion publique et contraint à se positionner jusqu'au Ministre du travail[42], c'est qu'il s'agissait d'hommes plutôt

---

41. Agence nationale pour l'amélioration des conditions de travail.
42. Xavier Bertrand, alors Ministre du travail, des relations sociales et de la solidarité, a commandé à Philippe Nasse et Patrick Légeron le « Rapport sur la détermination, la mesure et le suivi des risques psychosociaux au travail », rendu le 12 mars 2008.

jeunes et plutôt très qualifiés travaillant dans le bastion des grandes entreprises françaises. Et quand la fiction s'est emparée du sujet avec le téléfilm de Fabrice Cazeneuve, *Seule*, qui raconte l'histoire d'une femme dont le mari s'est jeté par la fenêtre de son bureau, le même profil est repris : homme, jeune, blanc, très qualifié. Ceux qui se suicident au travail ou en lien avec le travail appartiendraient ainsi à la catégorie de ceux qui ne *devraient* pas souffrir. De ceux dont la souffrance peut être considérée comme significative d'une escalade dans la dégradation du travail. D'autant qu'il s'agit d'une souffrance masculine, donc plus crédible dans son lien avec le travail, sachant que les femmes ne sont sûrement pas les meilleures candidates pour représenter la catégorie des suicidés dans le travail, même si elles en font partie aussi (Dejours, 2005) : trop de stéréotypes les associent en effet à la fragilité, la sphère privée et la psychologie individuelle. La souffrance des femmes est aisément banalisée (Molinier, 2003). Mais l'identification prioritaire des suicides au travail avec la population masculine hautement qualifiée risque d'orienter insidieusement les formes d'analyse de la souffrance dans le travail et ce qu'il (n') est (pas) autorisé d'en dire. Par exemple que le taux de suicides est beaucoup plus élevé chez les ouvriers que chez les cadres ou qu'il y a plus d'hommes que de femmes parmi les cadres des grandes entreprises ; les femmes cadres n'y occupant d'ailleurs généralement pas les mêmes postes. La montée des préoccupations pour les suicides peut également être lue comme ce qui tend à succéder à la précarité dans l'ordre des priorités. Au regard de l'urgence à en traiter, le chômage et la précarité risquent d'être relégués comme des sujets de second plan, déjà traités (pour ne pas dire dépassés ou ringards), ce qui dénote et accentue la banalisation de la précarité dans la société française.

2- UNE LUTTE IDÉOLOGIQUE AVEC LE PATRONAT

C'est que le suicide de jeunes cadres des grandes entreprises éclabousse la réputation des grandes entreprises néolibérales ! De là à s'en servir comme d'une arme politique… Plusieurs collègues, médecins du travail ou sociologues, et nombre de mes étudiants au Conservatoire, m'ont fait remarquer que certes, tous les travailleurs confrontés à des contraintes similaires ne se suicidaient pas, mais qu'il était, dans le contexte actuel, beaucoup plus efficace d'incriminer le travail comme détermination « directe » et « essentielle » des suicides liés au travail que d'entrer dans des subtilités qui, selon eux, ne pourraient qu'affaiblir la charge critique contre le système néolibéral. Des thèses dont on admet qu'elles sont en partie fausses sont censées pouvoir servir des causes politiques mieux que ne le feraient d'autres thèses plus justes mais moins « expressives » d'un point de vue militant. Je ne partage pas cet avis qui brade la psychologie et la psychanalyse, c'est-à-dire tous les efforts accomplis durant ces trente dernières années pour maintenir dans le champ des sciences du travail, le sujet de la psychodynamique du travail, son économie psychique, son désir, ses fantasmes, ses défenses et son ambivalence. Je retiens cependant de l'ensemble de ces discussions et

prises de position que les cliniciens du travail sont engagés, que cela leur plaise ou non, dans une lutte *idéologique* avec la définition concurrente des suicides par le MEDEF comme « d'ordre personnel » [43]. Une perspective patronale où la remise en question du travail est exclue et les difficultés toutes reversées dans l'ordre des fragilités individuelles. « On considère l'organisation comme intangible, il faut faire en sorte que les salariés s'adaptent, soient plus résistants », dit Jean-Claude Delgennes, directeur d'un cabinet d'expertise auprès des CHSCT[44] (ce qui, notons-le, n'a d'ailleurs rien de nouveau).

---

43. Notons qu'en novembre 2009, après la médiatisation de la « vague de suicides » à Télécom, le parti de droite majoritaire, l'UMP, a manifestement changé de stratégie en créant sous la houlette de Jean-François Coppé, un groupe souffrance au travail : http://www.lasouffranceautravail.fr/ dont il est encore trop tôt, au moment d'écrire ces lignes, pour savoir comment il va modifier les termes du débat.
44. Dans l'article « Des outils psy à l'efficacité douteuse » du dossier *Santé Travail*, p. 35.

Je définis l'idéologie, avec Stuart Hall (2007), comme *le lieu d'une lutte pour le sens* : des significations concurrentes s'affrontent qui se disputent le pouvoir à travers une lutte sociale pour la maîtrise du discours et la définition du « réel ». Selon Michel Lallier, ex-secrétaire du CHSCT de la centrale nucléaire de Chinon, quand « les grandes entreprises affirment en chœur 'ce n'est pas de notre faute !' Les familles finissent par se persuader que si ce n'est pas lié au boulot, c'est forcément de leur faute à elles. Mais se borner à apporter une aide aux familles de personnes suicidées serait compliqué, le suicide n'étant que la partie émergée de l'iceberg. Derrière le passage à l'acte, il y a en effet toute la souffrance psychique liée au travail » [45]. Toute la souffrance est-elle liée au travail ? *Ou bien* toute la souffrance est-elle d'ordre personnel ? Je ne suis pas convaincue que les affrontements binaires en escamotant la complexité des situations réelles puissent mener aussi loin qu'on le voudrait. Certes, on ne badine pas avec l'idéologie, celle-ci a des effets concrets dans la réalité, en termes de catégorisations, de prévention, de soins, de prise en charge des familles, etc. Perdre la bataille idéologique n'est pas moins un problème que de devoir défendre une conception psychopathologique crédible du suicide. Mais de ce point de vue, le problème est le suivant : la problématique psychologique individuelle de la personne suicidée ne peut être réduite à sa souffrance considérée du seul point de vue du travail, ce qui n'invalide pas pour autant que le travail n'y soit pas pour quelque chose, compte tenu de l'enjeu qu'il représente pour chacun. La psychologie, c'est vrai, complique tout !

3- Ceux qui se suicident se recrutent-ils vraiment parmi les « meilleurs » ?

La fonction des sciences humaines et sociales est de produire de nouvelles représentations du « réel » en avance sur la perception que les gens en ont, mais il faut encore que

---

45. « Le salarié n'est pas 'le maillon faible' », entretien avec Michel Lallier, p. 41 du dossier *Santé Travail.*

celles-ci soient crédibles et proposent des règles fiables pour l'action. Trop en avance sur le sens commun, les connaissances scientifiques sont de peu d'effet et risquent l'oubli ou une réception longtemps différée. Travailler à la crédibilité et à la fiabilité de nouvelles représentations implique d'accorder celles-ci à un univers symbolique et à des pratiques qui leur préexistent, où elles s'implantent, s'enracinent, reconfigurant le champ des significations autant qu'elles sont reconfigurées par celui-ci. Difficile de se faire comprendre sans être en partie captif du discours ambiant.

D'après Christophe Dejours, « ceux qui se suicident au travail se recrutent parmi les hommes et les femmes qui se sont les plus engagés dans le travail, parmi les meilleurs » [46]. Pourquoi l'affirmation que ce sont les meilleurs qui se suicident produit-elle un certain « effet de reconnaissance » ? Pourquoi a-t-elle valeur de vérité évidente et surtout pour qui ? Cette idée qu'il y en aurait des « meilleurs » n'a pas de sens immédiat, naturel, allant de soi, en psychodynamique du travail. On peut citer, en particulier, l'analyse du jeu de scrabble par Christophe Dejours et Dominique Dessors (Dessors, 2009), ou le texte de Damien Cru sur les tailleurs de pierre qui « loupent », c'est-à-dire pour un observateur extérieur, semblent ne rien faire ou baguenauder, être les plus fainéants des fainéants, et dont la flânerie s'avère, après analyse, le mode de rapport collectif à la temporalité le plus approprié à leur tâche, celui qui leur permet d'anticiper sur les difficultés à venir (Cru, 1988). Mais il semble bien que cette affirmation – il y en a des meilleurs (donc des moins bons) – ait valeur de vérité de sens commun pour de nombreux travailleurs et surtout dans les logiques managériales actuelles de la performance et de la mise en concurrence. Dejours reprend ici la définition que reçoivent certains travailleurs dans une certaine logique managériale, précisément celle dont la responsabilité est mise en cause dans l'imputation des suicides au travail. « Un salarié non performant est 'mauvais' », dit un représentant de la CGT dans le dossier de *Santé-Travail*. Parler des « meilleurs » dans ce contexte est *parlant*. Le propos

---

46. Christophe Dejours, « Une nouvelle forme d'aliénation qui tue », pp. 2 à 28 du dossier de *Santé Travail*.

a toutes les chances d'être entendu, mais… L'affirmation que ceux qui se suicident au travail se recrutent parmi les salariés « les plus impliqués, les plus zélés dans le travail » est une critique de l'adhésion aux règles du néolibéralisme, dénonçant « une nouvelle forme d'aliénation au travail qui tue ». Ce que l'on pourrait reformuler comme : le travail tue parmi ceux qui respectent au plus près les règles du jeu néolibéral. « J'ai le sentiment que les premiers touchés sont ceux qui avaient une conscience professionnelle exacerbée », dit autrement Sylvie Sanguiol de Sud Renault[47]. En dépit de la connotation critique que contient le terme de zèle[48], on peut se demander si celle-ci n'est pas en partie désamorcée quand la catégorie « des plus impliqués » risque de conforter *aussi* le paradigme managérial des bons et des mauvais éléments, paradigme que la psycho-dynamique du travail s'emploie par ailleurs à déconstruire. Associer les suicides liés au travail au profil des « meilleurs » et des plus « impliqués » pourrait en effet tendanciellement suggérer que les autres (ceux qui ne se suicident pas) sont « moins bons », « moins impliqués » et faire de l'implication le critère d'un profil d'exception[49].

47. p. 40 de l'article de Joelle Maraschin, « Mortelle omerta chez Renault », dans le dossier *Santé Travail*.

48. Le zèle exprime une ardeur, un empressement, voire une ferveur à la tâche, qui peut conduire à réaliser celle-ci de façon irréfléchie et à « faire du zèle ». C'est-à-dire, non seulement à *en faire plus que ce qui est demandé*, ce qui est le propre du travail réel comme l'ont montré les ergonomes (et dont l'opposé est la grève du zèle), mais à réaliser de sa propre initiative, sans y être contraint explicitement par un système de menace ou d'intimidation, des actes qui portent préjudices à autrui (Dejours, 1998 ; Gaignard, 2007). Le zèle comporte ainsi une connotation péjorative. « On avait vu s'étaler chez certains détenteurs de l'autorité publique, un zèle odieux au service de l'envahisseur ». De Gaulle, *Mémoires de. Guerre*, 1959.

49. Notons que les statisticiens en santé-travail, depuis une dizaine d'années, testent un item qui, à l'origine, visait à mesurer l'intensité temporelle du travail : « Il vous arrive (toujours, souvent, rarement, jamais) de traiter trop vite une opération qui demanderait davantage de soin. » Cet *item* ne préjuge pas d'un profil particulier mais de l'importance, pour la majorité d'entre nous, de produire un travail de qualité ; il est largement corrélé avec des indicateurs de dégradation de la santé mentale (Molinié, Volkoff, 2000). Dans ce contexte toutefois, la perception de ce qui fait un travail de qualité (le soin qu'on lui apporte) est celle du travailleur et non celle du management.

Sont-ce les « meilleurs » qui se suicident, ou ceux dont l'économie pulsionnelle trouve à s'investir – et à s'épuiser – dans l'idéologie *exaltante* de la performance et la concurrence ? Ceux qui ne peuvent adhérer aux stratégies collectives de défense parce que trop différents des autres du fait de leur personnalité, leur genre, leur éthique, leur culture d'origine ou leur place dans l'organisation ? Ou serait-ce ceux qui ont le plus de difficultés à s'autoriser une souplesse par rapport à la prescription ? Ce qui déplace la question à la fois du côté des conditions collectives qui autorisent cette adhésion ou cette souplesse – et reboucle sur les pathologies de l'isolement analysées par Christophe Dejours – mais aussi du côté des configurations psychosociologiques individuelles.

4- ENQUÊTE SUR UN SUICIDE AU TRAVAIL : PORTRAIT D'UN JEUNE HOMME À FACETTES

Dans une enquête de psychodynamique du travail que nous avons réalisée en 2008 avec Fabienne Benetti, suite au suicide d'un jeune médecin sur son lieu de travail[50], et auprès des équipes avec lesquelles il travaillait, chacun en fonction de son degré de proximité dans le travail, de son rapport de hiérarchique ou de subalterne, a sa propre version de l'engagement du défunt dans son travail, des difficultés qu'il y rencontrait ou non, qu'il faisait subir à d'autres ou non. Chacun a aussi sa propre interprétation des raisons qui l'ont conduit à revenir sur son lieu de travail pour mettre fin à ses jours. Pour les uns, c'est le signe d'une souffrance dans le travail. Ce sont ceux qui ont le sentiment de rencontrer eux-

---

50. Pour la méthodologie, voir les travaux de C. Dejours (1980, 2008) et D. Dessors (2009). Ont participé dans deux groupes distincts, et durant deux demi-journées, dans un groupe, 14 infirmiers et infirmières et une aide-soignante du service d'anesthésie, dans l'autre, 7 infirmiers et infirmières panseuses, 1 sage-femme. La méthodologie implique le volontariat (on ne peut parler de son expérience du travail qu'en son nom propre et sans y être contraint).

mêmes des difficultés grandissantes dans l'exercice de leur métier ; le geste suicidaire fait écho à leur propre souffrance. Pour d'autres, ils l'interprètent comme le signe d'une ambivalence, d'un suicide sur le mode « appel à l'aide », l'hôpital leur apparaissant comme un lieu peuplé et compétent, où l'on peut encore espérer être sauvé, par différence avec la forêt voisine. Ils s'interrogent donc plutôt sur les conditions qui n'ont pas permis de porter assistance. C'est alors leur propre collectif qui leur apparaît comme défaillant. Tous considèrent ce jeune homme comme « brillant », mais certains jugent son savoir trop livresque, son rapport à la prescription trop rigide, quand d'autres pensent qu'il agissait avec une rigueur protectrice contre certaines dérives. Certains le décrivent peu ouvert au dialogue, clôturant les discussions de son autorité hiérarchique, d'autres pensent tout le contraire. Certains l'estiment sûr de lui, d'autres lui attribuent un sentiment d'insécurité qu'ils partagent ou craignent de lui avoir fait partager. Parce qu'il devait prendre la tête d'un des services du bloc opératoire prochainement, ils lui ont en effet montré tout ce qui disfonctionnait ou risquait de le faire. Ce portrait à facettes multiples montre bien que le jugement sur le travail, sa qualité, le degré d'engagement qu'il implique, est variable en fonction des points de vue.

L'ingéniosité, la *mètis*, implique une certaine souplesse psychique, implique de pouvoir renoncer à des conceptions idéalisées du travail et de soi-même, implique un certain rapport au réel et à l'échec. Dans ce service hospitalier tout type de bidouillage et de modestie devant la tâche était rendu particulièrement difficile pour l'encadrement, du fait d'un ensemble de contraintes dans une activité à risques, mettant directement en cause sa responsabilité pénale en cas de pépin, et du fait des défenses viriles des infirmiers anesthésistes, qualifiés de « rebelles », toujours prompts à ne pas obtempérer, et vis-à-vis desquels il fallait parvenir à s'imposer. Les infirmières panseuses, en revanche, pouvaient s'autoriser d'arrondir les angles, mais au prix d'un certain mépris des autres les jugeant « effacées », soumises à la hiérarchie et moins directement indispensables[51]. Elles apparaîtront, à l'issue de l'enquête, et selon leurs propres termes, comme les « casques bleus » qui tentent de concilier et de réduire les affrontements entre les différentes logiques de métier. Un rôle médiateur et pacificateur dont elles ne peuvent s'affranchir du fait de leur travail : un travail de coordination et d'appui technique au service du travail des autres qui implique pour être bien fait (et pour sortir à l'heure) d'être en mesure de se mettre à leur place. Ce n'est pas un hasard si ce sont également elles qui donneront la description la plus détendue du défunt, « un type chouette qui s'attardait pour prendre le café », et non plus si c'est l'une d'entre elles qui repéra avec le plus de certitude un état anormal d'excitation la veille de sa mort. Or, si après ce drame, quelque chose de l'espace de délibération sur le travail peut se recomposer, cela ne se fera pas sans mobiliser la pugnacité des infirmiers anesthésistes, certes, mais aussi le travail de *care* des infirmières panseuses, un travail d'attention aux autres qui *est déjà-là*, mais confondu avec de la soumission. Ou pour le dire autrement : cela ne se fera pas sans modification des représentations de qui sont les « meilleurs » et les « moins bons » (ou « bonnes »). Le rapport que nous avons remis participe de cette modification.

Le défunt avait des « antécédents » familiaux (suicide d'un ascendant), ce que personne n'ignore dans cet hôpital où tout le monde se connaît, de près ou de loin. La lettre qu'il a laissée est adressée conjointement à sa famille et à ses collègues. Il s'y accuse de son « incompétence personnelle et professionnelle ». Bien que l'on ne puisse savoir ce que cette phrase signifiait pour lui, on constate qu'elle ne distingue pas ce qui relèverait

---

51. Les infirmiers anesthésistes doivent légalement être détenteurs du diplôme, une qualification relativement rare, ce qui n'est pas le cas des infirmières panseuses, poste pour lequel peuvent être recrutées des infirmières diplômées d'État. Les premiers ont donc un pouvoir dans le rapport de force avec la hiérarchie. Il est à noter qu'il y a des femmes parmi les infirmiers anesthésistes (l'équipe est mixte) et au moins un homme parmi les panseuses. La plupart des femmes (mais pas toutes) dans l'équipe des infirmiers anesthésistes partagent les défenses viriles de leurs collègues, le panseur déploie les mêmes compétences d'attention aux autres que les panseuses.

d'une problématique personnelle et d'une problématique professionnelle. Bien que le défunt soit homme, jeune, blanc et très qualifié, ses antécédents familiaux et l'intrication des sphères privée et professionnelle feraient-ils de lui un mauvais candidat pour représenter la catégorie des suicidés du travail ? Faudrait-il omettre d'évoquer la fragilité structurelle dans l'étiologie du suicide de ce jeune médecin ? Leur connaissance de la fragilité structurelle du jeune homme (ses « antécédents ») n'a pas empêché les mouvements d'identification de ses collègues, pour certains tendanciellement plutôt du côté du travail, pour d'autres plutôt du côté de la vie personnelle, notamment pour plusieurs qui avaient connu des suicides dans leur famille, parfois les deux. Nombreux sont ceux qui ont pensé : demain, ce pourrait être moi, ou mon frère, mes enfants.

Parler de « fragilité structurelle » comporterait cependant le risque d'alimenter certaines pratiques de « formation de la ligne hiérarchique au repérage des personnes 'fragiles', un axe retenu chez PSA » qui n'est « pas sans risque en matière de sélection par la santé » [52]. Pour se sortir de la difficulté, les « experts » sont contraints à une prudence marquée et à l'usage de certains euphémismes, c'est le cas de Christophe Dejours : « Dans le processus qui aboutit (au suicide), aucune faille psychopathologique préexistante n'est nécessaire. Dans un nombre non négligeable de cas, toutefois, le processus, en progressant, révèle une faille préexistante et la fait décompenser précocement sur le mode du suicide, mais aussi parfois sur le mode de la violence tournée contre l'autre[53]. » Le terme de faille est suffisamment flou pour tout à la fois mettre la puce à l'oreille aux psychopathologues et ne pas prêter le flanc à la récupération managériale. Il est également possible de botter en touche, à l'instar de Philippe Davezies, en suspendant la « question délicate » de l'étiologie des suicides pour se concentrer sur la réponse qu'il convient de donner au désarroi des collègues. C'est déontologiquement et méthodologiquement pertinent. Ainsi que le souligne

---

52. p 33 du dossier *Santé Travail*.
53. p. 28 du dossier *Santé Travail*.

Philippe Davezies, si l'on s'accorde avec la thèse de la centralité du travail dans le fonctionnement mental, « suite à un suicide, il est au minimum légitime de s'interroger sur le fait que l'activité professionnelle et les relations de travail n'ont pas rempli leur fonction de protection de la santé » [54].

À leur façon, c'est bien ce que se demandaient aussi les participants de notre enquête et ses commanditaires : n'étaient-ils pas passés à côté de quelque chose ? Jusques et y compris au moment fatal, quand ils s'affairaient tous, comme à leur ordinaire, à proximité du bureau du médecin sans soupçonner le drame qui s'y déroulait.

5- Un fantôme qui donne forme à la précarisation du travail

On nous a demandé d'intervenir, à la demande des équipes, pour les aider à s'extraire d'un état de sidération qui faisait dire à un membre haut placé de l'encadrement : « Depuis, tout continue, mais c'est comme si tout s'était arrêté ». Cette même personne souhaitait aussi qu'il soit fait un sort aux « rumeurs » qui salissaient la mémoire du mort, selon elle. L'enquête a montré que le mot de « rumeurs » recouvrait un travail de symbolisation, utilisant toutes les ressources disponibles, pour donner du sens à un acte incompréhensible et terrifiant. Un mois après les faits, le fantôme du défunt rodait toujours dans les installations techniques, de nombreux membres des équipes ont « senti sa présence », ont cru l'entendre ou le voir passer au bout d'un couloir. Le travail que nous avons réalisé a d'abord consisté à accueillir, socialiser, élaborer ce vécu douloureux, ces visions et ces sensations « irrationnelles » (selon le terme de l'un d'entre eux) qui paralysaient dans l'exercice de la tâche. Certaines infirmières panseuses avaient également été choquées que d'autres jouent avec des spéculations hasardeuses sur le temps qu'il leur aurait fallu pour intervenir et sauver le jeune homme sans dom-

---

54. Philippe Davezies, « De mauvaises réponses à une vraie question », dans le dossier *Santé Travail*, pp. 29 à 31.

mages cérébraux. Ces spéculations mathématiques furent surtout le fait d'hommes, médecins ou infirmiers. Un travail de rationalisation défensive, sous une forme ou sous une autre, se produit toujours en cas de mort violente ou inattendue, les proches, famille et/ou collègues, doivent vivre avec la culpabilité de n'avoir pas pu l'empêcher et l'inconfort de ne pouvoir donner toutes les réponses à l'énigme que recèlent de telles disparitions. L'expression de l'angoisse et du sentiment d'insécurité que génère parfois le travail est venue dans la continuité de celle des rumeurs, des sensations « bizarres » et des calculs incongrus, il n'était pas possible de dissocier l'impact du suicide sur les équipes des contraintes organisationnelles auxquelles elles doivent faire face, de leur sentiment d'aller trop vite, d'en faire trop à la fois, parfois de façon trop isolée et sans arbitrages. Ce fantôme, ces visions fugaces – « Je ne peux pas aller chercher un curare dans le frigo… quand je prépare un plateau, je me dis : il l'a préparé pour lui » – ont permis de mettre en mots une angoisse de fond : celle générée par la précarisation du travail dans un contexte d'intensification du travail. L'utilisation à des fins létales des produits qui servent quotidiennement à endormir les patients a déstabilisé les défenses qui permettent, dans la routine de tous les jours, « d'oublier » que l'anesthésie est une activité qui comporte des risques pour les patients et rendu plus pénible le fait de devoir souvent, pour les infirmiers, prendre la responsabilité de les endormir seuls (le médecin tournant sur plusieurs salles). Pour des raisons d'anonymat des données, il est difficile d'aller plus loin dans la description de la situation de travail. Cependant, il est probable que cette situation d'intensification du travail, qui contraint les équipes à l'activisme, avec pour corollaire un manque de temps pour prendre du recul, individuellement et collectivement, n'est pas exceptionnelle par rapport à ce qui se passe dans les hôpitaux français. De fait, il n'y a pas eu de problèmes graves de sécurité des soins dans cet hôpital, les équipes, jusqu'à ce drame, ont fait face aux aléas de l'activité avec rigueur et compétence. La situation de crise induite par le suicide a plutôt révélé un sentiment d'insécurité et une anxiété latente par rapport à « ce qui pourrait arriver ».

6- Une étiologie « mixte » qui intrique travail et histoire singulière

Ce qui a été possible dans cette enquête – reconnaître sa propre vulnérabilité, celle des autres, et construire ensemble une vision complexe de la réalité qui n'élude ni la centralité du travail, ni les différences entre les sujets – serait-il actuellement trop compliqué dans la discussion en santé mentale-travail ? Ce ne fut pas toujours le cas. Dans *Phénoménologie du travail,* un texte publié en 1957, Claude Veil présente *le cas Paul* :

« Ce bel homme de 28 ans vient confier son inquiétude car depuis quelques semaines il est obsédé par l'idée de tuer sa femme. C'est au retour de vacances, et il avoue avoir nourri une flamme platonique pour une jeune fille rencontrée à l'hôtel. C'est aussi un polisseur en automobiles, qui gagne 88 000 francs par mois et force la cadence pour s'acheter une Aronde. Il reçoit trois prescriptions : vitamines, neuroleptiques, travailler moins. Deux mois après nous le revoyons, guéri, et nanti d'une simple 4 CV d'occasion » (Veil, 1957).

Le travail joue un rôle dans la décompensation de Paul, et par exception ce rôle est reconnu dans son intrication avec la problématique amoureuse. Tous les polisseurs en état de surcharge ne sont pas obsédés par l'idée de tuer leur femme. On comprend que le psychiatre n'ait pas jugé les neuroleptiques superflus. Le *cas Paul* ouvre cependant sur une critique des cadences d'un point de vue psychopathologique[55]. Comme le souligne Claude Veil, l'étiologie de la décompensation est « mixte ».

Claude Veil a rencontré *Paul* en consultation. Nous n'avons pas rencontré le jeune médecin. Cette enquête ne nous a rien appris de ce qui du travail avait pu jouer un rôle dans son suicide sans rien invalider du fait que ce rôle ait pu

---

55. Ainsi que me l'a fait remarquer Anne Flottes, cette vignette clinique suggère aussi que la guérison passe par un renoncement à l'idéal de performance, un renoncement à l'Aronde (dont on peut supposer qu'elle se produit dans l'usine où Paul travaille, si ce n'est qu'il participe directement de sa production).

être décisif au regard de ce que l'on sait de la centralité du travail dans la santé mentale. Le travail, en tout état de cause, ne lui a pas permis de conjurer le malheur. Expliciter la clinique d'une enquête en psychodynamique du travail contraint à une attitude modeste qui expose au risque de se faire disqualifier du point de vue de l'action. Car les modes d'intervention et d'expertise n'échappent pas à l'affrontement idéologique travail vs individu. Les acteurs sociaux, syndicalistes et médecins du travail, qui se démènent en première ligne pour faire face à des situations de détresse concrètes ne sont pas psychologues ou psychiatres. Et les victimologues, ignorants du travail, ne leur sont d'aucun secours, non plus que les observatoires, numéros verts, et autres dispositifs de gestion du stress qui renvoient les salariés à leur propre capacité individuelle à faire face. On comprend que l'exaspération monte dans les rangs des praticiens du travail. Le positionnement mercantile de certains cabinets de psychologues en vogue auprès du patronat, ne peut qu'exacerber la défiance envers la psychologie et l'ensemble des psychologues qui ne « servent à rien », ou servent avant tout la partie adverse, quand ils ne compliquent pas tout, y compris du point de vue de l'action. Il nous est difficile en effet d'analyser les résultats de nos enquêtes du point de vue de l'action (Cru *et al*, 2009). Nous ne pouvons pas prouver que « ça marche ». Nous sommes les plus mal placés pour le faire, car pour que l'action soit réussie, il faut qu'elle nous échappe et que les gens nous oublient. Le travail quand il est bien fait ne se voit pas. Cette caractéristique incertaine de l'action concerne d'ailleurs tous les cliniciens. « Moi, je ne dis pas que j'ai guéri la femme dont j'ai parlé, dit Jean Oury, directeur de la Clinique de la Borde (Oury, 2008). L'efficacité reste un mystère. » Jean Oury le dit après plus de soixante ans de pratique et de théorie de la psychiatrie.

7- Une vulnérabilité générique

Le succès social de la thèse du « travail qui tue » suggère que le travail, aux yeux de l'opinion publique comme des experts, s'est précarisé dans ses fonctions structurantes pour la santé mentale et qu'il est globalement perçu comme une menace, plutôt que comme une ressource. Qu'en est-il dans la réalité ? On dispose actuellement de peu d'enquêtes faisant suite à un suicide. Dans l'enquête citée, le suicide du jeune médecin est venu déstabiliser brutalement les stratégies collectives de défense (défenses viriles et activisme) des équipes. L'angoisse générée par le sentiment de précarisation du travail (de sa qualité, sécurité, de son sens) a alors pris la forme dramatique des apparitions fantômales du suicidé. L'angoisse et la sidération ont contraint les équipes à marquer un temps d'arrêt dans leur fuite en avant pour « se prendre en charge », « y aller plus tranquillement », « faire ensemble un état des lieux ». Il va de soi, les participants l'ont largement commenté, qu'il aurait été préférable de mener ce travail de restauration du collectif sans attendre l'arrivée d'un drame.

La catégorie des suicidés au travail se construit comme à l'opposé de celle des travailleurs précaires en accordant la primauté aux hommes (surtout) et aux femmes (parfois) répondant au modèle hégémonique du « cadre dynamique ». Par ailleurs, constituée en réponse à l'idéologie patronale de la « fragilité », elle gomme, euphémise, ou occulte la dimension personnelle ou structurelle des décompensations liées au travail. La catégorie des suicidés au travail risque ainsi de se construire *à côté* de la psychopathologie classique (celle qui privilégie les interprétations en termes de structures) et sous la forme défensive d'une nosographie « de combat » avant tout orientée par le souci qu'elle soit aisément traductible en droit. La catégorie de « dépression professionnelle réactionnelle », par exemple, fait totalement l'impasse sur la dimension endogène des dépressions[56]. Sachant que peu de psychiatres et de psychothérapeutes sont actuellement formés à la compréhension de la centralité du travail dans le fonctionnement psychique (pour tous, travailleurs, chômeurs ou précaires), cette nosographie de combat – et son évidente rusticité – risque d'entraver d'autant la possibilité qu'un

56. Dominique Huez, « Que peuvent faire les acteurs de prévention ? », pp. 36 et 37 du dossier *Santé Travail*.

nombre plus important d'entre eux prennent au sérieux le rôle du travail dans la santé mentale, et par là de contribuer à isoler encore plus les médecins du travail. La polémique en 2009, suite au comptage des suicides chez Télécom (24 en 19 mois) et autour de la confidentialité des « autopsies psychologiques » pratiquées par certains psychiatres[57], n'est qu'un épisode désastreux de plus dans cette bagarre idéologique qui vise à discriminer le professionnel du personnel, quand il faudrait au contraire apprendre à les penser ensemble dans l'analyse de *toute* décompensation, qu'elle apparaisse ou non liée avec le travail.

Il conviendrait, non pas d'abandonner la catégorie de la fragilité au patronat, mais bien de la requalifier comme une *vulnérabilité générique* qui concerne tous les êtres humains, pas seulement les précaires, les femmes, les enfants, les vieux ou les malades mentaux, mais aussi les cadres performants, les hommes blancs dominants. La psychodynamique du travail reconnaît la résistance du réel et la vulnérablité des êtres humains. L'idéologie entrepreneuriale de la performance ne tolère pas les fragilités. Les recherches en cours sur et avec des dirigeants changeront-elles cette donne ? (Dejours, 2009) Il est trop tôt pour le dire. Articuler précarité de l'emploi et précarisation du travail dans une seule et même problématique – sans en exclure ceux dont le travail ou le malheur ne font pas la Une – demeure quoi qu'il en soit un enjeu scientifique actuel.

- 169

57. Voir, par exemple, l'article de Cécile Azzaro, « Suicides au travail : ' l'autopsie psychologique ', une méthode controversée», Le Point, 27 novembre 2009.

-IX-

La régulation paradoxale du travail et la maîtrise des volontés

Amparo SERRANO, María Paz MARTIN et Eduardo CRESPO

1- INTRODUCTION[58]

Au cours de la dernière décennie, les institutions de l'Union Européenne ont participé à la production symbolique d'un ordre politique occupant un espace référentiel important dans le domaine du travail et des politiques sociales. La régulation européenne dans le domaine social et dans celui de l'emploi est davantage fondée sur l'exercice de pressions endogènes et symboliques, telles que la diffusion des paradigmes de conception et d'articulation de la question sociale, que sur l'imposition de contraintes exogènes et formelles de type législations ou sanctions économiques. Ce modèle de réglementation trouve une traduction dans la capacité particulière de ces institutions de diffuser une *doxa* structurée autour d'un certain nombre de notions – flexicurité, employabilité, activation, approche intégrée du genre, vieillissement actif... – qui finissent par devenir un axe nodal du discours politique. Une caractéristique commune à ces notions et ces termes diffusés par les institutions européennes est l'accent mis sur la maîtrise des volontés, qui coïncide avec une tendance idéologique, d'une plus large portée, qui fait de

58. Ce texte a été rédigé dans le cadre des projets : « Évaluation qualitative des politiques de l'emploi : les limites entre l'actif et le passif » (SEJ2004-02044 du ministère espagnol de l'Enseignement et des Sciences) et « Discours sur le travail et nouvelles demandes morales dans la société de la connaissance » (SEJ2004-02044).

la dépendance une pathologie morale. La notion de flexicurité constitue, à notre sens, un exemple de positionnement idéologique qui opère un déplacement sémantique de la notion de sécurité, des conditions extérieures de la sécurité jusqu'à l'assurance individuelle. Elle est emblématique de la nouvelle culture du travail dont les piliers principaux sont la lutte contre la dépendance, la conquête de l'autonomie et la promotion de la responsabilité individuelle. À côté de cette conception de la dépendance, entendue comme une pathologie de la volonté et érigée en problème *public*, des techniques mettent l'accent sur les fonctions thérapeutiques de l'État social (prévenir la dépendance, renforcer l'estime de soi, faciliter l'auto-analyse, optimiser les compétences personnelles...).

Avec la notion de flexicurité, le besoin d'une organisation flexible des styles de vie est naturalisé. L'autonomie est dès lors conçue comme la conséquence d'un travail réussi sur soi. Dans ce cadre individualisant, l'importance de l'interdépendance en tant que facteur inhérent à la capacité d'agir[59] est négligée. La reconnaissance de l'interdépendance est la condition d'une autonomie personnelle véritable (Dean, 2004). La diffusion de ce type de discours sur la flexicurité peut contribuer à la précarisation des conditions de vie des sujets, dans un monde du travail comme celui d'aujourd'hui où l'indétermination, la charge énorme qui pèse sur le sujet pour répondre à des situations incertaines et ouvertes, ainsi que la colonisation intrusive de la vie privée par le travail, transforment le travailleur nomade en un ingénieur fragile de sa propre vie et contribuent, de surcroît, à le désarmer politiquement et idéologiquement. Les transformations opérées dans les modes de régulation du travail ont aujourd'hui des implications considérables sur le nouveau contrat moral conclu avec le travailleur (Alonso et Fernández, 2009). Le passage de la loyauté à l'employabilité (Baruch, 2001), en tant que moyen pour s'assurer de l'engagement du travailleur, a des conséquences importantes sur la régulation des expériences

---

59. Durkheim (1967) avait déjà souligné le fait que le développement des sociétés industrielles et de la division du travail produit un paradoxe curieux : plus les sujets sont autonomes, plus ils sont interdépendants.

émotionnelles dans le travail, tant en termes de satisfaction que de souffrance.

Une dimension importante de la précarité découle de la position ambivalente dans laquelle se trouve le travailleur, confronté à des demandes qui sont parfois paradoxales mais qui, cependant, ne sont pas interprétées comme des contradictions dans les nouveaux modes de régulation du travail mais plutôt comme des dilemmes et des échecs personnels.

L'orientation des stratégies de discipline organisationnelle vis-à-vis de l'autocontrôle du comportement et des émotions explique les processus importants de réflexivité et de gestion morale et émotionnelle qui se mettent en place dans le lieu de travail et par le biais desquels le sujet se produit en tant que sujet et objet de soi. Les organisations mettent tout particulièrement l'accent sur la mobilisation de l'intelligence productive, la stimulation des compétences émotionnelles, psychologiques et morales, le renforcement du contrat psychologique et moral conclu avec l'entreprise. Ce travail de production d'une adhésion morale aux engagements organisationnels suppose d'impulser les motivations, de générer des objectifs communs, dans un contexte paradoxal de manque d'engagement de l'entreprise. Le sujet devient ainsi gestionnaire de son autonomie, investisseur de ses propres stratégies de gestion de la souffrance et de mobilisation des mécanismes d'autocontrôle. De cette façon, le salarié est souvent amené à gérer des demandes paradoxales, à assumer la responsabilité de situations dont il n'est pas acteur. La souffrance est donc aussi liée à des dilemmes qui ne trouvent pas de solution, mais qui sont vécus comme une incapacité personnelle à résoudre les demandes complexes générées par les nouvelles situations de travail.

Étant donné cette situation de fragilisation du sujet, la diffusion des notions prétendument responsabilisantes, comme le concept de flexicurité, censé encourager des attitudes proactives dans la conception de soi, peut générer d'importants effets vulnérabilisants. La subjectivité devient progressivement une question publique, l'objet d'interventions de la part des pouvoirs publics dans cette croisade entreprise contre la dépendance. Cette politisation de la subjectivité va donc de pair avec la dépolitisation de la vulnérabilité.

Le but de la recherche exposée ici est d'enquêter sur certaines dimensions de la précarité ayant trait aux nouveaux modes de régulation du travail. Dans la première partie, on présentera certaines caractéristiques de l'autorégulation du salarié, sur la base du vécu et des expériences du travail dans le secteur des services et plus particulièrement, du côté des activités de services à la personne[60]. Dans la deuxième partie, on analysera les normes sociales et les présupposés moraux contenus dans la notion de flexicurité, telle qu'elle se présente dans le discours des institutions européennes. Enfin, on abordera les implications politiques de la diffusion de ce type de concepts et leur éventuelle contribution à la précarisation du travail.

2- L'AUTOCONTRÔLE DU SALARIÉ DANS L'ORGANISATION DU TRAVAIL

Dans nombre de pays européens, la représentation du salarié loyal et soumis a régné sur l'imaginaire organisationnel jusqu'aux années soixante. L'idée implicite qui sous-tendait ce récit était celle d'un contrat symbolique entre le salarié et l'entreprise (Erikson et Pierce, 2005), selon lequel on réclamait du salarié loyauté et identification avec la tâche accomplie, en échange de l'assurance d'une promotion sociale et/ou de la garantie d'une stabilité économique au sein de l'entreprise.

Les nouveaux modes d'organisation du travail dont l'axe central est la flexibilité et dont les structures régulatrices sont marquées par la mobilité et la « liquéfaction » (Bauman, 1999) pourraient altérer radicalement les bases de ce pacte implicite

---

60. Dans le cadre du projet SEJ2004-0244, trente-quatre entretiens et huit groupes de discussion ont été réalisés avec des travailleurs dans des conditions de travail différentes (définies en fonction du type de réglementation du travail et du niveau de qualification). Dans cet article, nous nous sommes focalisés sur des entretiens menés avec les travailleurs du secteur des services interactifs et qui sont de fait en contact direct avec les personnes recevant ces mêmes services.

entre le salarié et son entreprise. Le passage de la qualification à l'implication (Tovar et Revilla, 2009) dans la définition du « bon salarié » réécrit les règles du jeu du fonctionnement organisationnel. On développe ainsi, d'une part, une tendance à la promotion d'une culture de la brièveté et de la créativité personnelle qui soumet le sujet à un processus de réinvention permanente de soi, et de l'autre, une demande permanente de responsabilité (*accountability*) morale et de validation publique du salarié. Dans ce cadre de production discursive, propre aux nouveaux styles de gestion organisationnelle, on peut comprendre l'efficacité symbolique importante que revêt la notion de flexicurité.

Le nouveau contrat psychologique se développe dans un cadre de régulation imprécis, partagé par bon nombre de situations professionnelles, qui, d'après nous, est susceptible d'être représenté sur trois axes : la triangulation du pouvoir dans les relations professionnelles ; le passage du pouvoir positionnel au pouvoir personnel ; l'encouragement de la maîtrise de soi. Chacun des axes a un impact différent sur l'expérience de la souffrance – ou de la satisfaction – au travail, pouvant également contribuer à la vulnérabilité de la position du salarié et à la dégradation de son vécu professionnel.

a) La triangulation du pouvoir

La croissance du secteur des services va de pair avec le développement d'un type de travail qui repose sur une interaction fréquente avec les personnes. Avec le développement de ce secteur, ainsi qu'avec la transformation des relations au sein des grandes organisations (*outsourcing* et autonomisation des différents départements), les rapports de force dans de nombreuses organisations se sont modifiés, passant de la structure pyramidale typique à une relation de type triangulaire, dans laquelle le client devient un élément fondamental de la relation professionnelle. La clientélisation des relations professionnelles introduit une marge considérable d'imprécision, puisque le repère est la « satisfaction » du client.

La triangulation du pouvoir n'a pas impliqué la disparition du contrôle hiérarchique, mais plutôt sa dispersion : les sources et les formes du pouvoir et du contrôle organisationnel se sont multipliées. Dans un contexte où souvent les contrôles tayloriens demeurent, ces régulations se multiplient et cohabitent avec un autre type de régulation, à caractère plus moral, en lien avec les normes sociales qui régissent les interactions personnelles (bon nombre d'entre elles concernant les normes de genre) et dans laquelle les échecs au travail entraînent une charge affective importante. L'élargissement de la marge de manœuvre du client nécessite la mobilisation de la facette la plus personnelle et intime du salarié, liée à la gestion des émotions. D'après Korczynsky (2001), un élément clé dans le travail direct avec des clients est la gestion des désirs permettant au client de « consommer » le mythe de la souveraineté. Au modèle du couple « employé / chef », s'ajoute ainsi un troisième axe, qui rend plus complexes les dynamiques de pouvoir (Erikson et Pierce, 2005).

« Il faut que je satisfasse un utilisateur qui ne sait même pas ce qu'il dit, mais c'est mon chef qui me l'a demandé… » (homme, 35-45 ans, informaticien).

Le pouvoir du client est matérialisé sur deux plans. D'un côté, le client est celui qu'il faut satisfaire mais, de l'autre, il devient aussi, d'une certaine façon, un coproducteur (Wikkström, 1996) du service. De fait, les limites entre le produit et le producteur s'estompent (Forseth, 2005) et la « personnalité » du producteur devient une partie de la transaction commerciale.

« On a une double pression, on a une pression de la part de la direction, qui fait pression sur nous, et une pression de la part du client [...], il faut avoir bon caractère » (homme, moins de 35 ans, vendeur de logiciels).

Le travail dans le domaine des services à la personne exige un fort investissement émotionnel et une implication dans la tâche, qui vont au-delà du simple accomplissement de la tâche et qui touchent au fait de savoir se vendre, savoir écouter et mettre à l'aise le client :

« Je ne fais pas qu'un simple massage (...), mais aussi [il faut] savoir écouter » (femme, moins de 35 ans, kinésithérapeute).

Les individus doivent résoudre différents dilemmes qui découlent des contradictions inhérentes à l'organisation. Ces conflits trouvent leur origine dans les demandes souvent contradictoires générées par ce type de travaux interactifs (d'un côté, la rapidité et la rentabilité économique et, de l'autre, un traitement personnalisé et de grande qualité), et dans leur gestion. Dans ce cadre, les émotions s'avèrent être des ressources essentielles dans l'accomplissement du travail (Forseth, 2008), et la créativité « émotionnelle » devient un aspect central de l'efficacité productive.

« Je n'ai pas l'intention de jouer le rôle de mère, parce que ce n'est pas mon rôle, là. » (femme, plus de 45 ans, employée de maison).

Les processus de prise de distance avec le travail, par le biais desquels on tente de freiner ces expériences de souffrance émotionnelle (« je n'ai pas l'intention de jouer le rôle de mère »), soulignent la position ambiguë des travailleurs face à ce type de situations professionnelles (réponse émotionnelle / rationalité impersonnelle ; mère / soignante ; transaction économique / transaction émotionnelle, etc.). Ce type de situations donne lieu à un effacement des limites entre les différents espaces vitaux et à la colonisation de toute la vie personnelle par le monde du travail.

b) Du pouvoir positionnel au pouvoir personnel

La complexification des sources du pouvoir entraîne le passage du pouvoir positionnel au pouvoir personnel (Forseth, 2005 ; Virkki, 2008), puisqu'elle soumet les sujets à une négociation permanente des positions face à des sources diffuses de pouvoir. Face à l'importance croissante du rôle joué par le client dans la transaction commerciale, la satisfaction des besoins émotionnels et identitaires de ce client devient un aspect essentiel de la qualité de service. La gestion des impressions et du pouvoir communicationnel des gestes occupe une place centrale dans l'efficacité productive.

Le travailleur se voit donc dans l'obligation d'être aussi un expert dans la gestion des impressions.

« Souvent, par les gestes du client, nous nous rendons compte s'il a besoin de quelque chose. Le client voit donc qu'on est attentif à lui, et ça c'est quelque chose qu'il aime bien, le client » (homme, 35-45 ans, livreur à son compte).

Cette situation peut nécessiter un travail considérable d'autocontrôle des impressions et de présentation de soi (« faire semblant de »), afin de valider la relation avec le client. Cet exercice stratégique est complexe quand la confusion et la convergence de cadres inégaux (relationnels et personnels, instrumentaux et émotionnels) placent la personne dans une position ambivalente (« avoir deux visages »).

« Pour moi c'est une erreur que ce soit le commercial lui-même qui s'occupe du recouvrement, parce qu'on a l'impression d'avoir deux visages » (homme, 35-45 ans, commercial).

Ce jeu relationnel est représenté par le biais de métaphores topologiques (« proximité », « distance », « barrières »), dans lesquelles ce qui est proche, « familier », s'oppose à la distance du professionnel, « en cravate ». Deux cadres de référence sont ainsi mis en œuvre : l'un est en rapport avec le domaine de l'intime, éloigné de cet échange politique, tandis que l'autre, au contraire, fait appel à un imaginaire professionnel où les marqueurs de position s'imposent dans les rituels interpersonnels. Le problème, d'après certains travailleurs, apparaît quand ces cadres se superposent et commencent à susciter des dilemmes importants, qui vulnérabilisent leur position.

« Moi, je ne le vois pas comme un chef (...) Donc, pour moi, si c'est un chef... ce n'est pas comme... s'il était de la famille... » (femme, plus de 45 ans, employée de maison).

« Dans une PME c'est plus paternaliste, moi j'appelle ce paternalisme, du fascisme. (...) D'un côté, c'est paternaliste, mais plus proche, (...). Mais, bien sûr, le propriétaire exige beaucoup » (homme, moins de 35 ans, employé administratif en logistique).

Le terme « fascisme » dont il parle sous la métaphore de la famille, est très suggestif. La personnalisation et la proximité peuvent priver de pouvoir. Par conséquent, cet investissement émotionnel qui suppose un engagement fort au travail, peut être source de satisfaction, mais est aussi vécu comme une menace importante :

« Le client ne peut pas non plus abuser de toi, n'est-ce pas ? Le fait qu'il y ait… cette barrière (...), ce traitement courtois… peut être interprété comme un excès de confiance, et l'excès de confiance n'est pas bon non plus » (homme, 35-45 ans, propriétaire d'un bar).

« Ce poste m'a ouvert des portes aussi au niveau de la direction. J'étais connue de la direction, et cette relation est quelque chose qui n'est peut-être pas à la portée de quelqu'un qui travaille dans un autre poste. [...] Je me sentais bien, c'était mon boulot. Ça occupait une bonne partie de mon existence à l'époque. Oui, oui, je me sentais très 'entreprise'. » (femme, 35-45 ans, masseuse).

Le premier cas fait référence au fait que l'invisibilisation de la nature politiquement asymétrique des rapports sociaux (ici, travailleur-client) peut entraîner un abus de pouvoir. En revanche, le second cas montre comment la personnalisation des rapports professionnels permet au sujet de se sentir indispensable et lui donne un statut plus favorable que celui des autres travailleurs. Ceci explique l'identification forte à la tâche engendrée par cette situation (« je me sentais très 'entreprise' »). On constate ainsi que la personnalisation des rapports hiérarchiques peut entraîner un obscurcissement des relations asymétriques de pouvoir.

« Nous nous entendons bien avec les chefs et normalement il n'y a pas beaucoup de hiérarchie et on peut s'adresser à eux très directement et dire ce qu'on pense [...] mais elle reste toujours la personne qui te contrôle. » (femme, moins de 35 ans, conseillère)

Face à cette menace, le salarié peut redéfinir le sens de son travail, en s'appuyant sur des cadres cognitifs alternatifs aux cadres familiers, facilitant ainsi l'émergence d'une représentation politique de la situation. La relation avec les clients et les hiérarchies n'est pas définie a priori mais est négociée sur le terrain, ce qui contribue à l'imprécision des limites entre le monde personnel et le monde professionnel, le plan instrumental et le plan émotionnel, avec des conséquences politiques importantes pour le travailleur. L'asymétrie immanente à toute relation de travail devient invisible. Les sujets deviennent otages de certaines représentations dépolitisantes, selon lesquelles la position occupée par chacun semble être le résultat d'une gestion individuelle de sa propre situation, mais où les règles qui définissent la gestion politique des positions occupées sont ambigües et parfois antithétiques. Ainsi, l'imprécision du pouvoir n'implique pas sa dilution mais sa complexification.

c) La maîtrise de soi

L'implication exigée des travailleurs ne concerne pas seulement les composantes purement émotionnelles, mais aussi les dimensions de nature plus morale. La responsabilité présente deux volets, l'un en rapport avec les techniques de *maîtrise de soi* (Alonso et Fernández, 2009) et l'autre, lié à l'« habileté à répondre » (respons-(h)abilité), autrement dit, à l'obligation de « correspondre » (co-répondre) à l'entreprise, en conférant au sujet une sorte de *label moral*.

La question de la mobilisation de la responsabilité dans le travail ne peut se comprendre sans prendre en compte les nouveaux modes de gestion organisationnelle qui font de l'*autocontrôle* du travailleur l'un de leurs piliers clés (Crespo *et al.*, 2005). Curieusement, l'autonomie devient un critère d'assujettissement, donnant ainsi naissance au paradoxe suivant : « ce qui me libère, en même temps m'assujettit ». Ce *pouvoir sans autorité* explique le fait que le sentiment de responsabilité devient un axe central des nouvelles technologies de « disciplinement ».

Cette contradiction politique à laquelle se confrontent de nombreux travailleurs est particulièrement explicite dans le cas des métiers de services. Le travail avec des personnes impliquent la gestion d'un paradoxe entre, d'un côté, la grande autonomie qu'ont les travailleurs pour gérer des dilemmes inhérents aux situations complexes qui résultent du contact avec les gens et, de l'autre, le manque de contrôle des conditions qui définissent ce type de travaux. Ainsi, le travailleur devient de plus en plus responsable de questions qui échappent à son contrôle (Forseth, 2005 ; Brannan, 2005).

L'accent mis sur les questions liées à la responsabilité se concentre sur *l'expression symbolique d'une adhésion morale.* Ainsi, les travailleurs accordent une importance particulière au fait de (dé)montrer leur « foi » dans le projet de l'entreprise, leur fidélité et leur engagement. C'est le rôle joué, par exemple, par l'allongement de leur temps de présence sur le lieu de travail.

« On nous apprenait que c'était mal vu de partir à l'heure » (femme, 35-45 ans, masseuse).

L'autre volet de cet accent mis sur la maîtrise de soi est l'auto-responsabilisation, qui se traduit par la mise en œuvre d'un cadre interprétatif excluant tout lien entre ces situations et les rapports de force ou d'oppression.

« Je pense avoir eu de la chance ou avoir… cherché la chance » (femme, moins de 35 ans, conseillère).

« Si ce qu'on te propose ne te plaît pas et que tu ne peux pas le changer, alors tu dois te trouver autre chose, il faut être constant et rabâcher, rabâcher et rabâcher » (femme, moins de 35 ans, kinésithérapeute).

Si le fait d'« avoir de la chance » échappe au contrôle de la personne, l'expression « avoir cherché la chance » désigne le sujet en tant qu'agent et responsable d'un certain comportement. « Avoir » s'oppose à « chercher ». En « rabâchant », le sujet donne forme à la réalité. C'est en faisant appel à la volonté et en revendiquant la capacité d'agir qu'on arrive à dépasser le dilemme : « En rabâchant, on finit par obtenir. »

« Il est vrai qu'il existe des incertitudes, mais si on travaille pour qu'elles deviennent réelles alors il y a de fortes chances qu'elles le deviennent » (femme, moins de 35 ans, conseillère).

Face à l'hégémonie d'une représentation psychologiste du travail, le comportement individuel devient le centre du problème, de telle sorte que le travail – psychologique – sur soi devient une stratégie de plus en plus fréquente pour faire face aux problèmes rencontrés dans le travail. Confronté à des situations menaçantes, l'individu a tendance à devenir son propre thérapeute pour essayer de survivre. Au psychologisme, qui réduit les phénomènes sociaux à des processus purement psychologiques (Martín Baró, 1983), s'ajoute la prédominance des représentations moralisatrices (Crespo *et al.*, 2005), qui mettent l'accent sur le rôle de la volonté. Cette reformulation du problème et l'abstraction des rapports sociaux de pouvoir provoquent une altération de l'objet qui est la cible de l'intervention de l'acteur. Aussi, les stratégies des travailleurs peuvent davantage s'orienter vers l'intervention sur soi que vers un changement dans les rapports de force. Une carrière réussie est ainsi le résultat d'un travail psychologique efficace sur soi.

« Essayer de ne pas perdre l'énergie, tu sais, mais… c'est un combat (...), beaucoup de psychologie. Essayer, essayer vraiment de ne pas déprimer parce que quand on est au chômage, il y a une tendance à l'autodestruction totale » (femme, 35-45 ans, technicienne informatique).

« La conviction que je peux être où je veux car c'est ça qui m'a permis d'être où je suis (…) je sais où je veux arriver et j'y arriverai » (homme, plus de 45 ans, gestionnaire administratif).

Les conflits apparaissent alors plus psychologiques que sociaux. La *souffrance* au travail serait ainsi liée non seulement à des expériences d'épuisement émotionnel, d'injustice sociale ou d'impuissance morale découlant de la complexification et de l'asymétrie des organisations du travail, mais proviendrait aussi d'une perception erronée et d'une gestion inadéquate, de la part du sujet, des sollicitations professionnelles dont il fait l'objet. Ainsi, on fait croire au travailleur que la nature problématique de sa situation dépend du « regard » de la personne. À partir de cette représentation de la situation, la stratégie à suivre est, naturellement, le travail sur soi, « l'autoconviction ».

« J'essaie toujours de prendre ce qu'il y a de meilleur. Et on dirait que… je me convaincs moi-même [en me disant] : « Non, non, je ne veux pas penser à ça ! » (femme, moins de 35 ans, hôtesse pour les promotions dans les grandes surfaces).

En critiquant toute attitude de résignation et d'impuissance, cette stratégie d'investissement personnel qui renforce la capacité d'agir du travailleur peut aussi contribuer à reproduire les conditions d'exploitation, en contribuant à rendre les sujets responsables des situations qu'ils subissent. Les expériences de souffrance seraient la conséquence de la personnalité du sujet. Ces interprétations psychologisantes et moralisatrices contribuent à dépolitiser le travail.

Cet accent sur la maîtrise de soi, que réclame la gestion de ces situations complexes et « dilemmatiques », est particulièrement *corrosif* dans le cadre psychologisant qui encourage une interprétation de la *souffrance vécue* comme étant le fruit d'une perception faussée de la réalité ou d'un sujet déficitaire qui n'a pas été capable de prendre les rênes de sa propre vie, plutôt que le résultat des conditions d'oppression du nouveau capitalisme. Dans la recherche menée par les pouvoirs publics pour parvenir à de pactes sociaux inédits permettant de réguler le nouveau contrat psychologique et moral dans le travail, le cadre conceptuel de la flexicurité occupe une place de plus en plus importante dans l'espace politique.

3- LA NOTION DE FLEXICURITÉ ET LA PROPOSITION DE MODES ALTERNATIFS DE RÉGULATION DU TRAVAIL

La notion de flexicurité joue actuellement un rôle clé dans ce que proposent les institutions publiques ; elle devient même emblématique des nouveaux modes de régulation du travail, car elle se présente comme une voie de conciliation entre des objectifs économiques et sociaux. Le sens de ce concept est aussi révélateur des nouveaux modes de gouvernance de la question sociale qui sont en train de s'imposer face à un nouveau paradigme productif.

a) Ambiguïté et polysémie de la notion de flexicurité

Une caractéristique des concepts qui structurent les propositions des institutions européennes est d'être, ce que l'on pourrait appeler, des « signifiants flottants ». Leur acception hégémonique dépend alors de l'équilibre (ou du déséquilibre) des forces entre les acteurs sociaux dans chaque pays. Cette nature double, polysémique et paradoxale, peut être vue comme révélatrice du caractère polyphonique[61] des propositions européennes, puisqu'elle est le résultat d'une pluralité de voix autonomes qui font que des philosophies politiques et des accents disparates peuvent coexister en leur sein. Cette interaction de voix différentes explique le caractère mixte de bon nombre des concepts qu'elles sous-tendent : il ne s'agit plus seulement du mélange des *voix plurielles*, mais aussi de la coexistence de points de vue qui se confrontent entre eux. Ces notions hybrides effectuent un travail discursif important. Là où il n'y avait qu'une pensée, les institutions produisent un dédoublement et un glissement de sens. En s'appropriant une notion comme celle de la sécurité, potentiellement opposée à celle de flexibilité, et en l'intégrant à leur propre discours (sur la flexibilité), elles la rendent bivocale tout en attribuant une autre orientation sémantique à la notion de flexibilité.

L'ambivalence et le paradoxe du discours européen sont le produit de cette lutte entre des voix idéologiques[62]. Dans ces combats symboliques pour la connaissance, l'hégémonie de certaines « voix autorisées » révèle le déséquilibre des forces entre les différents acteurs. La *sécurité*, en effet, est considérée comme la capacité d'agir en accord avec sa propre volonté et comme la manifestation des compétences nécessaires pour promouvoir l'auto-assurance et son corollaire institutionnel, se trouvant au niveau de la stratégie de l'activation. Cette présence, plurielle mais asymétrique, de référents et de sens différents est une caractéristique particulière de nombreux concepts propres au discours des institutions européennes, qui ont un caractère hybride (flexi-sécurité ; activ-a(c)tion, employ-(h)abilité). Leur cadre de référence est l'émancipation individuelle mais, en même temps, ces concepts qui ont un caractère hybride (flexi-sécurité ; activ-a(c)tion, employ-(h)abilité), renvoient à des façons de comprendre cette émancipation qui peuvent être régressives.

---

61. Dans le sens de Bakhtine (1986).
62. Cette ambivalence présente des points communs avec le dialogue inachevé analysé par Bakhtine dans son étude sur les personnages de Dostoïevski.

b) Les paradoxes de la « flexicurité »

Même s'il semble régner un certain consensus sur le sens de la notion de « flexibilité », la signification du concept de « sécurité » a l'air beaucoup moins évidente. L'usage le plus répandu dans le discours européen relie la sécurité de l'emploi à l'activation.

L'activation fait appel à un type d'intervention sociale des pouvoirs publics orientée vers la mobilisation et l'amélioration de l'adaptabilité des travailleurs en général et des chômeurs en particulier. Ce paradigme d'intervention est marqué essentiellement par trois particularités : une perspective individualisante, le renforcement de l'éthique du travail (l'accent étant mis surtout sur l'emploi) et l'importance du principe de la contractualisation (Serrano et Magnusson, 2007). Il est le reflet d'un processus d'individualisation croissante dans les façons de penser le fonctionnement du marché du travail et il induit un changement parallèle dans les représentations épistémiques de la question sociale, en transformant l'attribution des responsabilités, qui acquièrent un caractère plus individuel, et par là-même, en reformulant les questions susceptibles d'être problématisées. Face à un État garant des droits sociaux, la nouvelle fonction de l'État est d'assurer les responsabilités, les éthiques et les opportunités des citoyens. L'accent de plus en plus marqué mis sur la responsabilité de l'individu commence à prendre le pas sur la référence à la solidarité (la responsabilité collective) comme élément de légitimation de l'action publique.

Dans ce discours qui condamne la dépendance et encourage la responsabilisation, le langage des *droits* est progressivement remplacé par un langage qui fait appel à l'éthique de la responsabilité : le langage des *devoirs* (Dean, 2004). Ce nouveau discours considère que la sécurité, favorisée par une protection sociale suffisante et de qualité, engendre une dépendance additive et se transforme en piège pour le travailleur. Dans ce cadre interprétatif, l'intervention sociale doit être orientée vers le renforcement de la capacité d'agir, c'est-à-dire, la capacité de chaque sujet à agir selon les dispositions de sa volonté. Pour cela, l'État social doit lutter contre la dépendance comme situation et la passivité comme attitude.

Ce genre de politiques trouve une traduction dans un double type de pressions : endogènes et exogènes. Il s'agit, d'un côté, d'influencer, par le biais des sanctions (par exemple, en limitant l'accès à la protection sociale), les comportements des individus ; mais, de l'autre, ce sont des pratiques biopolitiques orientées vers la production de sujets *normalisés*. Dans le cadre de ces pratiques biopolitiques, la dépendance est considérée comme une pathologie. En effaçant le lien causal qui pourrait être établi entre rapports de pouvoir et oppression, on néglige l'émergence du caractère sociopolitique de l'exclusion sociale et de la précarité de l'emploi.

La nature paradoxale de cette notion d'activation est le résultat de sa localisation discursive dans un espace d'intertextualité. La conséquence de ce processus de production polyphonique est la suivante : des discours produits par des tendances idéologiques différentes et des traditions d'État-providence diverses sont rassemblés dans un processus paradoxal de construction de sens. En fait, le discours de l'activation s'adapte parfaitement tant à des registres sociaux-démocrates qu'à des tonalités politiques néolibérales. Ce discours maintient une position hybride entre, d'un côté, le recours à des registres qui mettent en avant des cadres de responsabilisation des individus face aux institutions et, de l'autre, la défense des modèles d'intervention qui induisent une adaptation aux lois du marché, c'est-à-dire, à une situation qui est imposée de l'extérieur, coercitive par nature. Ainsi, activer reviendrait à favoriser l'adaptabilité personnelle, la disponibilité du sujet[63], sa *bonne volonté*. C'est un discours qui vise à régir les volontés, tout en renforçant la capacité du sujet à prendre en charge sa propre vie, mais, en même temps, qui mine les ressources collectives susceptibles de permettre au travailleur d'exercer un certain contrôle sur le caractère asymétrique et vulnérabilisant de certaines situations professionnelles.

- 185

---

63. Pour une discussion plus approfondie sur les paradoxes de l'activation, voir Crespo et Serrano (2005).

L'activation peut ainsi devenir un outil de discipline sociale et de contrôle des comportements. On fait alors référence à la dépendance pour disqualifier des modalités anciennes d'intervention (la dépendance par rapport à l'État évoquant un déficit moral : la passivité) ; cependant, l'utilisation de ce concept constitue seulement une façon de considérer la dépendance[64]. Ce discours sur l'activation est une expression de la tendance actuelle à placer la volonté dans le domaine du problématisable et la *maîtrise des volontés* dans le champ de l'intervention politique.

4- Conclusions

Les conditions de flexibilité, d'indétermination et de malléabilité qui marquent un nombre important d'emplois dans le secteur des services font du travailleur un gestionnaire fragile de son parcours de vie et de travail. L'incapacité à contrôler, dans beaucoup de cas, les conditions d'exercice du métier est, paradoxalement, accompagnée d'une demande de production individuelle de mécanismes divers (identitaire, émotionnel, stratégique) avec lesquels on devrait parvenir à gérer soi-même l'insécurité et l'indétermination professionnelle. La flexibilité se traduit par une insécurité non seulement au travail mais aussi ontologique. L'affaiblissement de la sécurité, de la certitude et de la protection, est susceptible de générer une *méfiance existentielle corrosive* (Bauman, 1999 ; Sennett, 2000). Le sujet est soumis à une invention permanente de soi, et les conditions d'intensification et d'indétermination du travail réclament une réponse urgente et improvisée à des besoins complexes et ambivalents. L'insécurité n'est pas seulement une incapacité à

---

64. Les politiques dites (à tort) « passives » ont justement vu le jour comme des espaces de dé-marchandisation et d'émancipation vis-à-vis des conditions d'hétéronomie et de vulnérabilité qui caractérisent les relations sociales gouvernées par les lois du marché. Par conséquent, les politiques dites « actives » permettent de lutter contre la dépendance économique (vis-à-vis des institutions, de la famille) mais, à leur tour, sont susceptibles d'encourager la dépendance politique (vis-à-vis du marché).

contrôler son destin personnel, mais aussi une difficulté à gérer individuellement des demandes contradictoires.

Face à l'absence de référents normatifs, collectifs ou professionnels, les prescriptions qui régissent le contrat psychologique et moral avec l'entreprise sont censées renforcer la responsabilité individuelle. Les nouveaux modes de régulation du travail mettent l'accent sur la maîtrise de soi, non seulement comme un besoin productif mais aussi comme un devoir moral. L'autorégulation suppose la capacité individuelle à canaliser et à gérer stratégiquement les comportements et les émotions, ainsi qu'à contrôler de façon autoréflexive les présentations de soi et des rapports hiérarchiques. L'individualisation au travail apparaît en même temps comme un critère d'émancipation et d'assujettissement. Ce caractère ambivalent explique les paradoxes importants sous lesquels se présente le travail et selon lesquels, on émancipe pour subordonner, on responsabilise pour soumettre, on autonomise pour assujettir. Le vécu au travail (qui comprend la souffrance) est ainsi le résultat de la gestion réflexive et complexe de ces paradoxes qui caractérisent la situation professionnelle mais qui sont vécus comme des stratégies de gestion des dilemmes personnels : ce qui me dépossède, m'octroie ; ce qui me libère, m'assujettit ; ce qui m'égalise, me subordonne.

Voici les paradoxes qui permettent de comprendre le caractère ambivalent et multivocal de la notion de flexicurité. Il s'agit de responsabiliser pour encourager la maîtrise de soi. La dépendance (vis-à-vis de la solidarité) est considérée comme une pathologie morale. Pourtant cette dépendance n'est que le reflet de l'interdépendance immanente à tout projet collectif, et ce qu'on qualifie d'*indépendance* et d'*autonomie* dans le cadre de la flexicurité est, précisément, le reflet de la dépendance du marché. Cette croisade, entreprise et renforcée par les institutions européennes, contre la dépendance institutionnelle, intégrée dans la notion de flexicurité, ne fait que placer la question de la maîtrise des volontés dans le domaine du problématisable. On fait de la subjectivité un espace de régulation politique et, parallèlement, on contribue à la dépolitisation des conditions et des règles de jeu du marché, aggravant ainsi la fragilisation des travailleurs et la précarisation de leurs expériences professionnelles et privées. De cette façon, la dépolitisation du travail va de pair avec la repolitisation de la subjectivité.

-X-

Malaises temporels

Ramón RAMOS TORRE

« L'angoisse personnelle vis-à-vis du temps est profondément liée au nouveau capitalisme. » (Sennett, 2000 : 101)

Mon propos sera d'exposer certains aspects de la perception sociale du temps alors que nous traversons un moment de l'histoire de la société globale où dominent les sentiments d'incertitude, d'insécurité, de trouble, de désarroi et d'inquiétude. Cette liste est courte et on pourrait y ajouter bien d'autres sentiments très actuels. En fait, il s'agit d'approches ou d'expressions qui corroborent la sensation générale que la précarité est la norme de notre époque ou son destin collectif. Certes, la sémantique de la précarité n'est ni pacifique ni universelle. Comme Jean-Claude Barbier (2005) l'a montré, en France – mais il est possible de le généraliser aux pays latins et d'Amérique latine – la précarité désignait à l'origine des conditions de vie indignes liées à la pauvreté (Moreno, 2000), puis elle s'est élargie pour décrire des conditions croissantes de détérioration de la sphère de l'emploi (Schnapper, 1989) et a fini par atteindre le statut de diagnostic général de la crise de la société salariale, résultat des restrictions et de l'impuissance de l'État dans le domaine de l'action sociale, et du blocage néolibéral à l'encontre de la propriété sociale (Castel, 1995 et 2003). Au bout de ce parcours, la précarité devient la base d'un diagnostic général conjoncturel qui converge ou rejoint en grande partie d'autres diagnostics (Bauman, 1999 ; Beck, 2000 ; Sennett, 2000 et 2006).

Dans mon analyse, je me limiterai à certains aspects temporels de ce syndrome de la précarité en utilisant pour cela le matériel fourni par une recherche sur les relations entre le temps de travail et le temps quotidien, réalisée en Espagne entre 2002 et 2005, et dont certains résultats ont déjà été publiés (Ramos, 2007a, b et c ; Prieto, Ramos et Callejo, 2008).

1- Par malaise temporel, on peut entendre des choses bien différentes pour la simple raison que le temps se dit de nombreuses façons. Je n'entrerai pas ici dans une théorie explicite du temps. Je me contenterai de dire, en reprenant d'autres travaux qui résument et composent une tradition multiséculaire (Ramos, 2007a et 2007c), que le temps qui provoque ou sur lequel repose le malaise, est un ensemble complexe (Adam, 1990, Blumenberg, 1996, Fraser, 1980, Gale, 1968, Ricoeur ,1983-5) socialement encadré par des métaphores récurrentes qui le présentent, soit comme une ressource dont on peut ou dont on doit disposer, soit comme un environnement qui nous entoure et nous contraint et dont il faut bien s'accommoder, soit comme quelque chose propre aux êtres vivants que nous sommes et qui devient corps ou chair, soit enfin, comme un double horizon à regarder d'un point de vue privilégié, le présent, seul moment où l'observation et l'action sont possibles. Ces quatre métaphores (ressource, environnement, corps, horizon) ne sont pas les seules qui s'appliquent au temps, mais ce sont celles qui apparaissent le plus fréquemment dans les discours sociaux.

Le malaise temporel peut faire référence à des choses très variées. Cela peut vouloir dire que le temps passe trop lentement ou trop vite, qu'il manque ou qu'il ne peut être donné à celui qui le demande. Dans ces conditions, le malaise porte sur le temps comme ressource. Cela peut vouloir également dire que le temps n'est pas ordonné, qu'il est désynchronisé ou qu'il n'est pas clairement hiérarchisé. Cette fois, le malaise porte sur le temps comme environnement. Cela peut également vouloir dire que l'opportunité d'être ou de faire quelque chose ne s'est pas encore présentée, ou qu'elle est déjà passée et a disparu ; alors on désire ce qui ne peut pas encore se produire ou on regrette ce qui ne peut plus être. Le malaise porte ici sur le temps incarné ou intégré, qui est une partie de nous-mêmes. Enfin, cela peut vouloir dire qu'il ne nous laisse pas disposer des souvenirs de ce qui s'est passé ou que nous ne pouvons rien prévoir dans le présent ou que la perspective d'un futur long et prévisible s'est envolée. Le malaise dont on parle alors concerne le temps comme horizon. Toutes ces significations, ou leur chevauchement, peuvent illustrer le malaise du temps.

2- Que le temps puisse être vécu comme un malaise ne doit pas nous étonner. De l'épopée du héros civilisateur Gilgamesh à la culture de masse actuelle, le temps a toujours été objet de plaintes et de lamentations de la part des humains. Et on peut même dire que la réflexion explicite sur le temps qui, dans la tradition occidentale débute avec les philosophes grecs et se poursuit encore aujourd'hui après un passage par la théologie chrétienne, a toujours été une réflexion sur le malaise vis-à-vis du temps, sur ses apories, sur ses déchirures.

Il est vrai que les griefs faits au temps sont un universel culturel, mais le temps contre lequel ils s'élèvent et la manière de concrétiser le malaise qu'il provoque, diffèrent d'un cas à l'autre, en fonction de ce que nous pourrions appeler le régime d'historicité (ou mieux encore, de temporalité) pour reprendre une formule de François Hartog (2003). Chaque régime d'historicité génère en quelque sorte ses propres plaintes. Elles sont particulièrement visibles quand on passe d'un régime à l'autre, au fil des grands changements socioculturels qui ponctuent l'histoire de l'humanité.

Il est impossible d'entrer dans une analyse même minime d'un sujet d'une telle envergure et sur lequel il existe déjà une littérature abondante[65]. Mon propos s'intéresse à l'époque

---

65. Les recherches historiques de référence sont celles de Cipolla (1967), Elias (1989), Gourevitch (1983), Kern (1983), Landes (1983), Le Goff (1983), Luhmann (1976 et 1982), Macy (1980), Pomian (1984), Thompson (1979).

actuelle et aux diagnostics faits aujourd'hui par les sciences sociales sur la crise sociale actuelle dont les aspects temporels ressortent. En effet, leur sensibilité vis-à-vis des aspects ou des dimensions temporelles des mondes qu'elles étudient, semble être un trait caractéristique des sciences sociales contemporaines et notamment de la sociologie. L'intérêt renouvelé pour le temporel est par ailleurs accompagné de diagnostics de l'époque qui trouvent dans le temps social émergent, l'un des traits les plus parlants du monde de vie qui fait aujourd'hui surface.

On trouve deux caractéristiques dominantes, mais certainement pas universelles, dans cette abondante littérature. La première est une tendance à supposer qu'on assiste actuellement à la crise radicale du temps social, parfois présentée comme une déstructuration difficile à reconstruire et parfois comme sa disparition pure et simple. La seconde caractéristique quant à elle, souligne que l'attention se porte de préférence sur le présent, comme si les changements en cours concernaient avant tout la configuration du présent, en lui-même ou vis-à-vis de ses relations avec les horizons temporels du passé et du futur.

Pour reconstituer, bien que de manière très synthétique, ce sur quoi repose le premier cas, je me concentrerai sur deux des approches les plus importantes (du fait de leur succès bien au-delà du domaine strictement universitaire) de l'analyse du changement social contemporain : la sociologie critique de la postmodernité et la théorie de la société de l'information proposée par Manuel Castells.

Penchons-nous sur les derniers ouvrages de Bauman (2000, 2005, 2006, 2007a, 2007b), représentant d'une sociologie critique de la postmodernité. Ses propositions s'inspirent et sont confortées par les travaux pionniers de Jameson (1995) et Harvey (1998) sur la dynamique détemporalisatrice du nouveau capitalisme et par les recherches de Sennett (2000 et 2006) sur le destin du travailleur dans le monde actuel de la flexibilité et de la précarité. Sa thèse maitresse pose que du fait de l'avènement de ce qu'il a baptisé « société liquide », une double disparition se produit. Ce sont tout d'abord les différences spatiales qui disparaissent car grâce à la révolution des transports et des communications et à la reproduction élargie et imparable du réseau mondial d'ordinateurs interagissant en temps réel, la distinction entre ici et là-bas perd tout son sens, tout comme la situation spatiale des choses, leurs frontières ou le calcul des distances. Mais à la suite de la disparition ou de la perte de sens de l'espace, le temps lui aussi disparait ou devient insignifiant, car tout devient instantané, a-durable, fragmenté, volatile. Le temps se déforme en une succession de moments sans dimensions, pointillistes, déconnectés, sans provenance ni destination, conduisant ainsi à son autodestruction. Le sujet par ailleurs dominé par l'instantanéité et une incertitude radicale quant à son destin personnel et celui du monde dans lequel il vit, est non seulement dépourvu d'un horizon de futur mais aussi de mémoire et il se trouve condamné à l'amnésie comme politique de survie, incapable de toute stratégie de report, dénué d'imagination pour de vastes horizons temporels. Il est donc devenu un pur consommateur que la logique du capitalisme postmoderne ne laisse ni vivre, ni penser en termes de temps la réalité dans laquelle se déroule sa vie, rompant ainsi avec la tradition de la première modernité qui avait fait du temps, le cadre fondamental de référence de l'action[66].

Observons maintenant l'autre variante de la sociologie contemporaine qui dans ce champ de débats est aussi influente que la précédente, sinon plus. Elle est représentée par Manuel Castells (1997). Elle proclame l'avènement de l'ère de l'information, caractérisée par l'émergence et la consolidation d'un nouveau type de société organisée en réseau qui gère un espace composé de flux incessants allant d'un endroit à un autre à la vitesse de la lumière, en temps réel. Castells contemple également l'idée que le temps a disparu – du moins des scénarios émergents et dominants du nouveau monde social. Il radicalise tant sa proposition qu'il n'hésite pas à lancer des oxymores et des paradoxes extravagants pour dresser le portrait de la paralysie de l'expérience temporelle contemporaine et

---

66. Ce diagnostic n'est pas l'apanage de la sociologie critique : voir Lipovetsky (1986 et 1990).

parle ainsi de l'« éphémère éternel » (Castells, 1997 : 502) ou du « temps atemporel » (*ibid.* : 499). Il suppose que dans cet étrange temps atemporel de la société de flux, se déploie une série d'expériences temporelles étrangères au temps normalisé de l'horloge propre à la modernité, comme c'est le cas de la rupture des séquences, l'affirmation de l'instantanéité comme expérience dominante ou la récurrence du caractère aléatoire. La cause de ces transformations est, du moins partiellement, la même que celle proposée par les critiques de la postmodernité et de la « société liquide » : c'est la révolution de la technologie de l'information et de la communication qui a fait que l'ordre ou la durée du temps ont perdu leur sens, ouvrant alors à l'expérience le monde de l'instantanéité absolue – dont on ne saurait dire s'il s'agit du simple vide ou de l'éternité.

Non loin de ce diagnostic se trouve l'autre, qui assure de la présentification de la réalité. J'entends par là, dans sa version la plus extrême ou radicale, la réduction de toute expérience temporelle à la simple expérience d'un présent fermé sur lui-même, et dans sa version la plus légère, la

domination abusive du présent sur les autres temps. Normalement, on joue avec les deux possibilités ou on passe de l'une à l'autre. Ainsi, l'historien Hartog (2003) assure qu'au cours des cinq derniers siècles de l'histoire européenne, on est passé d'un régime d'historicité reposant sur la domination du passé qui domine jusqu'au XVIIIe siècle, à un autre régime fondé sur une futurisation active qui sépare l'expérience (du vécu) et l'attente (de futur à vivre), considère les choses en fonction d'un futur plus ou moins imminent, pour finalement déboucher à la fin du XXᵉ siècle à un régime d'historicité dans lequel domine le présentisme qui privilégie l'instantané, le nouveau, c'est-à-dire tout ce qui fait partie d'un présent spectaculaire qui se suffit à lui-même.

La sociologie (critique ou enthousiaste) de la postmodernité, comme la théorie de la société de l'information signalent la présentification de la réalité comme un autre trait de la crise temporelle de la société contemporaine. Mais il n'est pas utile de se situer dans l'une de ces perspectives théoriques pour s'intéresser en priorité, à la configuration actuelle du présent.

Une partie non négligeable de l'actuelle sociologie du temps, notamment celle qui se penche sur les nouveautés émergentes et le portrait du malaise temporel, est une sociologie centrée sur le présent, sur lequel a été élaborée une batterie de concepts plutôt hétérogènes.

Encore une fois, le thème dépasse ce qu'il est possible de présenter et d'analyser ici. Pour obtenir ne serait-ce qu'une idée, évidemment symptomatique, du débat et des propositions, je me limiterai à présenter les conceptualisations très diverses du présent qui figurent dans un livre sur le temps et la temporalité dans la société-réseau, récemment publié par Robert Hassan et Ronald Purser (2007).

Une lecture pas forcément exhaustive des nombreuses contributions qu'il rassemble, permet d'établir la liste des conceptualisations toutes liées au présent, qui ne sont pas synonymes ou ne coïncident pas, même si elles sont parfois proches. D'un côté, on parle d'un « *présent constant* » (Purser) dans lequel personne ne peut s'arrêter, s'il ne veut pas rater le coche au travail ou dans la vie quotidienne. D'un autre côté, on attire l'attention sur un « *présent contracté ou réduit* » (Lübbe) dans lequel il faut prendre des décisions et agir malgré sa courte durée, car il dure peu voire moins que ça encore. Un autre texte parle d'un « *présent absolu* » (Heller) qui serait totalement détaché des autres horizons temporels, modalité du présent qui contrasterait avec ce qui est appelé dans d'autres textes – qui réunissent mais redéfinissent également la célèbre proposition de James – le « *présent spécieux* » (Varela) qui prétendrait rendre compte d'un présent qui peut être partiellement instantané ou être comprimé, mais dans lequel le fondement est l'assemblage de plusieurs durées aux niveaux micro et macro. Dans un autre contexte, on propose également un « *présent déchu* » (Murphie), mélange de présent ponctuel ou a-durable et de présent spécieux, dans lequel le présent tombe hors de lui-même pour intégrer des durées multiples et se glisser au-delà de la prétendue frontière du futur et du passé. Les variations ne s'arrêtent pas là, car dans des contextes plus spécifiques liés à l'analyse du télétravail ou de la communication par internet, on parle d'un côté de la

« *téléprésence* » (Hassan) qui permet l'expérience d'un présent ubiquiste, et de l'autre, on propose l'idée d'un « *présent oublié* » ou d'un « *oubli du présent* » (Hagen) qui se produirait quand quelqu'un se sent coincé dans et par le réseau, qui devient alors sa propre vie et lui fait oublier le « présent vivant » de la vie quotidienne.

La conclusion à tirer après le chemin parcouru est claire : le malaise temporel est reconnu comme l'une des caractéristiques essentielles de l'époque. Il existe un triple accord : que le malaise social est également et significativement un malaise temporel, que ce malaise est associé à la déstructuration du temps, et que cette déstructuration débouche sur un présentisme pathologique.

3. J'aimerais maintenant continuer dans la lignée de ce type d'approche de l'étude de la réalité sociale. Je mise également sur l'importance du temps dans l'analyse sociologique et sur l'idée que certains maux dont souffre la société de la précarité généralisée sont des maux provisoires.

Je ne suis pas aussi convaincu par deux idées qui dominent pourtant dans la littérature que j'ai présentée. La première d'entre elles est celle qui se propose de dresser un portrait radical des problèmes du présent en conduisant le diagnostic à une extrémité stérile et insoutenable : la disparition ou la paralysie du temps. La deuxième, en approfondissant l'hypothèse de la présentification, commet au moins deux erreurs : la première d'entre elles consiste à ne pas situer le présent dans la seule perspective qui, depuis Augustin, est valable pour en rendre compte, c'est-à-dire celle du triple présent et donc celle liée à l'attente et au souvenir ; l'autre consiste à proposer un diagnostic unitaire du présent social émergent, comme si les multiples recoins du présent pouvaient être réduits à une unique matrice générative.

J'aimerais dépasser cette double insuffisance. Pour atteindre cet objectif, je reprendrai les résultats d'une recherche (Prieto, Ramos et Callejo, 2008) menée au cours des dernières années. Il s'agit d'une recherche qualitative, dont je n'utiliserai que les données recueillies lors des quatorze groupes de discussion réalisés[67]. L'utilisation de cette technique de recherche préfigure le type de preuve sur lequel je m'appuie. En synthèse, je dispose de ce qu'il faudrait appeler « bribes de sens », dans le cadre desquelles les intervenants rendent compte de la réalité dans laquelle ils vivent et de ce qu'il leur arrive. Il ne s'agit pas de discours compacts et suivis, mais plutôt de leurs extraits, de leurs éléments, éventuellement, d'une charpente ou de murs porteurs.

Les trois résultats de la recherche les plus intéressants dans le contexte des discussions peuvent être énoncés ainsi : le premier est que, loin de ce qui est proposé, le temps ne disparait pas, mais qu'il devient le centre de la vie et fait naitre un discours dense et imparable dominé par la plainte. Le deuxième résultat est que, même dans le cas de catégories sociales particulièrement affectées par la précarité, comme les chômeurs, la plainte contre le présent de marginalisation et de dévalorisation ne fait pas abstraction de références temporelles qui vont bien au-delà et pénètrent dans le passé de manière significative, ce qui veut dire que le présentisme ne peut pas être compris comme un enfermement dans un présent dont il est impossible de sortir. Le troisième et dernier

---

67. Dans la recherche de référence, quatorze groupes de discussion (Gd) ont été réalisés, douze entre décembre 2002 et novembre 2003 et deux autres au printemps 2005. Le détail des groupes est le suivant : Gd1 : Hôtesses de caisse, 28-35 ans, la moitié avec enfants ; Gd2 a et b : Cadres secteur financier, hommes, 25-35 ans ; Gd3 : Cadres secteur financier, femmes, 28-35 ans, la moitié avec enfants ; Gd4 : Employés de bureau, 35-50 ans, secteur public et privé, la moitié avec enfants ; Gd5 : Infirmières, la moitié avec enfants ; Gd6 : Chômeurs de longue durée, autour de 45 ans, la moitié avec enfants ; Gd7 : Chômeuses de longue durée, autour de 40 ans, la moitié avec enfants ; Gd8 : Femmes au foyer, classes populaires, 30-40 ans, avec expérience professionnelle ; Gd9 : Jeunes, classes moyennes-classes populaires, 20-25 ans, emplois temporaires ; Gd10 : Ouvriers, hommes, 35-50 ans, avec enfants ; Gd11 : Fonctionnaires femmes niveau A, 30-45 ans, la moitié avec enfants ; Gd12 : Fonctionnaires femmes niveau B et C, 25-35 ans, la moitié avec enfants ; Gd13 : Femmes classes populaires, avec emploi, 35-45 ans, la moitié avec enfants, sans aide domestique ; Gd14 : Professions libérales (6 hommes, 1 femme), 30-40 ans.

résultat important dans ce contexte montre la complexité réelle du présent dans les interventions des acteurs, ce qui empêche de le réduire à un portrait unique ou essentiel : les présents sont multiples et il faut rendre compte de cette hétérogénéité.

Voyons le premier résultat en question[68]. L'analyse attentive des groupes de discussion dévoile que l'expérience de la réalité est verbalisée dans des termes temporels et ce temps dont on parle, apparaît comme blessant, mal fait, source de souffrance. Un discours choral en ressort et propose des variations sur le malaise temporel propre à notre époque, mais il ne peut en aucun cas conduire à penser à une disparition, une volatilisation ou une élimination du temps comme le souhaitent les critiques de la postmodernité et les sociologues de la société de l'information.

Ce que ce discours de la plainte exprime, c'est la conscience de vivre dans une époque troublante, soumise à de brusques changements qui ont bouleversé les dimensions temporelles du travail, de la vie familiale et la quotidienneté dans son ensemble.

C'est la plainte de celui qu'il conviendrait d'appeler l'*homo instabilis*, selon une expression proposée par Mario Toscano (2007). Tout semble étranger voire contraire aux attentes factices ou normatives dans lesquelles les acteurs ont développé leur réseau social et qui constituent leur monde normal. Le travail, la ville, la famille, les loisirs, les amis : tout semble changeant, instable, sans normes. La clé pour l'exprimer est le temps. C'est là que le malaise provoqué par un monde qui s'est emballé devient un malaise temporel. Dans certains cas, ce qui ne fonctionne pas ou est insatisfaisant, c'est le temps comme ressource disponible : on en manque, on en a trop, il est émietté, on ne peut pas le donner, le recevoir, le partager, etc. Dans d'autres cas, le problème du temps vient d'un environnement externe qui rend difficile les synchronisations, il ne s'ajuste pas parfaitement aux actions et débouche sur une négociation plutôt infinie et aux résultats incertains. Dans

---

68. Pour une analyse plus détaillée ainsi que le support textuel des groupes de discussion de cette proposition, voir Ramos (2008 : 109-118).

d'autres cas encore, le grief fait au temps viendrait du corps, ou pour reprendre les catégories de Blumenberg (1996), il s'agirait d'une protestation du temps de la vie contre le temps impassible du monde. Les sujets partagent ainsi leurs plaintes sur la nécessité et l'impossibilité d'adopter des décisions stratégiques dans leur vie quand le moment est passé, l'occasion s'évanouit ou n'arrive pas. Par ailleurs, dans certains cas, la plainte porte sur l'articulation du présent de l'action et de l'horizon du futur, sans savoir si ce qui est fait a un sens viable pour l'avenir ou si cet avenir est en réalité soumis à une dérive errante contre laquelle on ne peut rien ou bien peu. Dans d'autres cas enfin, il y a une tendance à une remémoration mélancolique d'un passé qui ne mérite pas d'être observé car il n'apporte rien ; en effet, le monde a changé et suivre ce que l'on a appris n'a aucun sens.

La liste des plaintes contre le monde du temps dominé par l'urgence, l'incertitude, l'instabilité, la précarité, pourrait encore s'allonger. Les éléments déjà exposés suffisent à réaffirmer l'idée de départ : nous ne sommes pas face à un monde détemporalisé plongé dans un chaos et qui manque de références.

4. Comme on l'a vu, le présentisme dans sa forme radicale, propose un présent effondré sur lui-même. Plus avant, au fil de l'analyse de ce que j'appelle les présents terminaux, on pourra trouver un cas proche de la thèse radicale. Mais ce n'est pas toujours le cas, même quand les acteurs vivent une profonde expérience de la précarité, qui en principe devrait les pousser à se réfugier dans un présent sans horizons.

Je vais ainsi m'arrêter sur le cas des chômeurs[69]. Les données sont tirées des résultats d'un groupe de discussion formé d'hommes au chômage (pendant au moins un an), entre 40 et 47 ans, mariés et avec enfants. Il est évident que, comme les travailleurs classiques de Marienthal que Lazarsfeld (1996) étudia dans les années 1930, les chômeurs se présentent eux-mêmes comme une catégorie sociale particulièrement temporalisée. Tant qu'il se considère comme tel, le chômeur est

---

69. Voir Ramos (2008 : 140-156).

en attente de ne plus l'être, que sa situation se termine et de redevenir un vrai travailleur. Mais au fur et à mesure que le temps passe et que le « en attendant » se prolonge, l'attente fait place au découragement et ce qui était un état transitoire devient stable. Tout cela conduit à vivre, au jour le jour, le présent d'une manière particulièrement agonique : dans l'attente d'une fin qui n'arrive jamais.

Cette précipitation dans le malaise temporel devient plus douloureuse du fait que le chômeur se situe dans un espace-temps désordonné, dans lequel il ne trouve pas de prise, car il ne trouve sa place dans aucune de ses régions. Il reste enfermé chez lui, alors que les autres sortent. Sa séquence d'activités est décomposée et doit être redéfinie. Il a trop de temps alors que ce temps manque aux autres. Il est en dehors des répétitions et des contrastes qui marquent le rythme de la vie collective. En définitive, c'est un paria temporel qui ne se reconnait même pas dans ce contraste crucial qui différencie les jours ouvrables du week-end : pour lui, c'est toujours dimanche ou lundi ; cela ne fait aucune différence.

Cela signifie-t-il que, entrainé par des forces qu'il ne peut pas contrôler, il se réfugie dans un présent stérile et angoissant dont il ne peut pas s'échapper ? Il existe certainement une angoisse de se trouver dans un présent sans horizon, une désorientation temporelle qui grandit au fil des jours et des mois. Mais ce n'est pas tout. Le chômeur lutte également contre la déchirure du temps et lutte comme les humains l'ont toujours fait : au moyen de récits. On sait que Ricœur (1983-5) estimait que les apories et les blessures du temps ne pouvaient être surmontées (car je ne dirais pas « résolues ») que par le biais de narrations ; d'où le fait que tous les savoirs qui portent sur l'expérience temporelle reposent sur des récits. C'est le même phénomène pour les chômeurs. Une fois les plaintes accumulées, une fois leur malaise temporel identifié, les chômeurs ne cessent de se raconter les uns aux autres ce qui leur est arrivé et les a conduits à cette situation. Le passé dont ils parlent dans leurs récits n'est pas exemplaire. Ils n'idéalisent pas le passé pour l'opposer à la dégradation du présent. Il s'agit plutôt d'un passé réaliste (les choses telles qu'elles se sont produites) mais qui se rapporte à des récits dont la trame apporte un enseignement moral sur le monde dans lequel ils vivent et sur leur propre situation.

La conclusion est donc évidente. Les chômeurs, fils de l'impuissance et d'un univers précaire, ne restent pas enfermés dans un présent sans horizons, mais ils font face aux blessures du temps au moyen de récits qui donnent un sens (car elle est racontable et commentable) à l'expérience qu'ils ont vécue. Le monde n'est pas un présent insipide, mais quelque chose à raconter afin que le récit qui témoigne du passé puisse ouvrir l'horizon de l'avenir.

5. Pour explorer ce parcours critique au-delà des chômeurs, je vais tenter d'avancer vers une sociologie du présent qui offre une complexité suffisante pour transmettre la complexité débordante de son objet. Je partirai de l'hypothèse que la tradition sociologique a démontré la complexité du présent propre aux sociétés modernes. Je ne peux pas le démontrer ici car cela nécessiterait une reconstruction minutieuse de cette tradition, mais je considère légitime de proposer, à partir des ouvrages comme celui de Durkheim (1968) et de ses collaborateurs (Hubert, Mauss, Hertz), de Simmel (1986) et de Mead (1992), au moins trois variantes du présent propre à la modernité : le présent ponctuel ou transitionnel ; le présent sacré ; le présent agonique. Ma proposition est que ces trois variantes du présent, loin d'avoir disparues, sont toujours d'actualité et fonctionnent simultanément. Aussi, ce que je souhaite aborder maintenant c'est qu'à côté de celles validées par la tradition sociologique, il y en a d'autres. Ces variantes sont ce que j'ai appelé dans un autre travail, les « présents terminaux »[70].

« Terminal » vient du latin *Terminus*, divinité romaine, gardien des bornes qui délimitent les propriétés. Par « présent terminal », j'entends parler d'une expérience du présent qui peut apparaitre sous la forme de deux variantes qui jouent avec la sémantique de l'ensemble sémantique *terminus*-termi-

---

70. Le texte qui suit reprend de très près la proposition de Ramos (2007b).

nal : dans l'une des variantes, le « présent terminal » se pose comme une limite sacrée à ne pas dépasser et oblige à rester enfermé dans le territoire qu'il délimite. Dans l'autre, il apparait en revanche comme une bouche d'égout qui collecte et avale tout pour en finir avec lui. Terme dans un cas et terminaison dans l'autre, le « présent terminal » a un double visage.

J'utiliserai le matériel fourni par trois groupes de discussion. Le premier, qui illustre la terminalité comme limite d'un présent dont on ne peut ni ne veut pas sortir, est un groupe composé de jeunes entre 20 et 25 ans, ayant des emplois précaires ou provisoires et qui vivent seuls ou chez leurs parents. Les deux autres groupes serviront à illustrer l'autre modalité de la terminalité du présent. Ils sont composés, d'un côté par des hommes, ouvriers qualifiés et semi-qualifiés, entre 35 et 50 ans, mariés et avec enfants, et de l'autre, par des femmes au foyer entre 30 et 50 ans de classe moyenne et moyenne-inférieure, qui ont déjà travaillé mais qui ont arrêté depuis longtemps.

Trois caractéristiques s'appliquent aux jeunes étudiés : leur relation utilitaire avec le travail, leur enfermement dans un présentisme de plaisir et autosuffisant et une individualisation extrême. Il s'agit de jeunes qui commencent et terminent des emplois temporaires et qui, loin de se perdre en plaintes permanentes contre le monde, semblent l'accepter tel qu'il est ; ils restent dans les limites sacrées d'un présent gratifiant même s'il ne conduit à rien et qu'on sait qu'il est totalement transitoire et non durable. C'est ainsi qu'ils vivent leur expérience de la précarité.

Pour ce groupe, le travail n'est pas un principe de structuration ou de catégorisation de l'individu, de son identité profonde, mais tout simplement quelque chose qui se fait et qui peut être gratifiant, amusant, ennuyeux voire insupportable. Cela dure toujours peu de temps et c'est pour cela qu'il ne représente jamais un destin à assumer. Il ne laisse pas de trace non plus. Évidemment, tel qu'il est réalisé, il ne conduit, de plus, à rien.

Pour la même raison, la seule chose qui a de la valeur, car elle dépend de leurs propres décisions, c'est le « sortir-sortir-

sortir » qui domine leur langage quand ils parlent des week-ends et des soirées. C'est une étape de la vie pendant laquelle il est possible d'obtenir des satisfactions en échange de rien ou de très peu. Ce qui est important c'est d'exprimer ces possibilités, de faire que la journée soit exploitée au maximum, qu'elle s'allonge et dure plus de 24 heures.

Par ailleurs, le monde est une succession d'individus uniques, de gestes personnels et d'évènements ponctuels. Il n'y a pas de catégorisation ou typification, on n'est l'incarnation de rien, seulement un individu singulier qui prolonge dans ce qui est dit, le narcissisme le plus impudique de l'adolescent.

Pour toutes ces raisons, le temps ne disparait pas. Rien ne s'évapore ici. En tout cas, il y a affirmation : le présent est affirmé, sous la forme d'une île de plaisir, bien qu'entourée de marais insalubres. En réalité, le présent est un îlot entouré d'une barrière de corail dont sortir ne vaut pas la peine ou duquel on ne peut pas sortir à moins d'en être expulsé par des forces sur lesquelles on n'a aucun pouvoir. Le présent est donc un « présent terminal » qui n'a que peu à voir avec le présent transitionnel d'autres groupes de jeunes travailleurs.

Les travailleurs industriels du groupe de discussion se présentent comme de solides représentants d'un monde d'hommes austères qui ont vécu dans un univers dans lequel dominait ce qu'ils appellent un « protocole », c'est-à-dire un modèle fiable qui fixe comment sont et devraient être les choses, ce qui devait être fait et quelles récompenses finales on pouvait en attendre. Ces sujets disent avoir satisfait à leurs obligations, mais ne pas avoir obtenu ce qu'on leur avait promis en échange. Ils vivent dans une position défensive et en dehors des accès à une réalité qui conspire contre eux car elle a mis en avant leur caractère remplaçable. Ils sont comme certains des travailleurs dont parle Sennett (2000) : remplaçables, morts vivants, incapables de comprendre le monde qui s'est mis en marche et les balaie. C'est pourquoi ils sentent que l'inactualité est leur caractéristique la plus marquée.

L'inactualité vient de l'observation des fissures qui s'accumulent dans tous les fondements de leur réalité. Non seulement le travail qu'ils dominaient se transforme, mais la famille aussi. Leurs femmes ne sont plus des épouses fiables, mais des divorcées en puissance. Leurs enfants ne sont pas des héritiers, mais des « squatters » enfermés dans leur chambre vivant dans un monde culturel qui leur semble impénétrable et qui dominent des langages qui leur paraissent étrangers. La fissure du travail, ajoutée à la fissure de la source de plausibilité du monde quotidien que représente la famille, les conduit au constat de leur inactualité. Le présent devient terminal.

Le cas des femmes au foyer ne diffère guère de ce portrait. Il offre aussi une présentation compacte de la propre légitimité d'origine, de la capacité à incarner des valeurs positives, de la pleine concordance entre ce que l'on est et ce que l'on devrait être. Les femmes au foyer font un éloge enflammé d'elles-mêmes, mais dans l'ombre de ce discours, surgissent tous les doutes sur leur plausibilité. Leurs faiblesses sont visibles dans trois éléments qui permettent de prononcer un verdict final qui se répète : inactualité, inactualité, inactualité.

Le premier élément apparaît quand il s'agit de se comparer avec les autres femmes, celles qui exercent un métier en dehors de la famille et du foyer. La faiblesse de ce rapport réside dans le fait que, bien qu'on insiste sur la rhétorique d'adéquation de la femme au foyer au modèle le plus élevé de femme, reproductrice d'enfants, de biens et de soins, leurs interventions montrent qu'elles se savent inactuelles vis-à-vis de la modernité et du futur que représentent celles qui travaillent à l'extérieur. La sensation de vivre dans un présent dans lequel le personnage social qu'elles représentent est arrivé à épuisement est l'expression la plus claire de leur installation dans un présent terminal.

Cette sensation est renforcée par l'insécurité créée par le futur de leur mariage et de leurs relations avec leurs enfants. Le présent est vécu comme incertain et susceptible de changements. Le mariage n'est pas fiable et c'est pourquoi, on ne peut pas miser sur un futur à l'abri du besoin.

Cette sensation est renforcée par l'insécurité provoquée par la pensée des relations avec les enfants. La question qui ressort des discussions est dure : les enfants paieront-ils leur dette envers nous ? Nos efforts seront-ils récompensés et le lien familial se maintiendra-t-il quand les enfants quitteront la maison ? Le doute que personne ne peut dissiper est qu'il est possible que dans l'ancien espace des relations familiales, la réciprocité n'existe déjà plus, de façon que dans le futur, les enfants ne se sentiront pas responsables vis-à-vis des promesses qu'explicitement ou implicitement, ils ont faites quand ils étaient petits.

En définitive, dans un monde qui se sent condamné à l'extinction, comme dans le cas des travailleurs traditionnels ou celui des femmes au foyer, on ne peut vivre que dans le présent, mais dans un présent terminal, un immeuble en mauvais état dont on ne peut sortir et qui s'effondrera quand ses derniers occupants partiront. D'un autre côté, dans un monde dans lequel il n'y a qu'amusement ou travail qui ne dure pas et qui ne mène nulle part, comme celui des jeunes précaires, seul un « présent terminal » peut avoir un sens : le présent qui finira par disparaître, mais dont il ne faut pas sortir dans l'attente de l'arrêté d'expulsion que malheureusement quelqu'un donnera. Dans un cas comme dans l'autre, nous sommes face à l'expérience du « présent terminal ».

6. Après ce cheminement, les conclusions à tirer peuvent être les suivantes. Le malaise temporel est très clairement le cœur de l'expérience du monde social dans lequel nous vivons. Mais ce malaise ne peut pas être identifié par la pure et simple disparition de tout cadre temporel. Ce à quoi on assiste, c'est plutôt une problématisation des cadres habituels, attendus ou idéalisés de l'action, ce qui affecte tous les aspects cruciaux du temps : le temps comme ressource, le temps comme environnement, le temps comme corps, le temps comme horizon. L'importance du présent par ailleurs, comme l'ont justement souligné les thèses présentistes, n'est pas toujours liée à la simple réduction de l'expérience temporelle du monde à un présent fermé sur lui-même, mais il est vécu à l'horizon du triple présent augustinien. Il faut donc répondre au mode concret dans lequel les différentes

catégories sociales prises dans un présent difficile à gérer utilisent l'horizon temporel disponible soit pour construire des histoires qui débouchent sur le présent ou le mettent en lumière, soit pour conjecturer des futurs auxquels s'accrocher. Enfin, il semble évident que le présent peut être expliqué de nombreuses façons, conséquence du fait qu'il est vécu de diverses manières.

TROISIÈME PARTIE

Stratégies et pratiques de résistance des précaires

Jeunes, syndicats et réorganisation productive : le cas espagnol

Pablo López Calle

1- Introduction[71]

Cette contribution revient sur l'expérience quotidienne de la pratique syndicale dans un ensemble de secteurs paradigmatiques du processus de tertiarisation de l'économie espagnole, et de l'individualisation des relations de travail inhérente à ce processus. Notre attention s'est focalisée sur la relation entre les jeunes et les syndicats car c'est à travers l'incorporation au marché du travail de ces derniers, dans des conditions différentes de celles des travailleurs adultes, que l'économie espagnole a pu être « modernisée ».

Dans la première partie du texte, on analysera les relations de cohérence entre le modèle fordiste-keynésien de production et reproduction, et l'institutionnalisation du syndicat de classe, qui se représente comme chaîne d'articulation des relations de travail. La seconde partie révèle que l'épuisement de ce système d'accumulation, et la transition vers un modèle de reproduction basé sur l'intensification du travail, comporte des modalités

---

71. Sont présentés ici les principaux résultats d'une recherche sur la relation entre les jeunes et les syndicats dans la Communauté autonome de Madrid, qui fait partie du projet « Théâtres de vie et de travail dans la société de l'information : femmes, jeunes et immigrants » (programme de recherche «Trabin deux »), dirigé par Juan José Castillo et qui s'inscrit dans le *Plan Nacional de Innovación e Investigación Tecnológica 2004-2007,* sej2004-04780. Ce texte a été traduit par Matilde Fernández Cid.

d'articulation des relations de travail plus individualistes et donc affaiblit la capacité de mobilisation des syndicats.

Enfin, on apportera quelques données empiriques et une réflexion critique sur la relation entre travail et pouvoir, une réflexion d'autant plus importante, au moment même où l'on assiste à la dissolution de l'État-providence sans qu'une réponse efficace de la part des syndicats ait pu être articulée. Or, ces syndicats, rappelons-le, ont été les acteurs protagonistes de sa constitution, selon l'historiographie, et en sont aujourd'hui, selon cette même thèse mais aussi selon le cadre juridique en vigueur, les principaux protagonistes de sa défense.

2- LA RECONNAISSANCE INSTITUTIONNELLE DU SYNDICAT DE CLASSE DANS L'ÉTAT SOCIAL DE DROIT

Tout d'abord, on se doit de rappeler la genèse et les conditions de la reconnaissance institutionnelle, des organes de représentation des travailleurs dans la négociation collective (le syndicat de classe), au début du XIXᵉ siècle, afin - **209** de mettre à jour les contraintes juridiques qui délimitent ses possibilités d'action dans l'État Social de Droit et sa fonctionnalité dans certaines phases du développement du processus d'accumulation de capital, comme celle du modèle fordiste de production et des politiques keynésiennes de redistribution et de reproduction de la force de travail.

Cette reconnaissance institutionnelle du syndicat s'est faite, en partie, grâce à une révision particulière de ce qu'on a appelé l'*individualisme méthodologique*, une révision qui reconnaît certaines *associations* de travailleurs, mais au prix d'une limitation : celle de se voir octroyer une fonction purement instrumentale, la fonction de partenariat pour la protection des intérêts individuels de ses membres dans le jeu du marché[72]. Et en partie aussi, grâce à l'ouverture d'un cadre

---

72. « Toutefois, les institutions du droit collectif du travail ne peuvent pas non plus réclamer une position de prééminence, au détriment de l'autonomie individuelle et d'autres valeurs ou biens juridiques. Les sujets collectifs

régulateur public spécifique – le marché du travail –, délimité par le droit du travail naissant, où la classe ouvrière, en tant que groupe d'intérêt particulier, a été reconnue par l'État.

Cette opération a établi deux piliers dans l'évolution des relations de travail tout au long du XXe siècle : d'un côté, le renforcement du contrat de travail comme institution centrale d'intégration et de régulation des relations sociales, ce qui permet à chaque individu d'occuper une place dans la hiérarchie sociale en fonction de son effort personnel. Ce contrat assure de façon normative un système d'équivalences, négocié collectivement, entre les temps et les conditions de travail, d'une part, et les salaires d'autre part. D'un autre côté, la reconnaissance de l'association syndicale dépend de la négociation collective du « juste prix » du travail, c'est-à-dire, de ce système d'équivalences et de conditions minimales du salaire et du travail.

Ces transformations impliquent le remplacement, au sein du mouvement ouvrier, des grammaires de la *lutte des classes* par les grammaires de la *justice sociale* du citoyen, dont l'objectif stratégique n'est plus la *dictature du prolétariat* mais d'assurer la véritable égalité de chances dans la participation et la distribution des biens sociaux. On ne parlera plus des propriétés privées, mais de *propriété publique*, on ne parlera plus de classes sociales, mais d'une unique *classe salariée* au sein de laquelle chaque individu a des fonctions complémentaires (directives ou de production) dans la production de la propriété sociale (Castel, 1997).

L'objectif de l'appropriation des moyens de production comme horizon stratégique et comme catalyseur du mouvement ouvrier, sera progressivement remplacé au cours de ce processus, par la discussion, essentiellement technique, relative à la meilleure façon de déterminer politiquement le juste prix du travail : à chacun selon ses besoins (version de la

---

des relations de travail ne sont pas des « sujets historiques » qui ont dû sacrifier les intérêts spécifiques des travailleurs et des consommateurs, mais les interlocuteurs et les représentants des groupes professionnels ; c'est-à-dire, les porteurs d'intérêts légitimes mais partiels dans la société globale » (Martin Valverde et al., 1987 : 39).

redistribution) ou à chacun selon ses capacités (version libérale). Cette transition tend à transformer les positions d'inspiration marxiste par d'autres plus proudhoniennes[73]. Cependant, il va sans dire qu'elle est parallèle à un fort processus de répression des branches plus radicales du mouvement ouvrier organisé, au cours d'une des périodes les plus violentes de l'histoire européenne moderne.

Toutefois, la reconnaissance du syndicat comme acteur social particulier dans la sphère publique (un groupe d'intérêt particulier contre l'ensemble de la population), et le déroulement des relations de travail dans les deux espaces de négociation (individuelle ou collective), feront dépendre le pouvoir de négociation de l'ouvrier de l'organisation et du marché du travail. De fait, le pouvoir de négociation de l'ouvrier ne provient plus du droit de citoyenneté, mais de son statut *au sein du* marché du travail.

Le syndicat de classe représentatif et le modèle fordiste-keynésien de production et de distribution

Ces conditions structurelles de reconnaissance et d'institutionnalisation des syndicats sont d'une importance vitale pour la compréhension des difficultés actuelles de l'action syndicale, lorsque les objectifs de *l'État* et de la *Classe dans le marché* cessent de se superposer. Cette formule d'intégration coïncide avec un modèle de production, le fordisme, dans lequel la régulation normative des relations de travail, par la négociation collective (ou directement imposée par les gouvernements dictatoriaux comme ce fut le cas en Espagne) est, en définitive, fonctionnelle aux formes d'exploitation du travail basées sur la *plus-value relative*. L'augmentation de la productivité par l'innovation technologique, la production standardisée et la consommation de masse permettent alors une déconnection des salaires et des conditions de travail – qui sont stipulés au travers de règles d'application universelle – de la charge individuelle de travail (salaire

---

73. « Étonnez-vous de l'idée de génie de Proudhon, qui veut abolir la propriété capitaliste en l'opposant... 'aux lois éternelles de la propriété pour la production de biens !' » (Marx [1984], *Le Capital,* Livre I, Section VII, chap. XXI, Éd. Siglo XXI : 722).

minimum, échelles salariales, hiérarchies professionnelles, assurance chômage, règlement de licenciement, etc.).

Pendant une bonne partie du XXème siècle, le cycle de la reproduction du capital mondial, avait été caractérisé par l'existence d'un centre capitaliste qui consommait 80% du marché mondial, alors que la périphérie produisait 80% des matières premières (Palloix, 1980 : 222). Le centre se réservait la transformation et la fabrication du produit, ne laissant aux soi-disant « pays sous-développés » que les tâches d'extraction des produits naturels. Cependant, ce modèle d'accumulation commence à s'épuiser à partir des années 1970. La crise économique, présentée comme une baisse d'investissement en raison des coûts élevés du travail et des rigidités du marché de travail, est due davantage à un changement des conditions d'exploitation du travail, ce qui mène vers un changement de modèle de production.

Le modèle fordiste-keynésien, basé sur une productivité accrue et sur l'extraction de plus-value relative, entraîne à terme une perte progressive de la valeur réelle de la force de travail en-dessous des salaires formellement établis – et en dessous du prix de la technologie de remplacement. Cette baisse de la valeur réelle de la force de travail est due, d'une part, à la *baisse des prix* des moyens de subsistance et, d'autre part, à la *dévaluation* de la main d'œuvre. Le travail est moins cher que les machines et conduit à un modèle d'exploitation fondé sur l'intensification du travail qui, en même temps, rend dysfonctionnelle cette façon universaliste de fixer les conditions du travail (la séparation formelle entre les salaires et la charge de travail individuelle).

Les investisseurs ont alors voulu « discipliner » l'interventionnisme de l'État, comme on l'a vu tout au long des années 1980 en Espagne. L'ajustement du salaire légal (normes et minima du statut salarial) à la valeur réelle de la force de travail s'est fait par la déréglementation du marché du travail. Et l'alibi qui va légitimer ces réformes sera la tentative de freiner la crise de l'emploi, en particulier celle vécue par ceux qui cherchent à accéder pour la première fois au marché du travail.

3- Réformes du travail et réorganisation de la production : un modèle de production basé sur l'intensification du travail

Les transformations productives survenant au cours des grandes réformes du travail dans des économies de type semi-périphérique comme l'économie espagnole, ont conduit à un modèle fondé sur l'intensification du travail comme mode de valorisation du capital.

Les réformes du travail de 1984 et de 1994, ont créé des modes de recrutement destinés à baisser les prix et assouplir l'embauche des nouvelles générations. Les effets ont été immédiats : en 2002, la plupart des jeunes (72%) avait l'expérience d'un travail rémunéré, mais la plupart de ces contrats s'inscrivait dans la rubrique « travail temporaire selon les circonstances de la production » (46%) ou encore « œuvre ou service » (39%), suivis par les contrats d'« intérim » (8,4%) (*Sondage sur les Salaires*, Institut national des statistiques [INE], 2002). Depuis lors, plus de 80% des contrats des jeunes de moins de 30 ans sont des contrats temporaires. C'est également le cas de 92% des contrats des jeunes de moins de 25 ans. 50% des jeunes ayant une expérience de travail avaient réalisé au moins trois activités rémunérées auparavant. Parmi les 10 à 12 millions de contrats enregistrés tous les ans, seuls 300 000 à 400 000 emplois sont vraiment créés chaque année. Ce qui veut dire que soit, une personne est embauchée plusieurs fois dans le même emploi, soit, plusieurs personnes « occupent de façon tournante » le même emploi, soit, la personne change carrément d'entreprise ou de secteur. Le caractère temporaire de l'activité aujourd'hui chez les jeunes Espagnols est d'environ 70%, un taux extrêmement élevé si on le compare avec la moyenne européenne pour ce groupe d'âge (38%). Pour tous les travailleurs, le travail temporaire en Espagne atteint 32,5%, c'est-à-dire trois fois la moyenne de l'UE des 25. Le travail temporaire révèle également le caractère dégradé du travail, ce que confirme le fait que les entreprises de travail temporaire désignent 35% de leurs contrats par la rubrique « travailleur non qualifié ». Cela signifie que les jeunes de moins de 20 ans ont un salaire moyen équivalent à

53% du salaire moyen de tous les âges confondus. C'est le cas de 63% des jeunes âgés de 20 à 24 ans et de 85% des jeunes âgés de 25 à 29 ans (*Enquête sur la structure des salaires*, INE, 2006).

Les stratégies de production des entreprises se dirigent vers l'exploitation du coût inférieur du travail des nouvelles générations. La fragmentation des processus de production a permis d'externaliser les tâches de moindre valeur ajoutée des grandes entreprises de fabrication (situées dans les régions avec des niveaux de développement élevés) vers des grandes, moyennes et, surtout, petites entreprises sous-traitantes, inscrites catégoriellement dans d'autres secteurs d'activité (services, télécommunications, maintenance, etc.), qui effectuent ces activités pour plusieurs entreprises et qui recrutent des jeunes travailleurs, avec des salaires bas et des taux élevés de *turn-over*[74]. Ainsi, il n'est pas étonnant que les principales activités par volume d'emploi chez les jeunes de moins de trente ans soient : la construction (environ 15%), le commerce de détail (12%) et l'hôtellerie (7%). De la même manière, au fur et à mesure que l'âge des travailleurs augmente, ils sont de plus en plus nombreux à se situer dans le secteur industriel[75].

En résumé, compte tenu des effets de ces changements dans le système de production, on voit comment la productivité a

---

74. La moitié des PME-PMI (Petites et moyennes entreprises) espagnoles se situe dans le secteur appelé « autres services », où « la valeur ajoutée par travailleur et la productivité sont inférieures à la moyenne de l'UE des 15 ». Selon l'Enquête des salaires de 2006, les salaires y sont 15% plus bas qu'en moyenne. En revanche, la plus forte proportion de grandes entreprises se concentre dans l'industrie : plus de 25% des entreprises employant 250 salariés ou plus sont dans la catégorie «industrie». Dans les entreprises qui ont plus de 50 travailleurs, les salaires sont 25% plus élevés que la moyenne.

75. Les jeunes occupent des postes relativement moins qualifiés : plus de 18% des moins de 30 ans se situent dans des professions du groupe 9 de la CNO94 « Travailleurs non qualifiés », ce qui représente deux fois la moyenne européenne [CES, 2006 : 63]. La représentation des emplois non qualifiés parmi les travailleurs de moins de trente ans a augmenté au cours des quinze dernières années, s'éloignant ainsi de la moyenne de la Communauté Européenne (même si le niveau de formation des travailleurs a considérablement augmenté).

diminué en Espagne, non seulement par rapport à l'Union Européenne mais aussi, par rapport à la productivité espagnole vingt ans plus tôt, alors que le taux de croissance économique y est relativement plus fort que la moyenne européenne[76]. Cela ne s'explique que par un processus d'intensification du travail : les travailleurs espagnols, notamment les jeunes, travaillent un plus grand nombre d'heures[77], ou travaillent plus rapidement, ou à un salaire moindre. Ces facteurs expliqueraient pourquoi le rythme de croissance de l'emploi en Espagne – environ 4,5% entre 2004 et 2006 – a été plus élevé que le rythme de croissance du produit intérieur brut – autour de 3,3% sur la même période.

Le taux d'accidents du travail, le principal indicateur social pour mesurer l'intensification du travail, a augmenté de façon alarmante les dernières années, suivant une tendance opposée à celle de l'ensemble de la Communauté Européenne[78]. Les accidents affectent surtout les entreprises de moins de 50 salariés, les travailleurs avec moins d'un an d'ancienneté dans leur entreprise, et quadruplent leur impact sur les travailleurs ayant un contrat temporaire (López Calle y Castillo : 1997).

---

76. Le rapport de la Conference Board Europe est très clair sur ce point : « l'Espagne est le pays de l'UE où la productivité a le plus chuté au cours des quinze dernières années ». En 2005 l'Espagne était le seul pays, avec l'Italie, qui a enregistré une baisse de productivité (-1,3%). Les cinq dernières années, la productivité en Espagne est tombée à un taux annuel de 0,6%, alors que la moyenne européenne a progressé de 1,7% (El País, 9/3/2006 : 34).

77. Selon Eurostat, la journée de travail en Espagne (38,2 heures par semaine) est une des plus longues observées dans l'Union Européenne et dépasse d'une heure la moyenne de l'UE des 25 (37,4 h/semaine) et d'une heure et demie celle de l'UE des 15 (36,8 h). L'Espagne occupe la treizième place, derrière des pays comme le Danemark (35,2 h), les Pays-Bas (31,7 h), l'Allemagne (36,6 h), le Royaume-Uni (35,4 h) ou la France (37 h). De plus, selon le Centre de recherches sociologiques, 44,7% des travailleurs espagnols allongent généralement leur journée de travail. (El País, 7-1-2006 : 26)

78. L'Espagne voit actuellement se multiplier par deux le taux d'accidents du travail (qui correspond au nombre d'accidents avec arrêt de travail pour 100 000 travailleurs). On compte actuellement 5 500 accidents du travail, actuellement en Espagne, contre 3 000 en moyenne pour l'UE des 25.

4- Intensification du travail et individualisation des relations de travail : des dispositifs de démobilisation

La transition orientée vers un modèle de production fondé sur l'intensification du travail et la baisse systématique des salaires est inhérente à l'individualisation des relations du travail. Autrement dit, à l'affaiblissement du syndicat. Premièrement, *le rétrécissement* de la grande entreprise et son éparpillement dans des milliers de micro-entreprises a minimisé la socialisation ouvrière à l'usine. Aujourd'hui, les entreprises espagnoles ont 11 salariés en moyenne. Les dénommées « micro-entreprises », qui occupent de 0 à 9 travailleurs, représentent 94% des entreprises espagnoles, et regroupent 50,5% du total des salariés – soit un taux assez éloigné du taux de 39,7% de la moyenne de l'Union Européenne des 15. Seules l'Italie et la Grèce dépassent ce pourcentage (avec 56,8% pour les deux pays). De plus, la vie de l'entreprise se réduit. Les moyennes et les grandes entreprises qui appartiennent aux grands groupes multinationaux, qui fondent leur compétitivité sur l'abaissement du coût du travail, ouvrent et ferment rapidement leurs portes, cherchant à éviter la présence syndicale. Le faible coût de l'investissement en capital fixe et leur indépendance relative vis-à-vis du tissu de production local leur permet de se déplacer facilement dans les différents territoires[79].

Bien évidemment, ces changements rendent la représentation syndicale de plus en plus difficile. Dans certains cas, cela s'explique par le fait que de nombreux travailleurs ne peuvent pas participer aux élections syndicales (parce qu'ils doivent avoir plus d'un an, au moins, d'ancienneté dans l'entreprise) ; dans d'autres cas, c'est parce qu'ils ne peuvent pas se présenter aux élections (pour ceux ayant moins de six mois d'ancienneté) ; et

---

79. D'après le Répertoire général des entreprises, réalisé depuis 1995 par l'INE (Institut national de statistique), environ 15% des entreprises espagnoles n'ont pas plus d'un an d'ancienneté. Cela signifie que chaque année naissent un peu plus de 300 000 entreprises et meurent un peu moins de 250 000, sur un total d'environ 2,6 millions. Depuis 1995, le nombre total d'entreprises a augmenté de 30%.

dans d'autres cas, enfin, parce que l'entreprise compte moins de dix salariés et que ces travailleurs n'ont pas droit à la représentation syndicale.

Parallèlement à ces processus de décentralisation, la dissolution de « l'espace usine » contribue à déliter également les frontières entre le travail et la vie : le télétravail, les horaires flexibles, la *dé collectivisation* des congés, les contrats d'œuvre ou de service, etc., sont autant de manifestations d'un nouveau travail de type « *fluide* », de moins en moins reconnaissable et plus difficile à réglementer. Un bon exemple serait celui des boursiers, des travailleurs indépendants et des travailleurs bénévoles. Ce sont des travailleurs comme les autres, mais qui n'ont accès ni à la représentation collective ni à la couverture des conventions. Des études montrent que dans le secteur privé, environ 330 000 jeunes entre 16 et 19 ans sont embauchés par les entreprises, moyennant des subventions ou des contrats de formation. Cela représente 8,2% de l'ensemble des salariés entre 16 et 29 ans (Red2Red Consultants, 2006 : 79). Les travailleurs indépendants en Espagne représentent environ 20% de la population active, auxquels il faudrait ajouter les chefs d'entreprise qui n'embauchent aucun salarié (ministère du Travail et des Affaires Sociales, *Statistique des entreprises enregistrées à la Sécurité Sociale*, 2007).

On peut ainsi trouver une frange favorisée de travailleurs, qui travaillent dans les « *entreprises tête* », avec une forte syndicalisation, avec des bonnes conditions de travail et des salaires particulièrement élevés (pour les caractéristiques de leur travail)… que l'on peut comparer à un groupe beaucoup plus grand de travailleurs, souvent employés dans des postes semblables, mais avec des conditions de travail bien pires[80].

---

80. Notre recherche sur la fabrication de la Volkswagen Polo à Pampelune a apporté de nombreuses preuves de cela. Par exemple, même dans l'usine d'assemblage, les charretiers de Navarra Logistics, une entreprise de 700 travailleurs, intégrée dans Volkswagen Navarra, assumant des tâches de logistique et de séquençage, touchent la moitié du salaire reçu par les charretiers de Vokswagen (soit un million annuel des vieilles pesetas contre deux millions de pesetas) (López Calle y Castillo, 2001 : 34).

Autrement dit, l'emploi d'un petit groupe de travailleurs avec des bons salaires et des bonnes conditions de travail, permet l'emploi d'un nombre plus grand d'autres travailleurs, dans des échelons inférieurs, avec des bas salaires et des mauvaises conditions de travail.

L'exemple des conventions collectives est saillant. En Espagne, il existe une grande différence entre les conditions convenues dans les accords collectifs territoriaux et celles des entreprises qui améliorent sensiblement les accords du secteur[81]. Le nombre de salariés concernés par les accords d'entreprise, compte tenu de la réduction de la proportion des entreprises qui ont des conventions collectives, est en déclin et a diminué de 18% entre 2003 et 2007, malgré une augmentation substantielle de la population occupée. Dans certains cas, comme dans le secteur des télécommunications, où il n'y a même pas d'accord sectoriel, les entreprises sont directement régies par le *Statut des travailleurs*.

Il faut aussi évoquer la mise en œuvre de stratégies de recrutement et de gestion des ressources humaines visant à lier directement le salaire reçu (ou la préservation de l'emploi) à la charge de travail individuellement fournie. Et ceci est accompli, d'abord, en transférant le problème de la rentabilité aux travailleurs eux-mêmes, qui sont mis en concurrence pour l'emploi, tout en augmentant leur charge de travail à différents niveaux : régional, d'entreprise ou individuel. Ensuite, en appliquant différents dispositifs disciplinaires qui permettent de définir la relation salariale en deux directions. D'une part, l'on retrouve par exemple des nouvelles stratégies syndicales qui défendent des positions de *co-responsabilité*, un euphémisme qui se réfère à l'élévation de la dynamique concurrentielle établie avec les travailleurs d'autres entreprises, et même entre les services appartenant à une même multinationale. D'autre part, l'on observe aussi des processus d'individualisation de la négociation salariale, c'est-à-dire de résolution inter-individuelle des différends. Les travailleurs perdent alors la capacité

---

81. Selon l'Enquête des salaires de 2002, les salaires moyens des travailleurs rattachés à des accords d'entreprise étaient 40% plus élevés que la moyenne de tous les salaires.

de négocier des meilleures conditions de travail avec l'*employeur collectif* et nombre de syndicats et d'observateurs parlent d'un changement vers un syndicalisme simplement *défensif* – la négociation avec chaque entreprise, loin d'augmenter le *salaire disponible*, ne faisant que mettre en concurrence les travailleurs pour sa distribution, entraînant une réduction de la masse salariale totale[82].

Parallèlement, on a pu observer aussi des nouvelles méthodes de démobilisation liées à ce qui peut être considéré comme une sorte de *nouveau paternalisme industriel*, où la plupart des concessions sur les salaires et l'amélioration des conditions de travail sont faites de manière arbitraire et informelle, sans cadre légal, ou par le biais d'une *salarisation indirecte ou différée* (comme par exemple, l'intéressement aux bénéfices, en passant par la distribution de coupons alimentaires, de paniers de Noël ou encore par des voyages d'affaires…).

La « culture de *l'excellence* » ne serait alors rien d'autre que la quête de *paix sociale* dans chaque entreprise – les célèbres *guides de style*, l'interdiction des réunions, et même de parler publiquement des conditions de travail, constituant ce qu'on appelle la nouvelle *Esthétique du travail* imposée par les entreprises dans des règlements ou des dispositions contractuelles. En somme : des modalités de gestion qui condamnent les revendications des travailleurs comme étant des attitudes irresponsables et qui dotent les relations de travail d'une certaine théâtralité pouvant se révéler extrêmement perverse. Comme dans le cas de la promotion, les politiques de recrutement et les salaires sont moins réglementés collectivement car les entreprises peuvent arbitrairement pénaliser les travailleurs les plus revendicatifs.

---

82. « La lutte pour les salaires nominaux touche principalement la distribution de la masse salariale réelle entre les différents groupes d'employés, non pas à la moyenne unitaire d'occupation, qui dépend d'un autre ensemble de forces. L'effet de l'union d'un groupe de travailleurs est de protéger leurs salaires réels relatifs. Le niveau global des salaires réels dépend d'autres forces du système économique » (John Maynard Keynes, *Théorie générale de l'occupation, de l'intérêt et de l'argent,* FCE, Mexico, 1987 : 24).

Conclusions

La *libre* location de la capacité de travail pour une durée déterminée – ce qui constitue historiquement l'émergence du travail comme une marchandise – est le rapport social central d'intégration et de participation des individus dans les sociétés modernes. La capacité de travailler est la seule propriété inaliénable avec laquelle chacun vient au monde, et dont l'utilisation libre fournit le statut mérité dans la hiérarchie sociale (dans la société de la *différence entre égaux*). Mais la capacité de travail n'est pas exactement une propriété, ce n'est qu'une *potentialité* : avoir une capacité de travail, ce n'est pas avoir un emploi. La nécessité de subvenir à ses propres besoins fait apparaître la nécessité d'aliéner sa propre capacité du travail, la *mettre en acte*, en achetant un emploi.

La *nécessité* de vendre le travail au prix du marché apparaît ainsi comme une *décision* volontaire, ce qui légitime l'organisation sociale des sociétés de marché, et qui place l'*individu soumis* à ces déterminants comme étant à l'origine des mêmes. Elle présente les *besoins* comme étant des *préférences*.

On a essayé de révéler cette contradiction dans le domaine institutionnel des relations sociales, un domaine qui avait pourtant été présenté comme le levier pour la surmonter. Le *droit d'association* (loi de la liberté d'association) a été un moyen pour rééquilibrer la position de faiblesse des travailleurs vis-à-vis des employeurs, mais en réalité il n'a transféré qu'à un niveau collectif la contradiction individuelle, et il l'a fait dépendre des stratégies des entreprises et du pouvoir de négociation des ouvriers.

L'ouverture d'un espace pour la négociation collective donne aux travailleurs la possibilité d'intervenir dans la régulation du marché du travail via le syndicat représentatif, et fait souvent dépendre des négociations bilatérales les décisions prises sur ces questions. Cependant, la déréglementation du marché du travail et les transformations productives réduisent le pouvoir des ouvriers dans cette négociation par le biais de divers dispositifs de démobilisation. Or, cette force ne dépend pas, en définitive, de son nombre ou sa représentativité – comme dans le cas des décisions des citoyens dans les élections législatives –, mais de sa propre valeur sur le marché.

Il y a de fait un manque de *pluralisme* réel contre le marché. Le fait que les interventions sur le marché (Cf., les accords sociaux en faveur de la régulation du marché du travail) aient été dépendantes, en réalité, des déterminations du marché, est resté caché parce que le modèle de production des sociétés occidentales exigeait, pour sa propre reproduction, des mesures et des politiques de redistribution. Pour cette raison, les intérêts de l'État et de la classe des citoyens et des travailleurs étaient les mêmes dans l'ancien système d'*harmonie sociale*. Les décisions de la classe *vis-à-vis du marché* semblaient être des décisions émanant des citoyens sur (voire contre) le marché alors qu'en fait, elles étaient fonctionnelles *pour le marché*. Pour les citoyens, le travail semblait dès lors donner accès à la prise de décision sur des questions relatives au marché. Le rôle d'ouvrier et celui de citoyen semblaient être semblables.

Depuis quelques années, ces deux figures – le travailleur et le citoyen – ne se recoupent plus. D'une part, le marché exige que l'État s'écarte. Les dispositifs d'inspiration keynésienne établis pour articuler cette relation, comme le contrôle des taux d'intérêt par exemple, soumettent les intérêts particuliers des travailleurs à l'intérêt général des citoyens. Cette relation de dépendance sera plus tard fondée théoriquement par des auteurs comme Rawls, et elle peut être résumée par leur fameux principe : « *In duda, pro libertae* ». De plus, le travail, qui selon Dominique Méda, est encore l'institution centrale d'articulation et d'intégration des rapports sociaux, a cessé d'être pour nombre d'individus la voie d'accès à la citoyenneté. Comme on a vu, dans ce système, il ne suffit pas d'« avoir » la capacité de travailler pour participer à la société, mais il est nécessaire de la mettre en action, de l'aliéner, pour accéder à une partie de la *propriété sociale*. La question de l'autonomie politique devient un problème d'indépendance économique.

Fonctionnant tel un cercle vicieux, ces transformations empêchent ou affaiblissent la capacité d'accéder à la conscience de ces contradictions, et donc de proposer des alternatives structurelles et collectives. La réorganisation de la production et la déréglementation du marché du travail, en réduisant les possibilités de participation dans les organes de représentation collective des travailleurs, ont remis en cause la possibilité de représenter et de socialiser les problèmes ou les situations individuelles en termes structurels. La réduction des espaces traditionnels de socialisation et la marchandisation des relations du travail rendent de plus en plus *invisibles* les expériences de vie et de travail de nombreux travailleurs, particulièrement des jeunes. Or, ces processus réduisent à leur tour les possibilités de *se projeter* – si on utilise des catégories psychanalytiques – sur des logiques explicatives générales, telles que la *lutte des classes*. Le principe méritocratique qui assigne des positions différentes dans la structure sociale en termes de travail individuel, cache, par exemple, le fait qu'au fur et à mesure que les individus augmentent leurs efforts pour obtenir un statut, les exigences s'accentuent elles-aussi (cf., l'inflation des qualifications). Et dans bien de cas, cela aboutit une *psychologisation* de l'échec, au fait que les individus se sentent coupables de l'échec de leurs efforts. Par essence, le sujet occupe, selon la configuration théorique plus radicale sur l'ordre social moderne, une position extrêmement ambiguë, inscrite dans la culture du travail pensée comme voie d'accès à la citoyenneté. Il est le produit et le producteur de l'ordre social. Ce qui définit l'*ordre social* est sa capacité à déterminer les actions des individus qui le composent mais, l'ordre social moderne est supposé être également le produit de l'action de ces mêmes individus. Du coup, l'individu devient responsable de sa position.

-XII-

La grève des sans-papiers en France : le salariat bridé par ses mobilisations

Collectif ASPLAN[83]

1- INTRODUCTION

De par leur statut, les travailleurs sans papiers appartiennent au « salariat bridé » (Moulier-Boutang, 1998) : leurs possibilités de contestation ou de fuite face à l'employeur sont en effet limitées. Toutefois le mouvement concerté de grèves qui s'est engagé au printemps 2008 en région parisienne a fait apparaître des situations diversifiées, du point de vue des formes d'emploi comme du contenu du travail (Tourette, Jounin, Chauvin, 2008 ; Asplan, 2009). Ces situations ont été révélées par les obstacles nés de leur usage stratégique : chercher à obtenir, comme l'ont fait les grévistes, avec le soutien de leurs syndicats, une régularisation par le travail, a en effet amené à négocier sur le type de travail pouvant justifier une régularisation. Nous analysons ici la manière dont se sont déroulées ces négociations dans deux entreprises, l'une appartenant au secteur de la restauration, l'autre du nettoyage. Nous présentons la façon dont le mouvement a donné localement un éclairage, jusqu'ici ténu,

---

83. ASPLAN est un collectif de jeunes chercheurs qui s'est formé début 2008 pour étudier le mouvement des salariés sans-papiers. Il se compose de Pierre Barron (sociologue, Université de Nantes), Anne Bory (sociologue, Centre d'Études de l'Emploi), Sébastien Chauvin (sociologue, Université d'Amsterdam), Nicolas Jounin (sociologue, Université Paris VIII, CSU), et Lucie Tourette (journaliste).

sur la nature des relations sociales entre employeurs et travailleurs sans papiers dans certains secteurs de l'économie formelle. Si ce mouvement n'a pas mis au jour l'ensemble des conditions d'emploi et de travail des sans-papiers en France, il a néanmoins fait ressortir la pertinence stratégique de certains de leurs aspects, soit parce qu'ils permettaient des régularisations, soit au contraire parce qu'ils les empêchaient.

L'enquête

Cet article repose sur une enquête collective visant à faire l'histoire du mouvement de grève des travailleurs sans papiers en France. Des dizaines d'entretiens et observations ethnographiques ont été réalisés, principalement avec des grévistes et des militants, mais aussi avec des employeurs et des responsables des pouvoirs publics. L'ensemble de ces données informe le présent article, qui repose néanmoins principalement sur deux monographies réalisées entre 2008 et le début de l'année 2009.

La première (pizza Chorizo) se fonde sur trois entretiens formels (avec le gérant de l'entreprise en France, un gréviste et un des organisateurs au niveau de la CGT), des observations comme soutien (nuits passées au début du conflit, contacts dans les manifestations ou au téléphone avec des grévistes et des militants), et enfin sur un blog consacré à la grève alimenté par des journalistes proches du *Nouvel Observateur*. La seconde (NET) se fonde sur deux entretiens menés avec des militants de la CGT, trois entretiens avec des grévistes réalisés de novembre 2008 à janvier 2009, combinés à des observations à l'Union départementale CGT de Paris, qui ont permis de croiser d'autres acteurs syndicaux impliqués dans la grève de cette entreprise. Par ailleurs, l'un des auteurs a fait partie du comité de soutien monté autour des grévistes de NET. À ce titre, il a suivi de près l'évolution du conflit, ses résultats, et l'ensemble des mobilisations qui l'ont entouré. Nous avons pu travailler sur les comptes-rendus des réunions du comité de soutien depuis juin 2008, et suivre l'ensemble des réunions et des mobilisations qui ont eu lieu autour de NET depuis septembre 2008. L'enquête collective a également compris un travail hebdomadaire de vérification des dossiers de régularisation à l'UD-CGT de Paris, à l'occasion duquel ont été étudiées les « carrières bridées » des salariés avant régularisation. Elle s'inscrit dans une étude plus générale de la transformation des modes de légitimation de la force de travail sans papiers dans le contexte de la nouvelle politique migratoire française.

Des smicards soumis à l'ordinaire de la restauration

La Pizza Chorizo, établissement situé dans le quartier de l'Opéra, fait partie des sites visés par le premier mouvement de grèves, lancé le 15 avril. Pour cette « première vague », la CGT sélectionne des établissements dont les futurs grévistes doivent apparaître comme d'incontestables salariés, tandis que leur employeur doit incontestablement avoir connaissance de leur statut de sans-papiers. Il faut donc, d'une part, des salariés déclarés, en CDI, à plein temps et embauchés directement ; d'autre part, une preuve que l'employeur était au courant du statut migratoire de ses salariés. Sur cette base commune, les différentes grèves connaissent des destinées différentes, notamment en termes de durée. La grève de la Pizza Chorizo fait partie des plus longues.

La Pizza Chorizo est un restaurant de standing intermédiaire. Elle appartient à un groupe espagnol qui dispose en France de trois établissements, dont deux à Paris. La grève est menée par des salariés de ces deux établissements, mais l'occupation ne concerne que l'un des deux. Hormis le responsable du restaurant, chaque établissement compte trois catégories de personnel : les cuisiniers, les plongeurs et les serveurs. Seules les deux premières catégories sont concernées par le mouvement de grève. Le 15 avril, neuf personnes se mettent en grève, ce chiffre ne bougeant pas par la suite. Ils représentent la majorité des plongeurs et cuisiniers, sans pourtant rassembler la totalité des sans-papiers travaillant dans ces deux restaurants. Les plongeurs et cuisiniers travaillent à plein temps. Comme souvent dans la restauration, certains ont des « horaires coupures », c'est-à-dire qu'ils ont deux plages horaires dans la journée, correspondant au déjeuner et au dîner, séparées par une « pause » de plusieurs heures. Leur temps de travail est annualisé, si bien que les heures supplémentaires ne sont payées qu'en fin d'année. Ce report est propice à des mécomptes que les salariés sans papiers ne peuvent que rarement contester. Leur rémunération n'est pas inférieure au SMIC, mais elle le dépasse rarement, quelles que soient l'ancienneté et/ou l'expérience. Quant aux congés payés, il est difficile de prendre plus de quinze jours de suite. Il semble que les salariés ne prennent pas toujours leurs cinq semaines par an, sans recevoir pour autant de compensation financière.

Ces conditions d'emploi et de travail, peu attractives, rendent probable l'utilisation de sans-papiers. Ces derniers font partie de la main-d'œuvre susceptible d'endurer ces conditions, et de les endurer durablement, du fait de l'absence d'autres opportunités. Quoique les emplois concernés puissent être jugés peu qualifiés, le fait que les sans-papiers y demeurent par nécessité leur confère paradoxalement une expérience professionnelle dont d'autres salariés, plus mobiles, ne disposent pas. C'est ce qu'illustre par exemple Dembélé, embauché en 2002, qui démissionne (bien que sans papiers) en 2005 en raison de l'absence d'amélioration des conditions de travail et d'augmentation de son salaire (bien qu'on lui propose une responsabilité de chef de cuisine), qui travaille dans le bâtiment avant d'être remercié, et finalement, est réintégré en 2006 à la Pizza Chorizo. Si sa démission n'a pas été sanctionnée, c'est que son expérience et ses compétences lui conservaient une place.

Lever le tabou de l'irrégularité pour en sortir

Le patron sait-il que certains de ses salariés sont sans papiers ? Peu avant le mouvement, sans doute : quelque temps avant la grève, Touré est licencié (ou plutôt contraint à démissionner) pour défaut de titre de séjour (avec une promesse de l'aider pour sa régularisation). Auparavant, l'irrégularité des salariés était un tabou, sinon un secret. C'était d'autant plus le cas que les salariés du restaurant étaient en réalité plus anciens que leur patron : au moment de la grève, tous sont employés depuis au moins un an et demi (certains depuis cinq ou six ans), c'est-à-dire avant que le groupe espagnol ne rachète et renomme les Pizza Chorizo (le gérant lui-même ne prenant son poste que deux semaines avant la grève). Dès lors que les nouveaux employeurs n'ont pas été confrontés au moment crucial de l'embauche, et que leurs salariés endurent les conditions qu'ils proposent, il est plus intéressant pour ces mêmes employeurs d'entretenir leur propre ignorance sur la question des papiers.

Entre les salariés concernés, la connaissance de la situation administrative des uns et des autres n'est pas non plus immédiate. Selon Dembélé, ce sont des choses qui ne se disent pas facilement, même si le fait de venir d'un même pays, d'une même région, voire d'une même famille – son embauche a été recommandée par un parent –, permet d'instaurer un climat de confiance. On ne pose pas la question des papiers directement. Mais à l'occasion d'un événement, parce qu'il faut demander ou recevoir un conseil, une aide, on dit ou on apprend qu'untel est sans papiers. Ainsi, c'est parce que Dembélé s'est trouvé désemparé lorsque la Poste, où il avait un compte bancaire, lui a refusé de faire un retrait, qu'il a dit à certains de ses collègues qu'il était sans papiers. Dans son récit, la confiance est favorisée mais aussi limitée par des liens préalables issus du pays d'origine, en l'occurrence, et comme pour une majorité de grévistes, le Mali et plus précisément la région de Kayes. Ainsi Dembélé n'a-t-il jamais su si son collègue sénégalais et un autre malien (mais pas de la région de Kayes) étaient sans papiers. Il a appris par la suite que ceux-ci l'étaient, lors de la grève à laquelle ces deux salariés n'ont cependant pas participé.

Les neuf salariés décident de s'organiser et de s'adresser à la CGT à la suite de la grève courte et victorieuse des cuisiniers du restaurant de la Grande Armée, en février 2008. L'un des cuisiniers de la Grande Armée habite dans le même foyer que l'un de ceux de Pizza Chorizo. Selon l'un des responsables CGT du site, le syndicat se lance dans le mouvement, et plus particulièrement dans la grève de Chorizo, sous la pression de ces sans-papiers déjà organisés qui « sinon seraient partis tout seuls ». Le 15 avril, tous les restaurants visés par le mouvement sont occupés à 10h30. Sept plongeurs et cuisiniers de Pizza Chorizo Opéra, auxquels se sont joints deux autres salariés de l'établissement de Saint-

Michel, accompagnés par des militants CGT, occupent le restaurant. L'un des neuf, Touré, est en réalité un ex-salarié, remercié pour défaut de papiers ; il demande sa réintégration en même temps que (et dans l'objectif de) sa régularisation. Pendant deux jours, le restaurant est entièrement fermé. Le gérant songe tout d'abord à faire intervenir la police ; mais celle-ci lui signifie qu'il s'agit d'un conflit de travail et qu'elle ne peut donc intervenir.

Une longue grève sans adversaire patronal

Du côté des grévistes et de la CGT, on se compte avec anxiété : le restaurant est spacieux et les grévistes peu nombreux, tandis que les militants syndicaux ayant répondu au soudain appel à soutien – la préparation du mouvement est en effet restée secrète – ne sont pas foule. La négociation avec le gérant débouche rapidement : contre la participation de celui-ci à toutes les démarches nécessaires à la régularisation éventuelle de ses salariés grévistes, ces derniers et la CGT s'engagent à n'occuper qu'une partie du restaurant. Au bout de deux jours, celui-ci peut ainsi rouvrir partiellement. L'occupation s'organise. Le jour, les militants CGT et les grévistes se relaient pour occuper le terrain, faire signer des pétitions sur le boulevard et remplir la caisse de solidarité. La nuit, l'ensemble des grévistes sont présents, ainsi que quelques militants CGT, parfois des soutiens extérieurs – mais aucun comité de soutien ne s'organise autour de ce site de grève. Comme dans presque tous les sites, seuls les sans-papiers du restaurant sont en grève. Les autres salariés, qu'ils soient solidaires, indifférents ou hostiles, poursuivent leur travail.

Si les grévistes se sont syndiqués à l'occasion du mouvement, la distinction entre ceux-ci et les militants de la CGT reste très marquée. Elle n'est pas liée qu'à la couleur de peau, mais aussi au rôle d'intermédiaire que jouent les militants CGT entre la direction et les grévistes. Ce sont eux qui négocient avec le gérant l'emplacement à occuper, menacent d'occuper plus, acceptent des compromis, et communiquent ensuite avec les grévistes. Même si certains grévistes se détachent par leur capacité à « parler », comme à la Grande Armée il n'y a pas de délégué des grévistes accompagnant les militants CGT lors de négociations avec la direction. A fortiori, les grévistes ne participent pas aux discussions avec la préfecture.

Bien que le gérant accède très tôt, avec l'accord de sa direction, aux revendications des grévistes – remplir les promesses d'embauche à destination des préfectures –, la grève et l'occupation durent 103 jours. Pendant environ 100 jours donc, le restaurant est partiellement occupé alors même qu'il n'y a plus de revendication adressée directement à son propriétaire. Mais la stratégie de la CGT est de faire pression sur le gouvernement jusqu'à l'obtention des régularisations en poursuivant grèves et occupations, et d'inciter par ce biais les employeurs à faire jouer leurs soutiens : « Nous ne disposons pas de moyens de pression sur la préfecture, les employeurs si », explique Michèle, la secrétaire de l'UL, sur le blog de la grève. Le gérant de Chorizo raconte : « J'ai eu Chauveau[85] au téléphone le premier jour, qui me sortait n'importe quoi. Il me disait : 'Allez voir Sarkozy, déplacez-vous, essayez d'expliquer votre cas'. » Du côté des syndicats d'employeurs, le gérant dit n'avoir reçu aucun soutien : ni conseil ni lobbying auprès des pouvoirs publics. Par ailleurs, contrairement à d'autres établissements bénéficiant d'une clientèle prestigieuse, le même gérant juge son restaurant insuffisamment stratégique et ses liens politiques trop pauvres pour pouvoir accélérer l'examen des dossiers. Il cherche à joindre des responsables de la préfecture mais passe difficilement le barrage des standards, envoie des lettres qui restent pour la plupart sans réponse.

Des régularisations arrivent cependant, au compte-gouttes. Tandis que certains grévistes se voient renouveler des récépissés de trois mois dans l'attente de l'instruction de leurs dossiers, d'autres obtiennent la fameuse carte de séjour « salarié ». À plusieurs reprises, les grévistes, pour qui l'absence de salaire devient de plus en plus pesante, débattent de savoir

---

85. Raymond Chauveau, secrétaire de l'Union locale CGT de Massy, est l'un des principaux organisateurs du mouvement de régularisation par le travail au sein de la confédération.

s'il faut arrêter la grève et reprendre le travail, compte tenu des régularisations déjà obtenues. Le choix est difficile ; c'est un pari sur la force ou la faiblesse du mouvement, un arbitrage entre la solidarité proclamée dès l'origine « jusqu'au bout » et le besoin d'argent (pour soi et pour la famille). La grève est chaque fois reconduite, jusqu'en juillet lorsque, trois mois après le début du mouvement, le débat est tranché dans le sens de la reprise : seules deux personnes ne sont pas régularisées, mais leur cas semble bien engagé, et elles bénéficient d'autorisations provisoires de séjour assorties d'autorisations de travail, si bien qu'elles peuvent reprendre le travail avec les autres salariés régularisés.

Après la régularisation : des revendications salariales « classiques »

Effectivement, au bout de quelques mois, tous les salariés obtiennent leur régularisation. Tous n'ont pourtant pas les cinq ans de présence requis par la préfecture de Paris, mais certains ne dépendent pas de cette préfecture, et leur régularisation est effectuée à un moment où les critères demeurent encore relativement flous et négociables. Touré, licencié, a ainsi obtenu d'être réintégré (puis régularisé), mais sans la prise en compte de son ancienneté. Aux grévistes régularisés s'ajoutent trois sans-papiers qui ne s'étaient pas mis en grève, mais qui ont saisi le moment de la grève pour déclarer au gérant qu'ils étaient sans papiers. Ce dernier a choisi de profiter de l'occasion pour les faire régulariser. Il a demandé aux militants de la CGT de soutenir leurs dossiers, ce que ces derniers ont refusé puisqu'il ne s'agissait pas de grévistes. Il a donc présenté les dossiers en préfecture seul. Malgré ses fax et appels répétés, il a fallu attendre six mois pour obtenir une réponse. « La préfecture disait qu'elle ne voulait s'occuper que des dossiers déposés par la CGT. Donc ça c'était incroyable d'entendre ça : il faut faire grève pour avoir une régularisation. » Les trois ont finalement été régularisés, sans perte de salaire contrairement à leurs collègues, puisqu'ils ont continué de travailler pendant l'examen de leur dossier (bien qu'à l'époque cette solution n'était pas encore officiellement tolérée par les pouvoirs publics).

Lorsque les grévistes décident de terminer la grève, il reste à établir le protocole d'accord, et à discuter notamment la question du paiement des jours de grève. Le gérant est bien décidé à ne pas les payer ; il s'est concerté avec le patron de Chez Papa, dont la grève a débuté et terminé presque en même temps. Il obtient gain de cause, n'octroyant aux grévistes qu'une avance sur salaires de mille euros. Du côté de la CGT, après la reprise du travail et jusqu'aux élections prud'homales de décembre 2008, les contacts avec les anciens grévistes sont ténus. Puis la CGT fait organiser des élections de délégué du personnel – l'un des anciens grévistes est élu – et promet de vérifier toutes les feuilles de paie pour entamer le cas échéant des procédures prud'homales pour les heures supplémentaires non payées.

Mais certains des anciens grévistes estiment que les choses vont trop lentement. Ils retrouvent leurs anciennes conditions de travail et de rémunération, dans une ambiance dégradée par le conflit. Certains pensent que la direction veut leur faire « payer » la grève. L'un d'entre eux, Amadou, connaît des conflits de plus en plus violents avec sa hiérarchie, et est finalement renvoyé pour faute. D'autres, comme Dembélé, envisagent de démissionner pour travailler ailleurs. Mais ils s'interrogent sur le renouvellement de leur titre de séjour : la carte « salarié » peut légalement ne pas être renouvelée en cas de démission. Un autre problème se pose, comme dans le cas de Dembélé, qui projette de démissionner s'il n'est pas rapidement augmenté : il voudrait aussi partir un ou deux mois au Mali, dans sa famille qu'il n'a pas vue depuis huit ans, mais a perdu beaucoup d'argent pendant la grève. Il lui faut donc constituer une petite cagnotte, obtenir de longs congés payés, pour ne démissionner qu'à son retour. Bien que régularisés, les anciens grévistes sont donc encore en partie captifs de leur employeur et de leur poste.

3- NET : UN MOUVEMENT DE SALARIÉS AUX SITUATIONS D'EMPLOI CONTRASTÉES

La situation a été tout autre à NET, une entreprise de services ayant plusieurs activités, et dont le siège social se situe dans le Nord-est de Paris. La société a une branche spécialisée dans les services liés aux nouvelles technologies, une branche de services à domicile, notamment pour les personnes âgées, et une branche de nettoyage. L'entreprise emploie très massivement des travailleurs originaires de la région de la vallée du fleuve Sénégal (Mali, Mauritanie, Sénégal). C'est dans cette dernière qu'est intervenu un mouvement des salariés avec une occupation de l'entreprise, lancée le 20 mai 2008.

La division sexuée du travail chez NET

Les salariés de la branche nettoyage de NET exercent deux types d'activité : les hommes sont agents d'entretien dans des locaux professionnels ou dans des immeubles, ils assurent le nettoyage des locaux, des parties communes, et la sortie des poubelles ; les femmes sont femmes de chambre dans des hôtels.

L'isolement est la caractéristique commune du travail des salariés de NET. Il est double : d'une part, les salariés travaillent seuls ou en toutes petites équipes dans une multitude d'endroits sous contrat avec NET. D'autre part, la division sexuelle des tâches est telle que les salariés hommes et femmes se connaissent peu ou pas du tout. Les liens préexistants au mouvement de grève semblent ainsi davantage liés aux réseaux de sociabilisation entre immigrés de la même région, qu'au fait que les uns et les autres travaillaient formellement pour la même entreprise.

Pour faire le ménage dans les chambres des hôtels, NET embauche exclusivement des femmes à temps partiel (Angeloff, 2000 ; Maruani, 2006). Le mode de calcul de la rémunération ne dépend pas des heures effectivement travaillées, mais du nombre de chambres faites correspondant, lui, à une heure de rémunération (entre 3 et 4 chambres à faire en fonction du standing de l'hôtel, pour une heure payée). Fatou explique ainsi qu'elle a « travaillé quatre heures » le jour de l'entretien, et que c'était particulièrement dur, mais que la veille elle a « travaillé sept heures », et que c'était plus facile. Nous finissons par comprendre que ces deux jours, elle a travaillé de 9h à 15h, mais qu'elle est payée à la chambre : une heure correspond à trois chambres. La veille, elle n'a pas eu de départs ou d'arrivées de clients, seulement des « recouches », alors que ça a été l'inverse le jour de l'entretien. Elle a un contrat de 60 h déclarées par mois avant le conflit, pour un salaire d'environ 700 euros. Elle n'a pas la moindre idée du nombre d'heures déclarées par sa supérieure, qui est chargée de noter ses « heures » et de les faxer à NET. Les heures supplémentaires servent de principale variable d'ajustement pour le travail de ces femmes. Le nombre de chambres, et par là la rémunération, est fonction du taux de remplissage des établissements. La rémunération des femmes de chambre est donc très aléatoire, pouvant passer, entre les mois de faible remplissage des établissements et ceux où ils affichent complet, du simple au double.

Si la technicité du travail n'est pas un véritable enjeu, la capacité à faire des chambres dans des temps les plus courts possibles est au cœur des compétences attendues chez ces salariées, car les hôtels souhaitent que les chambres soient prêtes le plus tôt possible dans la journée. Ainsi certaines femmes (peu nombreuses, semble-t-il) arrivent à se rapprocher ou à atteindre un nombre de chambres faites par heure se rapprochant de la « norme » indiquée par l'employeur. La nature des tâches donne une dimension aléatoire au temps de travail car il existe une différence dans le temps nécessaire pour « faire une chambre » ou un « blanc » et une simple « recouche » qui sont pourtant comptabilisées de la même manière pour les salariées. NET a la réputation d'être un bon employeur, proposant le même type de contrat que ses concurrents (temps partiel, peu d'horaires fixes) et de rémunération (à la chambre), mais payant ce qu'il doit (c'est-à-dire, le nombre de chambres faites ramené à un nombre d'heures) et à date fixe. On note ainsi la présence d'un droit du travail « alternatif », car si ces salariées ne revendiquent pas l'application du code du travail, elles n'acceptent pas non plus facilement n'importe quelles conditions de travail.

Notons que les travailleuses sans papiers sont très nombreuses dans ce secteur où la sous-traitance est la règle, mais qu'elles ne représentent pas, loin de là, la totalité des salariées. Le travail d'Isabelle Puech (2004) analyse cette segmentation du marché du travail dans le secteur du nettoyage, à la fois entre femmes et hommes (l'auteur met d'ailleurs en parallèle la division sexuée du travail avec le fait que les hommes effectuent des travaux visibles, dans les parties communes, à l'extérieur, avec des machines, quand les femmes sont cantonnées à l'invisibilité, dans les chambres, les toilettes), et entre femmes récemment immigrées (et employées par des sous-traitants) et femmes plus anciennement arrivées (employées directement par certaines chaînes hôtelières et bénéficiant de ce fait d'une rémunération et d'horaires fixes, voire d'un intéressement). Le fait de ne pas avoir de papiers entrave pour certaines femmes la possibilité d'acquérir de l'ancienneté : c'est le cas de Fatou, qui a souvent changé d'employeur, du fait de la (re)découverte perpétuelle de son statut et de ses licenciements successifs. Du côté des hommes, il existe deux formes possibles d'organisation du travail : soit les salariés sont envoyés en permanence sur les mêmes sites, et disent alors qu'ils ont un « poste », soit ils sont « volants », et sont envoyés sur une multiplicité de sites différents, selon les besoins. Un autre salarié dit qu'il connaît 80% des « chantiers », qu'il y est envoyé pour rattraper le retard.

Le mouvement : de la grève à l'occupation

Alors qu'il assure l'entretien d'immeubles situés à Villejuif, Diaby, agent d'entretien chez NET, est informé par d'autres sans-papiers que l'union locale de la CGT à Massy aide les sans-papiers à être régularisés. Sur les conseils de Raymond Chauveau, Diaby contacte d'autres sans-papiers dans les foyers parisiens et au sein de NET. Doté d'une autorité liée à sa position sociale « noble » au Mali, il désigne Mody, originaire lui aussi de la vallée du fleuve Sénégal, comme porte-parole des salariés sans-papiers de NET, car celui-ci démontre une certaine aisance à l'oral. Mody et Diaby mobilisent une petite dizaine de salariés sans-papiers, dont ils connaissent préalablement la situation administrative, et qui sont prêts à participer à une grève, comme l'explique Mody lors d'un entretien :

Pierre : — Comment tu connais tes collègues ? Parce que vous travaillez souvent seuls…

Mody : — Dans ma boite, je connaissais pratiquement la moitié avant le début. Avant qu'on aille en grève, déjà on se connaissait. Déjà il y avait d'autres personnes, je suis allé les voir, je leur ai dit : « Toi, je sais que tu n'as pas de papiers, moi non plus. On travaille depuis longtemps dans cette boite. Voilà, on va faire ça, on va faire ceci, si tu es d'accord, je prends ton nom et on verra le reste. » Mais il y en a d'autres qui m'ont dit : « Non, c'est un risque, toi tu es fou, tu vas faire ça, après le patron va nous virer ou bien les flics, ils vont nous prendre et ils vont nous emmener ! » J'ai dit : « Bon, de toute façon je suis venu te voir pour qu'on soit un groupe. Quand on est ensemble ça peut marcher. Si moi seul je pouvais faire seul sans vous demander… mais c'est en allant en groupe que c'est mieux. » Mais j'ai essayé de leur faire comprendre jusqu'à ce que d'autres acceptent, mais d'autres ont pas accepté. C'est quand on est rentré en grève, qu'ils voyaient qu'on est déjà en grève qu'ils sont venus et ont inscrit leur nom.

Le 20 mai, Mody donne rendez-vous aux autres salariés, et arrive avec des banderoles CGT récupérées la veille au siège national du syndicat. Après confrontation avec l'employeur et suite à l'intervention d'un responsable départemental de la CGT, les travailleurs commencent à occuper une salle de réunion située dans les bureaux de l'entreprise, au dessus des bureaux des chefs d'équipe. Des syndicalistes de l'arrondissement et de l'union départementale viennent sur le site tous les jours, pour informer les salariés et les soutenir. Toutes les nuits, au moins 2 ou 3 grévistes dorment sur place. Les femmes et les hommes mariés sont rapidement dispensés d'y passer la nuit, les premières étant chargées d'apporter à manger sur le site de l'occupation. Dans un premier temps, jusqu'à 15 personnes dorment là, mais ce nombre se réduit progressivement, notamment, selon Mody, pour permettre à ceux qui dorment sur place de dormir à peu près confortablement, ce qui n'est pas possible s'ils sont nombreux.

Au moment du déclenchement de la grève, l'employeur a brièvement nié avoir connaissance de l'emploi de travailleurs sans-papiers. En réalité, l'emploi de sans-papiers est monnaie courante dans l'entreprise : ainsi, Fatou, qui avait été embauchée en 2007 comme femme de chambre avec des faux papiers, est convoquée un mois avant le mouvement par sa chef d'équipe, qui lui explique qu'elle doit la licencier pour cause de faux papiers, mais que si elle revient avec d'autres papiers, elle sera réembauchée, ce que fait Fatou. Un autre salarié, agent d'entretien, a eu la même expérience : il travaille chez NET à partir de 2001, pendant 4 ans avec les papiers d'un cousin, puis avec les papiers d'autres Maliens. Son chef d'équipe le sait depuis le début. La direction de NET, après avoir reconnu qu'elle embauche des travailleurs sans-papiers, va faire inclure parmi les dossiers portés par la CGT les dossiers de salariés sans-papiers non grévistes identifiés par leurs chefs d'équipe. En une semaine, 51 dossiers sont constitués, avec le soutien très actif du « patron », en réalité cadre supérieur responsable des activités de nettoyage de l'entreprise, qui sollicite une partie du personnel des bureaux du deuxième étage pour constituer les dossiers. Certains dossiers sont ceux de personnes qui ne travaillent plus chez NET, mais qui décident néanmoins de s'appuyer sur leur ancienne entreprise pour leur régularisation (c'est notamment le cas de salariés restés dans la même entreprise cliente mais embauchés par un nouveau sous-traitant).

Dès les premiers jours du mouvement, le soutien aux salariés de NET vient de cercles militants qui dépassent largement celui de la CGT. Un comité de soutien se constitue. Il s'agit en grande partie de la réactivation de réseaux préexistants au sein de l'arrondissement qui se sont peu à peu constitués autour de luttes pour le logement, contre la guerre en Irak ou déjà sur des mobilisations contre les lois Sarkozy et autour du Réseau éducation sans frontières[86]. La participation des grévistes aux réunions du comité de soutien va croissant au cours du mouvement.

Les premiers dossiers sont déposés en préfecture le 27 mai. Une fois ces dossiers constitués et déposés, les salariés vont partager leur temps entre l'occupation continue des locaux et leur activité salariée, qu'ils reprennent en tout ou partie. Mody explique ainsi la « reprise du travail » :

« Bon, quand ça a commencé, un moment on avait arrêté de travailler, parce que moi, personnellement, je n'avais même pas le temps d'aller au travail quand on était en grève […]. Après, quand on voyait la volonté du patron envers nous, il y en a d'autres qui se sont dits : 'Bon, ça sert à rien de priver le patron de ce travail…il est bien d'accord avec nous, ils peuvent aller occuper leur poste, où ils travaillent d'habitude. Il faut pas que le patron, avec ses clients, il soit dans la merde […]' . Donc on n'avait pas arrêté complètement le chantier du patron, on faisait le travail un peu. Un peu, quoi… »

Jusqu'en juillet, les militants syndicaux et les membres du comité de soutien constitué autour des « grévistes » de NET ne parviennent pas réellement à comprendre si les salariés mobilisés travaillent ou non, en tout ou partie. Les discussions avec les salariés autour de cette question permettent, au-delà des incompréhensions mutuelles sur ce qu'est une grève, d'éclairer les soutiens syndicaux et associatifs sur les conditions de travail des salariés : ce sont les horaires décalés et la forte flexibilité horaire du travail qui expliquent qu'à tout moment de la journée, il y ait des salariés qui puissent occuper les bureaux de l'entreprise, tout en travaillant à d'autres moments.

---

86. Le Réseau éducation sans frontières (RESF) s'est constitué en 2004 pour défendre et empêcher les expulsions de jeunes majeurs sans-papiers et de familles sans-papiers ayant des enfants scolarisés.

De la régularisation à de nouvelles mobilisations

Parmi les 51 dossiers déposés, 13 sont refusés par les préfectures parce qu'ils concernent des salariés à temps partiel. Si l'employeur accepte très vite de requalifier le contrat du seul homme dans cette situation, il refuse dans un premier temps de modifier ceux des 12 femmes, qui toutes sont femmes de chambre dans des hôtels d'Île-de-France. La requalification des contrats des femmes en temps plein fait l'objet d'une longue négociation avec la CGT, qui prolonge l'occupation des locaux. Les tensions liées à l'occupation de ces locaux, assorties des menaces de la CGT de lancer une grève dans les hôtels sous contrats avec l'entreprise, font revenir l'employeur sur sa décision. Il accepte finalement, courant juillet, de requalifier les contrats des femmes en temps pleins. Le fait que les salariées soient domiciliées dans divers départements d'Ile de France, et même, pour l'une d'entre eux, dans le Loiret, permet de mesurer également les différences de traitement des dossiers d'une préfecture à l'autre. Toutes ne demandent pas les mêmes documents, et n'instruisent pas les dossiers dans les mêmes délais. Début juin, les premières régularisations interviennent, et la plupart des salariés régularisables obtiennent leurs papiers au cours du mois d'août. Au total, ils seront plus de 40 salariés à avoir obtenu un statut légal dans le cadre de cette grève. Le 11 octobre, une fête « de la régularisation » est organisée.

Une fois régularisés, tous les salariés que nous avons rencontrés pour cette enquête sont partis quelques semaines au Mali ou au Sénégal, ce qu'ils n'avaient pas fait pour certains depuis 7 ou 8 ans, profitant ainsi pour la première fois des congés payés. Dans les témoignages recueillis auprès des anciens grévistes, on voit se dessiner une double évolution, liée en premier lieu à leur situation de séjour désormais légale, mais aussi au fait qu'ils se sont rapprochés d'un syndicat. Ainsi Diaby explique que désormais, il n'hésite pas à aller demander le paiement de ses heures supplémentaires, ou la prise de congés. Il pense à postuler pour le 1% patronal, sur les conseils de son chef d'équipe. Mody, quant à lui, a voté aux élections prud'homales, en ligne, depuis les bureaux de l'union locale de la CGT, et a aidé d'autres salariés de NET à le faire. Dans le même temps, le « patron » des salariés masculins de NET bénéficie d'une bonne image auprès des « grévistes ». Il a donné un peu d'argent au début de l'occupation, a régulièrement amené de la nourriture aux grévistes, et sa célérité à faire remplir les dossiers est restée dans les esprits. Les salariés régularisés que nous avons rencontrés ont manifesté leur volonté de rester dans l'entreprise et de conserver des bons rapports avec la direction. La situation des femmes semble plus ambiguë : Fatou compte ainsi changer d'employeur afin de trouver un emploi dans le secteur des services à la personne, et de bénéficier d'un salaire à temps plein supérieur à celui qu'elle perçoit chez NET.

Ce sont des syndicalistes de l'arrondissement et de l'union départementale qui ont donc suivi l'évolution du mouvement et prennent en charge les négociations avec la direction. Alors qu'il existe au sein de la société NET une section CGT et des représentants élus du personnel, la mobilisation s'est faite sans ces représentants, et en partie contre eux, ce qui renvoie plus largement à l'organisation du syndicat de branche lui-même, soupçonné de pratiquer un syndicalisme « de confort ». Cette situation a amené la CGT à créer un syndicat parallèle du nettoyage en Ile-de-France, qui, lui, va s'impliquer dans le mouvement. Les grévistes qui connaissaient la CGT au sein de NET portent un regard très négatif sur le fonctionnement local du syndicat, et ils n'avaient pas identifié la CGT comme étant un acteur potentiel d'une lutte pour la régularisation. D'autres ignoraient ce qu'était un syndicat. L'image qu'ont ces salariés du syndicalisme ressort donc valorisée de ce mouvement. Une partie des militants de la CGT très investis dans cette lutte tentent aujourd'hui de faire exister une section syndicale fondée sur ces anciens grévistes. Certains sans-papiers ont pris leur carte. Les salariés rencontrés ont tous manifesté leur grande gratitude à l'égard de la CGT, et c'est en partie pour cela qu'ils ont accepté de nous rencontrer dans le cadre d'entretiens.

L'étude de ces deux grèves à l'issue victorieuse mais aux déroulements dissemblables permet de souligner la diversité des configurations mises au jour par le nouveau mouvement des travailleurs sans papiers. À Pizza Chorizo, on trouvait des emplois durs, mais arrimés à la norme (minimale) de l'emploi « standard » et présentant une unité de lieu et de temps. Aussi le mouvement a-t-il pris la forme habituelle d'un conflit du travail : il ne pouvait y avoir d'occupation sans grève, tandis que les grévistes ont été clairement distingués des non-grévistes par le retrait de salaire qu'ils ont subi. En retour, les non-grévistes ne pouvaient attendre la solidarité des grévistes. La question des « passagers clandestins » a été traitée autrement à Net, car la frontière entre les « mobilisés » (il est difficile de parler véritablement de grévistes) et les autres a été plus poreuse. Cela découlait en partie des conditions d'emploi et de travail : plus diverses, plus diffuses, plus flexibles et éclatées. Mais ces conditions, parce qu'elles étaient devenues un obstacle à la régularisation, ont été discutées dans le cours même du mouvement, alors qu'elles sont restées au contraire à l'écart des négociations dans le cas de Pizza Chorizo.

-XIII-

Quand la précarisation du travail solidarise.
Retour sur une expérience en industrie de process

José Angel CALDERÓN

La concurrence internationale et le discours hégémonique de la globalisation ont imposé des transformations étonnantes des formes de régulation des sociétés européennes et ce, en à peine une vingtaine d'années. Le nouveau modèle productif mis en place exige des formes de relation des cycles productifs plus étroites avec les cycles plus courts des marchés, ce qui requiert à son tour une rationalisation et une restructuration permanentes des entreprises. La dérégulation progressive des formes de gestion de la main d'œuvre est consubstantielle à la mise en application de ce nouveau modèle dont le succès dépend en grande mesure d'une activation de toutes les ressources disponibles – particulièrement du travail – pour leur rendement immédiat. Les modalités d'ajustement des individus au cycle de la production se sont alors largement diversifiées et fragmentées, ce qu'il ne faut pas comprendre comme un défaut des formes de fonctionnement des marchés, mais plutôt comme un élément central du nouveau cycle disciplinaire de type néotaylorien et postfordien, où chaque individu ne peut compter que sur ses propres ressources pour réussir son intégration à la société et pour se prémunir des risques de la vie.

La sociologie a apporté des éléments de compréhension de ce cycle disciplinaire nouveau en une double direction. D'un côté, certains auteurs ont analysé les réponses de la part des individus – *les stratégies de défense, d'adaptation-ajustement ou de résistance.* Deux lignes interprétatives semblent se dégager. D'une part, les travaux soulignent une individualisation des formes d'ajustement des individus – dont les trajectoires se fragmentent et se multiplient, dont les résistances s'individualisent…– ; et d'autre part, une adaptation défensive des individus et des groupes sociaux sous forme de fermeture sur la revendication de droits spécifiques (i.e. micro-corporatisme syndical).

En parallèle à cette analyse plus objective des dynamiques de structuration et de fragmentation de nos sociétés, la sociologie a entamé ces dernières années une analyse des transformations culturelles ou subjectives produites par ces mêmes processus. La subjectivité est réapparue comme objet dans les récits sociologiques, or il s'agit d'un récit pour un temps de crise, qui surgit pour dénoncer une distance grandissante entre l'individu et le monde social, entre la « profondeur de l'être » et la position sociale occupée (Martucelli, 2002). Les travailleurs deviennent des individualités instables, coupés du monde social (« je ne suis pas ce que je fais »), pleins d'angoisse, purs produits en définitive de la modernité du travail précarisé.

Subjectivité est alors associée à crise identitaire et à souffrance, étant donné que les intimités des individus ne peuvent plus être annexées à aucun type de représentation collective (Taboada et Gaulejac, 1994). Et en tant que les injustices s'expliquent depuis la seule expérience personnelle (Kaufmann, 2004). La sociologie nous décrit ainsi des individus qui, au lieu d'entrer en relation les uns aux autres en se reconnaissant, se perçoivent plutôt comme des objets identifiés suivant leurs propres intérêts (Boltanski et Chiapello, 1999).

La dernière notion à voir le jour, la « précarisation du travail », parfaitement illustrée dans plusieurs contributions de ce livre, nous fournit des éléments nouveaux pour comprendre la façon dont la rationalité du nouveau capitalisme, telle qu'elle se cristallise dans des formes données d'organisation, de mise au travail et de mobilisation des individus-salariés, contraint et déforme la puissance de subjectivation des individus qui ne peuvent plus parvenir à reconnaître un noyau de convictions communes quant à des valeurs situées en arrière-plan de leurs intérêts individuels et de ceux de l'entreprise elle-même. Dans le point de mire des analyses se trouvent les politiques managériales qui attentent contre les capacités de production de règles et de finalités pour le travail de la part des individus et des collectifs : les politiques de flexibilité interne (par exemple les formes contraintes de polyvalence et de polyfonctionnalité), ou encore le remplacement des moyens par des finalités, l'objectivation de l'irréalisable ou l'imposition de formes strictement marchandes de comprendre l'activité, étrangères en tant que telles à l'humanité de ceux qui s'en occupent. Dans ces conditions, les contributions individuelles ne peuvent plus se coordonner et se compléter mutuellement en dehors de la rationalité inhérente aux modalités d'organisation imposées par le (nouveau) capitalisme.

Je pars ici de la conviction que ce développement interprétatif peut s'avérer très prometteur, en ce qu'il permet de connecter la sociologie avec une thèse forte selon laquelle *les individus ne peuvent pas rester indifférents à une autolimitation de leurs capacités de coopération rationnelle et autonome.* Ainsi, les textes sociologiques, par exemple ceux référés à la précarisation du travail permettent de comprendre que la pathologie vécue ou subie par les individus – la souffrance au travail –, est le produit de l'imposition d'une certaine rationalité purement marchande qui limite les possibilités d'autoréalisation des individus, niant une rationalité sociale plus *humaine* qui ne trouve plus les possibilités de son expression.

La sociologie critique nous *explique* les fondements sociaux – orientés par la logique de l'efficacité et du profit – de ces phénomènes, en même temps qu'elle esquisse l'ébauche de sujets qui pâtissent de ces impositions limitatives. Pourtant, là où la sociologie apporte moins de lumière, c'est dans l'analyse des capacités de médiation entre le sujet et les processus à l'origine de la pathologie. Évidemment, aucune forme de rationalisation ne mène à une pathologie que dans la mesure où les individus eux-mêmes éprouvent de façon douloureuse le manque de finalités partagées libératrices. Or, comment ces individus vont-ils *réagir* à une limitation de leurs capacités d'expression et d'expression autonomes ? Ici, la seule focalisation de la sociologie sur le concept psychologique de souffrance ne peut pas être une réponse suffisante, dès lors que l'on sépare ce concept important d'une théorisation plus large et dynamique de la subjectivité. Sans doute, d'autres perspectives théoriques et disciplinaires sont allées plus loin dans l'analyse de cette relation[87].

À partir des travaux cités ci-dessus, qui me semblent constituer une bonne base de départ, c'est néanmoins cette quête sociologique du sujet qui m'anime, à partir d'une idée que je pourrais synthétiser comme suit : *la déstabilisation des individus* – du fait des politiques de précarisation du travail – *pourrait provoquer un effet non attendu, à savoir un désenchantement des formes anciennes et nouvelles de séparation et de hiérarchisation des individus et des groupes sociaux, et une volonté de ces mêmes individus d'accéder au collectif. Volonté qui se matérialise en orientations susceptibles d'observation.* C'est dès lors la dynamique même de la lutte pour la coordination intersubjective à partir d'autres orientations – d'autres valeurs et d'autres principes éthiques que ceux promus par les organisations – qu'il m'intéresse de saisir. Il faudra néanmoins que je précise davantage mon propos et que je délimite les contours de mon étude dans les paragraphes qui suivent.

1. Une double théorisation des processus d'individualisation et de subjectivation

Je pars ici d'une double théorisation. D'une part, d'une interprétation des processus d'individualisation dans leur face

---

87. Pour Honeth, l'école critique de Francfort, dans sa quête d'une théorie de la praxis, a dû recourir à la psychanalyse, et plus concrètement à la pratique psychanalytique, comme point de départ d'une construction théorique possible du sujet, supposant que celui-ci a le même désir de guérison que celui qu'un psychanalyste doit supposer de ses patients. Ce même argument soutient aussi la rupture épistémologique dans la psychopathologie du travail au début des années 1980, dès lors que la psychodynamique maintient que la souffrance peut devenir plaisir par le travail même des individus. Le sujet apparaît ainsi entre l'organisation et la pathologie, un sujet capable d'interpréter sa situation et de construire des stratégies défensives individuelles et collectives face à la souffrance.

plus positive, dans le sillage de la sociologie des rapports sociaux de sexe, en tant que *possibilité* d'autonomisation et d'émancipation des individus (Cardon, Kergoat, Pfefferkon, 2009). S'autonomiser et s'émanciper c'est ici accéder au collectif, et donc s'affranchir des processus de séparation et de hiérarchisation des individus qui sont produits par l'action combinée des rapports sociaux, et qui cristallisent en une organisation du travail donnée (Calderón et Dunezat, 2009). Interroger les processus d'individualisation depuis cette perspective, c'est reposer la possibilité d'une recomposition des collectifs de travail dans les nouveaux contextes du travail précarisé, comme problème sociologique. Une recomposition à même de confronter, de réguler ou de transformer les dispositifs et les principes techniques et organisationnels qui encadrent le travail des individus selon d'autres orientations *libératrices*.

D'autre part, une théorisation des processus de subjectivation du travail, selon laquelle travailler (le processus de travail pour chaque individu et collectif, ou le travail comme contenu) implique la mobilisation plus ou moins intense de connaissances, mais aussi de valeurs, de sentiments, de normes esthétiques, de principes éthiques... Ce qui veut dire que les travailleurs n'agissent jamais comme une machine rationnelle dès qu'il s'agit de connecter les moyens et les finalités de leur travail.

La subjectivation est toujours orientée, dans le sens où elle exprime un parti-pris vis-à-vis des enjeux du monde. Et de la même manière qu'il existe une lutte quant à l'orientation de ces processus de subjectivation – notamment dans l'entreprise modernisée –, le passage du « *je* » au « *nous* » exprime la possibilité de se mettre d'accord ou non sur ces principes qui orientent l'action des individus.

Voici le noyau problématique qui a dirigé mon enquête avec les salariés d'une grande industrie de *process* française du secteur de l'énergie, où j'ai réalisé une double immersion de plusieurs semaines en 2002 et en 2008. Dans ces deux immersions j'ai été amené à observer le travail ouvrier de production et d'organisation, sur le tas et au syndicat[88]. La première, réalisée dans un service de conduite (ouvriers stables, statutaires et qualifiés), coïncide dans le temps avec la mise en place d'une série de mesures visant à arracher le pouvoir (symbolique et matériel) des ouvriers statutaires sur le procès de travail, dans le cadre d'un processus d'ouverture de l'entreprise au capital privé. Pendant cette première immersion, mon regard se dirige sur la manière dont la « précarisation du travail », qui est dans un premier temps subie par les individus et les collectifs et qui est génératrice de formes de déstabilisation et d'angoisse, « fait ensuite l'objet d'une réappropriation de la part des individus, qui la transmutent en fonction de valeurs qu'ils déploient pour lui faire face ». Ce processus de contre-effectuation (Zarifian, 2002) aboutit à terme à des formes de *repolitisation du travail* qui se traduisent par l'apparition de nouvelles formes de conflictualité qui s'organisent sur la base de l'opposition entre des logiques de subjectivation qui confèrent à l'activité des contenus et des projections différentes, voire contradictoires avec la norme officielle. Il est important de souligner que bien que la manifestation de ces formes de résistance soit de type individuel, elles ont toujours la marque du collectif dans la mesure où il s'agit de l'espace où ces pratiques sont délibérées et prennent tout leur sens.

La première enquête m'a amené à penser la tension entre individu et collectif à partir d'une approche du travail qui interroge l'engagement des individualités au travail (les processus de subjectivation du travail qui peuvent ou non

---

88. Les deux enquêtes se sont construites sur la base de l'observation du travail ouvrier. La première a été réalisée dans le cadre d'un service de conduite (1 mois d'immersion). La seconde, dans le cadre d'un arrêt de tranche, qui est la période annuelle de maintenance des installations. Dans cette deuxième immersion, qui rassemble autour des activités de maintenance, pendant un mois, des agents et des salariés d'entreprises sous-traitantes, j'ai choisi de passer de longues périodes dans la permanence du syndicat, mais aussi d'aller rencontrer directement les ouvriers sur les chantiers, accompagné par d'autres ouvriers. J'ai aussi réalisé des entretiens avec différents organisateurs de ce travail ouvrier, que ce soit de l'entreprise ou du syndicat.

amener les individus au collectif). Dans la deuxième immersion, réalisée six années plus tard, il m'a intéressé d'observer ces mêmes processus au sein du syndicat majoritaire de l'établissement (CGT). Cette organisation a historiquement reproduit les fragmentations et les hiérarchisations des groupes sociaux produites par les différents processus de décomposition de l'ouvrier collectif, tant d'un point de vue matériel (opérant des divisions de type organisationnel en son sein selon les catégories produites par ces mêmes processus techniques et sociaux) que symbolique (produisant ces mêmes divisions par des discours et des pratiques qui mettent l'accent sur les différences culturelles, sociales et autres entre les diverses catégories du personnel). Pourtant, depuis quelques années déjà, ce syndicat a entamé une réorientation de sa forme organisationnelle et militante, passant d'un syndicat de type corporatif (qui couvrait seulement les agents de l'entreprise-mère) à un syndicat multiprofessionnel de site (qui essaie de se construire avec les autres forces de travail périphériques, pour une recomposition de l'ouvrier collectif). Une transition claire quant aux orientations qui la dirigent, mais problématique encore sur un certain nombre d'aspects, tel que je montrerai en aval.

Le cas que j'illustre ici montre non seulement qu'il existe des liens de continuité entre les transformations du travail (*précarisation du travail*), les formes prises par les collectifs de travail en recomposition (*re-politisation du travail*) et l'évolution des formes de l'action collective (*réorientation syndicale*)[89]. Certains résultats suggèrent aussi que l'espace du syndicat peut devenir un espace de production de nouvelles grammaires, pour une réorientation individuelle et collective des formes de subjectivation du travail visant à dépasser les effets des politiques de segmentation de l'ouvrier collectif. C'est de ce point de vue

---

89. Ce qui par ailleurs contredit certaines perspectives d'analyse des résistances au travail, qui signalent une scission grandissante entre pratiques de résistance et action collective organisée (Thompson et Ackroyd, 1995 ; Bouquin, 2008).

que j'affirme que, dans certains cas, les politiques de précarisation du travail peuvent produire les effets contraires à ceux qui sont originellement recherchés, à savoir une solidarisation des individus (ouvriers statutaires et qualifiés) à l'intérieur et vers l'extérieur des collectifs d'appartenance immédiate (les collectifs de métier).

2- DE LA DÉSTABILISATION DES TRAVAILLEURS À LA REPOLITISATION DU TRAVAIL

La précarisation du travail des ouvriers du noyau central opère en deux niveaux distincts. D'une part, au niveau du fonctionnement interne des installations, et vers l'intérieur du groupe ouvrier, les modalités informelles d'organisation du travail sont fragilisées par les dispositifs de retaylorisation du travail, et avec elles, les formes individuelles et collectives d'appropriation du travail (temporalité psychosociale, division du travail, autonomie…). La codification et la formalisation progressives des activités de travail, la définition stricte de postes et leur délimitation, les mesures de « professionnalisme » des agents par axes de progrès, reconstruisent une séparation taylorienne entre le travail et le travailleur, et entre la qualification opérationnelle individuelle et la qualification collective – technique et sociale. Ces transformations induisent des risques graves pour l'équilibre psychologique des travailleurs, si l'on prend en compte les indéterminations qui gouvernent le travail en toute industrie de *process* et qui nécessitent de la construction de représentations sociales solides[90].

90. D'une part, le fonctionnement du procès productif en cycles temporels éternels, sur lequel vient s'adosser un temps humain de travail, requiert des formes efficaces de gestion symbolique et pratique de cette discordance, qui permettent la médiation entre ces deux temps. D'autre part, l'automatisation complète des installations construit une boîte noire dans laquelle l'observation des processus n'est possible qu'à travers l'information importée par des capteurs à une salle de contrôle. Cette double indétermination produit de la peur, qui ne peut être contournée que moyennant un travail collectif humain de réappropriation.

D'autre part, les processus de précarisation du travail s'attaquent à la possibilité de connexion de l'activité réalisée avec un sens d'utilité sociale plus large. Les ouvriers statutaires étaient fiers de leur appartenance à une entreprise moderne, vecteur du progrès social et économique du pays. C'est depuis cette appartenance que les ouvriers du noyau stable se sont attribués la mission héroïque de garantir l'indépendance énergétique de la France, l'accès de l'énergie à tous les foyers français, la protection de leurs concitoyens des risques liés à des catastrophes industrielles potentielles[91]. C'est ce sens historique de leur travail, conçu comme une mission républicaine, qui est en question dans la nouvelle phase de repositionnement stratégique de l'entreprise dans le marché. Il existe pour les ouvriers du noyau central un sentiment de dépossession de leur travail et de ses finalités. La séparation taylorienne du travail institue ici une séparation entre les travailleurs statutaires et leur mission citoyenne. L'activité est fragmentée, les modalités de mobilisation sont strictement règlementées, les salariés eux-mêmes sont surveillés quant à la conformité de leurs actions à ce qui est prescrit, le geste technique se détache enfin de ses dimensions plus sociales. Les agents sont empêchés en définitive d'assumer un rôle de service public.

Dans les activités de travail que j'ai eu l'opportunité d'observer et de discuter avec les travailleurs, une polarisation semble se définir quant aux registres qui sous-tendent l'implication des agents dans leur activité. Les ouvriers se

---

91. Pour Guy Jobert (1998 : 219), « la contribution [des ouvriers du nucléaire], qui ne peut trouver sa reconnaissance dans la logique de la réciprocité, consiste à assumer pour le compte de la société une activité porteuse de vie et de mort ». L'énergie nucléaire est porteuse de vie car elle fournit l'électricité qui est aujourd'hui indispensable à la vie, mais elle est aussi porteuse de mort par les risques qu'elle comporte et l'usage terrifiant qui en a été fait avec les bombes d'Hiroshima et Nagasaki. Selon l'approche anthropologique développée par l'auteur, les ouvriers du nucléaire et l'entreprise dont ils sont salariés échangent, bien au-delà des strictes conditions salariales, tout un ensemble de « dons » et de « contre-dons », qui tissent entre eux et celle-ci des liens étroits.

disent confrontés à deux types de responsabilités : d'une part, une responsabilité de type formel qui se traduit dans le respect des consignes et des procédures du travail. Et d'autre part, une responsabilité collective et largement informelle, qui vit nidifiée dans une sorte de code d'honneur que les travailleurs du noyau central ont construit en marge de toute officialité[92]. Se cacher derrière les prescriptions et les procédures de travail, agir selon les seules consignes formelles de la hiérarchie et des bureaux, suppose d'assumer que l'on ne peut plus intervenir sur le cours des événements de manière autonome, que l'on n'a plus la maîtrise de soi, de ses gestes et de la projection de son travail. Cela n'implique aucunement que les travailleurs assument les objectifs de l'entreprise comme étant les leurs. Ce qui est paradoxal, c'est que le retranchement derrière ce qui est prescrit exprime aussi une forme de résistance à l'acceptation de ces objectifs. C'est la stratégie du sabotage : à terme, la production se paralyse. Le travail devient dès lors une simple routine. Personne ne fait plus de zèle : « On fait ses huit heures. » Combien de fois ai-je entendu des sentences des ouvriers qui tranchent sans hésitation : « Je veux plus me salir ! » ou : « On a fait des conneries par le passé que je ne referai plus ! » lorsqu'ils font allusion à une prise de risque aujourd'hui considérée trop grave ou insensée. La qualité du service va alors en se dégradant, de même que la santé des travailleurs, qui sont ainsi coupés de la possibilité d'un jugement sur leur travail de la part des autres.

---

92. Je m'appuie ici sur les travaux de D'Iribarne (1989). Les ouvriers du noyau stable ont construit un code tacite qui donne sens aux pratiques individuelles. Ce qui lie les ouvriers entre eux c'est qu'ils ont construit progressivement une façon de travailler dont ils ont pu vérifier dans l'action qu'elle résistait à l'épreuve. Il s'agit d'une façon de travailler qui consiste aussi en la répartition d'espaces d'autonomie et de pouvoir au sein des équipes. Une façon de travailler en commun, enfin, qui soude les membres des équipes autour des mêmes finalités et d'un même principe de responsabilité. C'est par l'observation de ce code que les ouvriers du noyau stable font vivre leur mission historique. Ce code repose sur un ensemble de variables : la fierté du travail bien fait, l'enjeu de l'autonomie dans le travail et la solidarité.

Il y a pourtant une autre forme de contestation sur les lieux de travail, qui consiste en une remobilisation des collectifs de travail autour de la resignification des finalités du travail. Lorsqu'ils sont confrontés aux différentes situations, les travailleurs (ré)-inventent des articulations originales entre exigences éthiques et contraintes socio-économiques. Ils se présentent ainsi comme porteurs de ressources potentiellement précieuses dans une perspective de changement, dans la mesure où leur expérience est à même de trouver encore des voies de socialisation. Paradoxe du nouveau contexte : la volonté de se débarrasser des ouvriers peut aboutir à une participation ouvrière croissante qui peut prendre des formes aussi diverses que la fraude, le mensonge, la dissimulation et la séparation grandissante entre prescrit et réel. Cette remobilisation autour d'autres finalités pour le travail s'observe dans les débats animés par les individualités les plus actives dans les espaces institutionnels de représentation mais aussi dans des réunions publiques, dans les *breafings* collectifs de début de journée et même dans les situations de travail. Par exemple, pendant mon immersion, chaque *breafing* risquait de devenir un lieu d'affrontement contre le chef d'équipe, qui est devenu, chez les agents de la conduite, la figure qui cristallise de façon négative la modernisation de l'entreprise.

Les actions menées par les agents contre la privatisation de la compagnie convoquent ainsi deux argumentaires qui peuvent sembler contradictoires mais qui sont autant de lectures complémentaires des situations vécues : d'une part, une dénonciation des risques sociaux (et industriels) liés à une dégradation progressive des conditions de travail et de vie, ce qu'il faut mettre en relation avec une incapacité grandissante à assurer pleinement les fonctions professionnelles (la mission historique). C'est sans doute la lecture la plus pessimiste et réactive. Mais il convient d'observer aussi la mise en valeur des capacités collectives encore disponibles pour assurer ces mêmes responsabilités. C'est ainsi que les agents peuvent encore tenter de se reconnecter entre eux et à la société à partir de leur travail, et ce faisant, de recomposer une identité valorisante.

3- PRÉCARISATION DU TRAVAIL ET RECOMPOSITIONS SYNDICALES

La dissolution du modèle de l'autonomie responsable a provoqué une déstabilisation des individus dans leur activité de travail, mais aussi de ces mêmes individus dans leurs espaces d'organisation collective, notamment au sein du syndicat. La réorientation stratégique de la direction aura eu pour effet une déstabilisation de la manière dont le syndicat (les travailleurs stables au sein du syndicat) ont pensé historiquement leur rôle, les contours du collectif pertinent, les projections, les possibilités d'action, et ont produit par là même le collectif ouvrier stable organisé. Dans les nouveaux contextes, acculé par les circonstances défavorables, le syndicat tente de se renouveler tout en rénovant ses pratiques, ses implantations professionnelles, tout en assouplissant aussi son mode de fonctionnement interne pour réussir à syndiquer (et à faire participer) les secteurs périphériques de la main d'œuvre. Le nouveau syndicat qui se dessine est aussi un syndicat plus proche du terrain, en même temps qu'il se retrouve immergé par les problématiques liées à la précarisation du travail auxquelles il tente de donner une réponse collective.

« On était en train de devenir un syndicat de kapos »

Les formes de l'intégration du noyau central à l'entreprise dans le modèle de l'autonomie responsable, et les processus de fragmentation de l'ouvrier collectif (externalisation, décomposition des phases de production, individualisation), avaient produit dans le temps des formes de polarisation de la main d'œuvre en deux segments de classe bien différenciés : les inclus et les exclus (statutaires et périphériques). Ces formes de séparation et de hiérarchisation se reproduisaient tant au niveau du travail quotidien (où les travailleurs stables assumaient un rôle de supervision et de contrôle de la main d'œuvre périphérique), comme au niveau des formes de la représentation de la main d'œuvre et de l'action collective, qui ont reproduit en leur sein, du point de vue matériel et symbolique, les divisions du marché de l'emploi et du travail.

L'un des effets inattendus de la déstabilisation des salariés du noyau stable et de leurs organisations, a été de permettre une visibilisation des besoins et des préoccupations des forces périphériques, de plus en plus importantes tant d'un point de vue quantitatif que qualitatif. L'accélération des processus d'externalisation et de sous-traitance va en effet provoquer une révision des modes de lecture du phénomène de la sous-traitance chez les stables. Aux abords du processus d'externalisation massive, les travailleurs périphériques ont pu même être considérés comme les bénéficiaires de ces mêmes processus. Progressivement pourtant, les travailleurs stables sont convaincus du fait qu'il sera tout à fait improbable de récupérer la qualification perdue (technique et sociale) sans une articulation avec les forces non centrales du travail vivant.

La fragmentation de l'ouvrier collectif est substantielle dans toute industrie de *process*[93]. Dans le cas qui nous occupe, cette situation s'accentue à partir des années 1990. C'est pendant cette décennie que la direction a entamé un processus très important de restructuration des services de maintenance, qui a deux objectifs majeurs : d'une part, le recentrage des métiers statutaires sur la maîtrise d'ouvrage qui est facilité par le développement multiforme de la sous-traitance et par une rationalisation très poussée de l'organisation du travail (ce qui conduit au sentiment d'amputation de la dimension technique du métier[94]) ; et d'autre part, la recherche de plus d'efficacité tant pour les arrêts de tranche que pour les opérations « *tranche en marche* ». La réduction des délais des

---

93. En 1995, M. Lallier avait recensé 2500 travailleurs non-statutaires intervenant dans la maintenance de la centrale en 1993, appartenant à 223 entreprises distinctes, et pour lesquels au moins 46 conventions collectives différentes étaient appliquées. À qualification égale, des salariés relevant de conventions collectives différentes peuvent avoir des niveaux de salaires très inégaux.

94. Le fait de recentrer la maintenance sur la maîtrise d'ouvrage suppose de réviser entièrement la configuration des métiers en interne, qui sont centrés autour de la surveillance et le contrôle des activités des prestataires, ce qui renvoie également à une diminution importante du nombre d'emplois directs. Seulement 20% de la maîtrise d'œuvre (capacité d'intervention en

opérations devient alors impérative et s'appuie sur une rationalisation étonnante du travail.

Cette restructuration va avoir des effets décisifs du point de vue des travailleurs du noyau central. D'une part, elle réduit toujours davantage la capacité de maîtrise des processus techniques de la part de ces agents. D'autre part, la réorganisation productive produit un changement en termes de composition sociotechnique de classe du noyau central, et par extension, du syndicat. Jean-Luc, ouvrier de la conduite et militant de longue date de la CGT analysait ce changement de composition : « Avec les évolutions en cours, on était en train de devenir un syndicat de kapos, pratiquant un syndicalisme corporatif et en tant que tel, éloigné de l'esprit et de la vocation de la CGT » (Jean-Luc, 46 ans). Le substantif « kapos » avec lequel ce militant de la CGT définit le noyau stable retrouve ici une double implication forte de sens. D'une part, il caractérise la forme des relations entre les salariés du noyau stable et les salariés périphériques. D'autre part, il se réfère à l'orientation de ce travail de surveillance et de contrôle, hétéronome aux possibilités des agents statutaires de se reconnaître en leur activité. La réorientation de l'activité syndicale en direction des nécessités de la main d'œuvre périphérique devient dès lors une condition nécessaire à la production d'un autre type de syndicat plus proche des aspirations originelles de la CGT, dans lequel les agents statutaires pourraient trouver un espace d'implication collective plus en accord avec leurs propres valeurs. L'on voit bien que certains syndicalistes tentent de retrouver des principes de justification différents, dans la nouvelle phase de reconnexion de l'entreprise avec les marchés, les anciens principes qui validaient la séparation entre stables et précaires étant rendus obsolètes.

---

interne sur l'activité) sera conservée dans les années à venir pour les emplois statutaires et sera déclinée différemment selon les branches de la maintenance (par exemple, l'établissement a prévu de conserver 80% des activités sur matériel analogique, alors que les mesures chimiques seront pratiquement externalisées dans leur totalité). Les activités hors-process (caillebotis, serrurerie…) ont été complètement externalisées.

Le processus de recomposition du syndicat a été relativement long. Jusqu'en 1998, la CGT n'existait pas en tant que syndicat dans l'établissement. Les syndiqués appartenaient à une section dépendante du Syndicat Régional de la Production avec d'autres agents d'autres unités de production. Le siège lui-même se trouvait à quelques centaines de kilomètres de l'établissement. C'est cette année-là que, sous l'impulsion de certains cadres dirigeants locaux, les militants décident de créer un syndicat propre au site, mais encore limité aux seuls agents statutaires. Tel que le signalait un dirigeant lors d'un entretien : « Il fallait dans un premier temps, faire en sorte que le Syndicat, en tant qu'outil de lutte pour les salariés soit réellement ancré dans la boîte, dans le site de production, pour mieux affronter les évolutions en cours et permettre à toutes celles et ceux qui le souhaitaient d'y prendre leur place légitime. Les décisions d'actions, les débats ne pouvaient se tenir à quelques uns, tous les 3 mois, à 250 km des situations vécues par le personnel ! Cette décision fut essentielle dans le sens où elle a responsabilisé de nombreux camarades dans les prises de décisions et a démystifié l'outil que représente aujourd'hui le syndicat. La réponse, en termes d'adhésion, nous a confortés dans notre choix » (Pierre, 48 ans, dirigeant local de la CGT, ouvrier de la conduite).

C'est en novembre 2005, lors d'un congrès constituant, que la CGT s'organise officiellement en tant que syndicat de site sur l'établissement qui nous occupe. Dans le texte d'orientation du syndicat approuvé à l'unanimité par l'ensemble des militants, on trouve l'affirmation suivante : « Le syndicat CGT des salariés du site de F. est l'outil de défense des intérêts collectifs et individuels de tous ses adhérents, hommes ou femmes, travaillant ou ayant travaillé pour une entreprise sur le site [...] La lutte contre la précarité de vie des salariés qui travaillent au cœur de nos installations nucléaires doit être opiniâtre, permanente et sans concession. Il est intolérable qu'en France, en 2005, les salariés les plus exposés aux contraintes de l'exploitation des tranches nucléaires soient, paradoxalement, ceux qui ont le moins de garanties. Le syndicat doit s'emparer de cette question avec l'ensemble des syndiqués en se déployant dans les entreprises à partir de la prise en compte des revendications exprimées. Il nous faudra d'ailleurs mieux travailler en interprofessionnel car si nous avons aujourd'hui une certitude, c'est bien notre incapacité à gagner seuls derrière nos barbelés, le combat contre la privatisation et pour la renationalisation de notre service public. Mais pour cela, il nous faudra également être aux cotés des salariés en lutte en dehors de l'entreprise. »

Cette déclaration souligne le bouleversement idéologique qui se produit et qui réoriente la pratique militante à plusieurs niveaux. En premier lieu, par la reconnaissance d'une inégalité formelle de classe qu'il faut combattre dès l'intérieur. En deuxième lieu, en tant qu'orientation vers l'action, par la nécessité d'une articulation avec ces autres forces du travail vivant, de manière à construire collectivement une opposition aux plans de privatisation de l'entreprise. Les prestataires sont reconnus comme facteur important de la lutte.

Une démocratisation progressive des formes d'organisation

Le seul rapprochement progressif de l'outil syndical des salariés de la sous-traitance ne suffit pas à lui seul à faire basculer les séparations au sein de l'ouvrier collectif, dans le sens où au sein du nouveau syndicat, les individus n'occupent pas la même position (du fait de leur position inégale dans la division du travail). Autrement dit, le syndicat met aujourd'hui ensemble des individus se trouvant en positions a priori hiérarchiques et contradictoires. La première question qui apparaît dès lors concerne les conditions de la participation des salariés périphériques, tant aux instances organisationnelles et représentatives qu'à l'élaboration de l'action syndicale. De ce point de vue, le processus entamé depuis 2005 n'atteint que lentement les résultats escomptés [par exemple, seulement 2 salariés de la sous-traitance sont membres de la commission exécutive]. Mais il est vrai aussi que le type d'organisation choisie, le syndicat de site, repose sur une conception organisationnelle qui oblige les salariés de la sous-traitance à une forme de double militance : au syndicat de site, et dans les entreprises d'appartenances respectives. Le syndicat de site est encore concerné par le suivi des institutions représentatives du personnel statutaire et par les structures d'activités sociales et mutualistes (qui échappent à l'intérêt des salariés périphériques). Du coup, une division du travail militant a lieu, les salariés périphériques étant à la charge des conditions qui concernent les salariés périphériques, que ce soit dans leur relation avec l'entreprise donneuse d'ordre ou dans leur entreprise d'appartenance.

Ainsi, la stratégie du syndicat a consisté en un redéploiement qui se réalise au « *coup par coup* ». Il s'agit de renforcer le syndicat de site dans le quotidien de l'action et dans l'accompagnement des luttes et des mobilisations des salariés de la sous-traitance. Tel a été par exemple le cas des salariés du service de gardiennage de la société M-S. L'un d'entre eux nous a raconté ainsi l'origine de la mobilisation aux côtés du syndicat de site : « Cinq mecs se trouvaient à la rue le matin même (suite à un changement de contrat). Le problème qu'on a, c'est que notre entreprise est surtout présente à Paris, dans les musées, dans le commerce... Nous on est vraiment minoritaires, donc si tu veux, on s'est très logiquement rapprochés des salariés de la société donneuse d'ordre qui nous tendaient la main. » La longue lutte organisée par le syndicat et soutenue par l'ensemble des salariés du site a abouti au maintien dans leur emploi des agents de gardiennage.

À mesure que se produisent les luttes, les salariés ayant animé les mobilisations commencent à intégrer les organes de décision du syndicat, ainsi que les organismes paritaires (CHSCT, DP). Ces salariés étant élus, ils s'érigent en tant que représentants de la sous-traitance aux organismes paritaires. Et ceci, malgré une absence de reconnaissance de la part de la direction d'une légitimité quelconque aux salariés de la sous-traitance pour intégrer ces types d'organisme (ni les heures syndicales). Cette stratégie de pénétration dans les différents organismes paritaires s'exécute en même temps que se dresse le drapeau de l'élargissement de ces organismes à l'ensemble des travailleurs intervenant sur le site. Par exemple : « Le CHSCT doit être un outil, un pivot de notre action syndicale. De la même manière qu'avant il y avait parfois trois ou quatre CHSCT par site, aujourd'hui il faudrait que les CHSCT soient renforcés par une présence plus importante des prestataires. Ici, sur les 200 salariés du collège exécution qui ont voté aux dernières élections, 150 étaient prestataires. Ils ont voté pour la liste CGT parce que nous avons mené un travail dans leur direction. Les candidats les mieux élus dans ce collège sont les candidats CGT issus de la sous-traitance » (Secrétaire du syndicat).

« Le syndicat est là pour produire des nouvelles règles, pour contrer l'arbitraire que la direction tente de nous imposer »

Pendant l'immersion, j'ai choisi de passer de longs moments dans les permanences syndicales qui en période d'arrêt de tranche sont littéralement envahies par les salariés de la sous-traitance. À côté des revendications plus traditionnelles (attribution de primes, conditions de logement, dépassement d'horaires, conseils juridiques…), il y a de nouvelles problématiques qui émergent, notamment celles qui ont à voir avec l'activité de travail.

L'organisation du travail en flux tendu impose des délais de plus en plus courts à respecter, les activités de maintenance se suivent les unes après les autres, et en plus des délais, des procédures multiples au caractère divers – techniques, sécuritaires, etc.– qu'il faut aussi suivre au pied de la lettre, imposent dans les faits une chaîne à double contrainte qui rend le travail difficilement réalisable. Pendant une pause café, viennent des robinetiers pour dire aux responsables du syndicat qu'ils ont été sur le point d'arrêter le boulot : ils manquent de matériel, de préparation, d'outils, les échafaudages sont montés à la minute : « Il y en a au moins 500 robinets d'ouverts, on ne peut plus bosser comme ça ».

Le responsable du syndicat de site leur demande d'écrire une feuille avec des revendications. Le travail, dans ces conditions, multiplie les possibilités d'accident ou de contamination. C'est ce qui est arrivé à quatre salariés de la société N, qui travaillent sur la tuyauterie et les soudures. Ceux-ci intervenaient sur un chantier qui devait être nettoyé par une autre société. Le problème est qu'au moment des travaux, un « aspirateur » était en panne. Les salariés de la société N ne portaient pas non plus les combinaisons appropriées. D'autres salariés de la société A leur avaient déconseillé fortement d'entrer travailler. Mais ils ont été poussés par le chargé de travaux de la société donneuse d'ordre et par leur propre chef d'équipe à réaliser leur mission « puisqu'il fallait tenir les plannings ». Résultat : ils ont été contaminés, et ils ont passé toute la nuit dans les services médicaux. Le lendemain, ils se sont présentés dans la permanence du syndicat de site.

Marcel est un salarié de la compagnie N. Il a travaillé dans plusieurs entreprises avant d'intégrer la sous-traitance de notre entreprise d'observation de manière permanente, à la fin des années 1990. Il est élu CGT au CHSCT de son entreprise d'appartenance et il travaille en relation étroite avec les militants du syndicat de site. Quand il a pris connaissance de l'événement, il a monté un dossier qu'il a envoyé à sa direction. Sa direction réfute toute responsabilité dans l'affaire. Il s'est alors mis en contact avec le secrétaire CGT-syndicat de site du CHSCT, qui s'est engagé à relever l'affaire lors de la prochaine réunion. « Concernant les conditions dans lesquelles le travail est réalisé, on est dans l'obscurité la plus totale », s'exclame-t-il.

Les horaires de travail sont dépassés assez régulièrement, personne ne suit vraiment les conditions dans lesquelles ce travail est réalisé : les salariés sont fatigués, les activités s'enchaînent les unes après les autres, et il y a un sentiment généralisé de manque d'organisation et de contrôle. Dans tous les cas, ces différents exemples montrent bien la situation de vulnérabilité absolue dans laquelle se trouvent les salariés de la sous-traitance. Le syndicat de site est alors amené à poser la question du travail, de ses conditions de réalisation. Le syndicat est là pour tenter de créer des nouvelles règles de jeu, alors que la direction tente d'imposer l'arbitraire de la maximisation des ressources disponibles, de la désorganisation la plus complète. Néanmoins, ces nouvelles fonctions réclament une démultiplication du syndicat vers le terrain, et une meilleure répartition du travail syndical. Nombreux sont les militants CGT du syndicat de site qui ont partagé cette inquiétude : « Le syndicalisme à l'ancienne, surtout ici, c'était une bande de copains. Maintenant il est nécessaire que nous révisions notre manière de fonctionner. Il faut que chacun ait des aires de responsabilité, et qu'il puisse à son tour déléguer. Sinon cette ouverture est irréalisable », dit Antoine, 38 ans, militant CGT de la sous-traitance.

Des problèmes organisationnels et pratiques

Un soir j'ai rencontré plusieurs dizaines de salariés de plusieurs entreprises de la sous-traitance. Ils m'ont demandé de garantir l'anonymat de ces entreprises. Ils ont peur des représailles. Mais de la même manière, ils ne sont pas convaincus de l'efficacité des actions revendicatives proposées par les salariés centraux syndiqués. Des actions qui sont planifiées par les agents statutaires, majoritaires dans les organes de décision du syndicat de site. D'ailleurs, celui-ci est un point qui revient aussi assez souvent dans les discussions et les entretiens avec les agents statutaires : « Les salariés de la sous-traitance devraient s'impliquer davantage dans l'action syndicale. On fait des actions pour eux, mais rarement ils suivent. De plus, ces actions sont rarement payantes : soit ils ne se mobilisent pas avec nous, soit, quand ils se mobilisent, cela ne se traduit pas par une hausse des affiliations » (Michel, 43 ans, ouvrier de la conduite, militant CGT).

Ce type de positionnement dénote une réelle méconnaissance des réalités auxquelles les salariés de la sous-traitance sont confrontés. En ce qui concerne par exemple les actions de mobilisation : « Nous ne pouvons pas nous permettre d'aller à la grève. Déjà, on a du mal pour arriver à la fin du mois, on ne peut pas s'embarquer dans une mobilisation sans connaître à l'avance si celle-ci va déboucher ou non sur quelque chose de positif. Par ailleurs, notre entreprise nous met la pression en disant que si on montre des velléités combatives, on perdra rapidement notre marché avec le donneur d'ordre. On est attaché des pieds et des mains» (Marc, 33 ans, salarié de la sous-traitance).

C'est pour cela qu'ils revendiquent d'autres actions plus imaginatives et qui tiennent compte de ces particularités.

4. ÉGAUX MAIS DIFFÉRENTS. POUR UN RECENTREMENT SOCIOLOGIQUE SUR LE SUJET EN RECOMPOSITION

J'ai démarré cette contribution en soulignant la nécessité de penser les individus – même dans les contextes contemporains de transition vers un paradigme disciplinaire nouveau, où les règles anciennes et les conditions négociées par le passé tendent à être dissoutes, un contexte nouveau donc arbitraire –, depuis la capacité de ces individus pour se constituer en tant que sujets, c'est-à-dire pour intervenir individuellement et collectivement dans la relation entre souffrance et structure (politiques de précarisation du travail). Et pour viser, moyennant des pratiques orientées, une transformation positive (libératrice) de l'organisation. Je le termine en exposant les grandes difficultés dans lesquelles se trouvent les salariés périphériques, malgré un changement substantif de la manière dont les travailleurs statutaires entrent en relation avec eux.

Il est indiscutable que les travailleurs centraux disposent encore de ressources suffisantes pour essayer de trouver de nouvelles finalités pour leur travail, et de nouveaux arguments, au travers de leur propre expérience de travail, pour la transformation de leurs conditions de travail et de celles des autres (politisation du travail professionnel et militant). Et ce malgré le fait que souvent, leurs récits soulignent l'idée de souffrance provoquée par le sentiment de perte d'un monde (plus juste, plus aimable). En ce qui les concerne, les nouvelles politiques (de précarisation du travail) ne les enferment pas dans une position de passivité. Au contraire, de ces nouveaux contextes, ils tirent des expériences pour une réorientation de leur action individuelle et collective.

Les politiques de précarisation du travail auront eu un effet paradoxal : elles ont été l'éperon pour un dépassement symbolique – et argumenté – des séparations et des hiérarchisations d'individus et de groupes sociaux qui étaient à la base de l'ancien modèle de l'autonomie responsable. Par exemple, aujourd'hui, les travailleurs centraux ne conçoivent la bataille pour la renationalisation de l'entreprise – et même leur travail quotidien – sans le concours des forces périphériques. Pourtant, et malgré les efforts déployés dans cette direction, ce dépassement symbolique ne trouve pas encore les voies appropriés, à cause de différentes raisons qu'il convient d'étudier plus sereinement (organisationnelles, culturelles, pragmatiques…), pour une réunification pratique sous forme d'action syndicale et organisationnelle conjointe avec les forces périphériques.

Au lieu de beaucoup trop insister sur l'analyse des effets dramatiques pour les travailleurs de certaines politiques managériales, cette contribution entend souligner tout l'intérêt qu'on aurait à essayer de réfléchir aux dynamiques internes aux groupes sociaux qui permettent ou au contraire empêchent le passage de schémas de lecture (et d'action) individuelles (ou corporatives) à des lectures partagées, libératrices.

-XIV-

Précarité et action collective dans la mobilisation altermondialiste

Réinterprétation et resignification de la vie en précaire

Benjamin TEJERINA et Andrés SEGUEL[95]

1- INTRODUCTION

L'un des aspects essentiels du processus de mondialisation est qu'il a déclenché un ensemble de mobilisations sociales naissantes, à la fois opposées et complémentaires de ce contexte : la mobilisation altermondialiste. Dès le début, la visibilité de ces mobilisations a acquis une dimension globale, mais la signification ne se situe pas tant dans la nouveauté que dans la rapide expansion de ce type de manifestations (Tarrow, 1994).

Pendant la dernière décennie, la carte de cette mobilisation que l'on peut considérer comme le « mouvement des mouvements », s'est transformée et certains aspects organisationnels et thématiques ont acquis de nouvelles caractéristiques. Les identités collectives qui conduisent l'action, les éléments matériels et symboliques que réunissent ces mobilisations et les pratiques qu'elles génèrent, peuvent être analysées de points de vue très différents. L'un d'entre eux est la précarité.

L'idée de la précarité se réclame à la fois de groupes sociaux de tradition sociale moderne – les travailleurs et leurs luttes pour les droits syndicaux et salariaux – et de nouveaux secteurs sociaux auxquels s'étend la précarité comme substrat, pour

---

95. Cette réflexion a bénéficié de la collaboration de Beatriz Cavia et María Martínez.

définir d'autres formes d'opposition au processus de mondialisation qui transcendent la sphère du travail. Ainsi, nous pouvons parler de *précarité vitale*, un concept qui répond aux processus d'incertitude provoqués par la crise des différentes institutions centrales de la modernité (pas seulement de l'institution du travail) et surtout, aux représentations et aux pratiques qui permettent de gérer cette incertitude.

Certaines de ces pratiques et représentations sont rendues visibles par la mobilisation altermondialiste. L'objectif de ce chapitre est donc de présenter les différentes manifestations de la précarité dans cette mobilisation[96].

Par le biais de témoignages de plusieurs activistes altermondialistes, nous nous arrêterons sur l'analyse des liens avec la *précarité* à propos d'au moins deux aspects : d'un côté, la diversité interne du mouvement à la fois riche et floue, aspect qui fait de la mobilisation une forme d'action collective précaire par rapport aux mobilisations sociales classiques qui reposaient sur des références univoques et une organisation compacte ; et d'un autre côté, la diversité de ses contenus revendicatifs, sa cartographie politique, plus associée à la constitution individuelle d'espaces de vie sociale qu'à des catégories sociales héritées des institutions de la modernité.

Nous aborderons premièrement la caractérisation du mouvement altermondialiste du point de vue de sa définition collective, de son identité, afin de déterminer le niveau de compatibilité ou d'incompatibilité entre les références de l'identité politique des activistes et celle du mouvement altermondialiste.

Ensuite, nous nous arrêterons sur la conception du monde du mouvement altermondialiste, sur ce que pensent les activistes et comment ils abordent plusieurs aspects de la mondialisation portant sur : 1) le monde du travail, 2) le rôle du savoir, de la recherche et de la formation, 3) les modèles

---

96. Recherche menée dans le cadre du projet européen « Collective Movements in the face of globalization ». La partie portant sur l'Espagne a été réalisée à partir de 288 questionnaires et 25 entretiens individuels d'activistes du mouvement altermondialiste en Espagne.

de consommation, 4) le domaine de la culture, 5) le rôle régulateur des institutions politiques.

En troisième lieu, nous nous intéresserons aux transformations de la conception du travail et à l'institutionnalisation de la précarité dans la vie quotidienne des activistes, comment elle fonctionne et quels en sont les impacts sur le processus de mobilisation[97].

2- L'IDENTITÉ DANS LE MOUVEMENT ALTERMONDIALISTE

En ce qui concerne leur identification politique et leur sentiment d'appartenance à un mouvement global, la plupart des personnes interviewées affirment que leur identité politique se trouve dans les nouveaux mouvements sociaux (pacifisme, écologie, féminisme, autonomie ou solidarité). Puis, viennent ceux qui déclarent que leur identité politique se situe dans le mouvement ouvrier ; et émerge ensuite, l'appartenance à un mouvement global. Les membres de mouvements historiques (de voisinage, d'étudiants), nationalistes ou religieux sont plus nombreux parmi les activistes rencontrés, environ 10 % des cas. Paradoxalement, l'identité politique située dans plusieurs mouvements sociaux semble compatible avec une identification plus abstraite et générale, car 81,3 % des personnes rencontrées déclarent se sentir appartenir à un mouvement global. Ceci est difficile à comprendre et à expliquer si nous considérons que l'identification est conditionnée par le lieu d'énonciation, par la situation socio-structurelle des acteurs, et non comme un espace de discussion, de négociation, comme champ ou espace social. L'idée d'espace social est doublement pertinent ici car elle tient compte de la proximité entre les différentes positions, et aussi parce que l'appartenance à un même espace social peut contribuer à partager un même espace symbolique.

---

97. Dans cette contribution, l'utilisation de témoignages de plusieurs activistes membres de syndicats, partis politiques de gauche, associations de coopération et de solidarité, organisations non gouvernementales et nouveaux mouvements sociaux, servira de guide à une réflexion ouverte et complexe sur le rôle de la précarité dans la mobilisation altermondialiste.

Dans l'espace de l'altermondialisme, il existe une grande proximité entre les positions des activistes rencontrés. Par ailleurs, l'identification à des espaces et des domaines de revendication sociale (la participation à des conflits sociaux particuliers) est compatible avec l'identification à des conflits globaux.

Arrêtons-nous sur l'analyse des contenus de cette identité en cours de formation, identité à la fois particulière et globale. Cette identité multiforme est-elle une manifestation de la pluralité interne du mouvement altermondialiste ? Une nouvelle identité mondiale est-elle en train de naître, et dans ce cas, autour de quels contenus ?

3. LA VISION DU MONDE DU MOUVEMENT ALTERMONDIALISTE

Nous préférons parler de vision du monde ou de cartographie politique plutôt que de culture politique car selon nous, le global et l'altermondialisme sont un territoire disputé, en cours de redéfinition, dont certaines formulations se trouvent dans le mouvement altermondialiste, ce qui rend toute tentative unidimensionnelle de délimitation/concrétion tout à fait insatisfaisante. Et parallèlement, le concept de culture politique est encore trop homogène, trop compact, sans relief et trop lisse pour rendre compte de la pluralité des tensions qu'il renferme : a) l'institué et l'instituant ; b) le politique et le culturel ; c) le visible et le caché, d) l'avoir (être) et le vivre (habiter).

Parler d'une cartographie politique de l'altermondialisation au lieu de culture politique résume ses atouts par les points suivants : a) cela représente un guide des temps, lieux et pratiques différents et différenciés ; b) cela permet de mieux comprendre quelles pratiques semblables peuvent donner lieu à diverses trajectoires et interprétations ; c) cela s'adapte mieux à la compréhension d'une réalité qui ressemble à un monde ouvert, plein de possibilités, mais aussi de chemins très empruntés, qui englobe le nouveau et l'ancien, tout en étant identifiable et discernable.

Les cinq domaines sur lesquels nous nous sommes concentrés sont : 1) le monde du travail ; 2) les intérêts qui se trouvent derrière le savoir, la recherche et la formation ; 3) les modèles de consommation ; 4) les rapports de domination dans le domaine de la culture ; 5) le rôle régulateur des institutions politiques[98].

Le monde du travail

Il ne semble pas nécessaire de rappeler que le travail a toujours été, et est encore, une institution fondamentale de la société. La plupart des typologies, évolutives de la société font référence au caractère dominant du travail pour définir chacune de ses étapes ou types constitutifs. Dans les questions posées aux personnes interrogées, nous avons réuni les éléments caractéristiques de la situation actuelle de l'emploi, de son caractère d'expression, à propos des situations, des conséquences et des acteurs.

Ce qui semble déranger le plus les activistes, c'est le pouvoir des multinationales et des groupes financiers ainsi que les conséquences de la mondialisation sur le travail. Ainsi, l'un des éléments marquants de l'appréciation est la distribution inégale du pouvoir et les conséquences pour l'une des parties – les travailleurs – qui se manifestent dans la production globale.

Le manque de travail et les incertitudes de la vie professionnelle (flexibilité, mobilité, insécurité, précarité) sont les caractéristiques du monde du travail actuel qui dérangent le plus.

Savoir, recherche et formation

Quant à l'utilisation et l'orientation qui devraient être données à l'éducation, la recherche, la science, la technologie et le savoir en général, l'élément qui génère le plus de malaise est la politique de privatisation de l'enseignement et de la

---

98. Ces cinq domaines sont issus de l'évaluation de plusieurs éléments. La question générale était : « Notez les caractéristiques du monde actuel suivantes » (de 1 « Ne me dérange pas du tout » à 5 « Me dérange beaucoup »).

recherche, et le fait que la science et la technologie ne se consacrent pas à la résolution des problèmes sociaux de base. Les réponses sur la transmission du savoir lié au système de valeurs dominant et l'existence d'un système éducatif trop marqué par une perspective néolibérale, ne sont guère éloignées.

Que le système éducatif soit trop lié aux besoins du marché produit un grand rejet, tout comme les difficultés d'accès au savoir et le manque de relations entre les connaissances apprises dans le système éducatif et les besoins personnels.

Les modèles de consommation

L'importance de la consommation dans la société actuelle interroge sur le besoin de consommer : fait-il de nous des personnes si plastiques, des sujets si autistes et égoïstes que nous perdons l'intérêt pour le collectif, ou chez les activistes altermondialistes, existe-t-il les éléments d'une culture du travail pas tout à fait individualiste ? La solidarité ressort également des entretiens, même si elle prend d'autres formes. La recherche d'une consommation qui n'oublie pas l'équilibre écologique, l'abandon d'une consommation tournée vers la spéculation économique et le refus de la consommation de produits fabriqués dans des pays en développement dans des conditions d'exploitation, sont des critères d'appréciation qui accusent, dans les réponses recueillies lors des enquêtes, une forte adhésion.

Les rapports de domination dans le domaine de la culture

En ce qui concerne les modèles culturels, les personnes rencontrées partagent également un sens aigu de la justice entre hommes et femmes et refusent fermement l'absence d'équité entre les sexes. La domination de ceux qui contrôlent l'information au niveau mondial suscite également un grand sentiment de gêne.

En deuxième lieu, apparait une série d'éléments relatifs à la répression des styles de vie alternatifs, l'absence de contrôle social des individus sur le modèle de société, les espaces programmés et planifiés de la vie tels que la production industrialisée de la culture, l'imposition et l'absence de liberté individuelle et de reconnaissance de la diversité culturelle, qui témoignent de la présence d'une culture de la résistance.

Le rôle régulateur des institutions publiques

Il n'est pas évident que la critique faite aux institutions qui apparaît dans cette cartographie politique spécifique implique plus ou moins la politique. Nous aurions tendance à penser qu'il s'agit plutôt d'une critique par défaut ou par excès, c'est-à-dire qu'on souhaite plus de politique et plus d'intervention des institutions politiques et non pas moins, telle que le réclamerait par exemple, une critique des positions néolibérales ou clairement favorables à la mondialisation.

Encore une fois, l'utilisation de la force et de la violence, soit sous la forme de conflits armés soit sous celle du terrorisme, obtient le plus haut niveau de gêne, suivi par le pouvoir des pays développés. L'éloignement et l'incapacité d'intervenir des institutions politiques représentent un deuxième ensemble d'aspects importants – en tant que critique et manque – et d'évaluations sur le rôle politique de la politique et ses outils de régulation.

Ce commentaire s'étend à l'ensemble des institutions quand se confirme le malaise produit par l'incapacité des institutions en général à faire face aux effets de la mondialisation, l'aliénation due à l'éloignement des institutions européennes des problèmes de la vie quotidienne ou le regret du rôle secondaire de l'État dans les décisions politiques.

4- Les représentations de la précarité et la mobilisation altermondialiste

La précarité, loin de n'affecter qu'une partie fragile ou non qualifiée de la société, s'est étendue à de nombreux autres secteurs de celle-ci. La recherche sur la précarité, à l'origine centrée sur les conditions de travail, les transformations du travail, la temporalité et l'éventualité, et la crise de la citoyenneté, s'est également occupée de la présence de cette précarité dans certains groupes comme les femmes, les jeunes et les immigrés et plus récemment les fameuses classes moyennes.

Alors que le processus de précarisation s'est étendu, des nouvelles formes de manifester son mécontentement, son opposition ou sa résistance ont vu le jour. À côté de la grève comme axe central du conflit de travail dans la société industrielle, d'autres manifestations de conflictualité ouverte (Denis, 2005) sont apparues. L'observance des pratiques et des stratégies de conflit déployées par les militants syndicaux est devenue plus marginale. Ainsi, le reflet qu'à d'autres époques ce type de mobilisation a eu chez les analystes des mouvements sociaux, s'est vu déplacé par l'intérêt pour les nouveaux mouvements sociaux ou par la contestation sociale en marge des salariés (mouvements de chômeurs et de « sans-papiers ») (Beroud, Denis, Desage, Giraud et Pelisse, 2008).

Comme ces auteurs l'expliquent dans le rapport *Entre grèves et conflits : les luttes quotidiennes au travail*, la conflictualité individuelle et collective au travail a pris des formes très variées et utilise des moyens plus ponctuels et des modes hybrides d'action individuelle et collective. Dans la même ligne de pensée sur l'absence de mobilisation, M. Giugni a qualifié les personnes sans emploi d'« acteur oublié » à cause de la difficulté des sans-emploi à s'organiser et à défendre politiquement leurs intérêts collectifs (Giugni, 2009 : 14).

Ce que nous souhaitons aborder dans les sections suivantes, c'est à quel point cette conflictualité s'est déplacée du domaine du travail vers la vie en général. Pour cela, nous présentons une série de témoignages d'activistes du mouvement altermondialiste, à propos de la place qu'occupe la précarité dans leur vie et le sens qu'elle prend en fonction de leur situation.

Ces sens proposés par les activistes ont été rassemblés en trois domaines : 1) la rupture avec l'ordre ancien de la représentation de l'emploi ; 2) les transformations du stable en précaire ; et 3) la mobilisation comme forme de visibilisation du sujet précaire.

Rupture de l'ordre ancien, diversité et extension à de nouveaux domaines

Pendant très longtemps, la forme classique du conflit social a été la grève sur le lieu de travail. Vie, travail et emploi dans la même entreprise pendant de nombreuses années étaient considérés comme quelque chose de normal. Cette image, réelle ou idéalisée, est devenue notre façon de concevoir « un travail » avec une telle force (désir) que lorsque nous pensons à un emploi, nous l'associons à un travail à temps plein ou qui occupe toute la journée, garanti par une relation contractuelle, stable ou à durée indéterminée et rémunérée (Pérez-Agote, Tejerina et Santamaría, 2005).

Certaines de ces caractéristiques se sont élimées à cause des transformations des conditions de travail dans le contexte de la mondialisation, à tel point qu'elles ne constituent plus les formes normales d'un poste de travail pour certaines personnes, notamment pour les plus jeunes. C'est ce que confirme le témoignage de ce travailleur précaire :

« Si tu parles à quelqu'un qui travaille dans un McDonald's, de plein emploi, de stabilité de l'emploi, de CDI et d'occuper l'usine, il fait la même tête que nous. 'Mais de quoi tu parles ? Ils vont me faire un CDI au McDonald's, je vais travailler 8 heures avec toutes les charges sociales payées ?' »

Cela prouve une grande incrédulité, lorsqu'il s'interroge avec une certaine ironie : « Ce type de travail existe encore ? ». Ce que semble vouloir dire notre interlocuteur, c'est que dans tous les cas, cet emploi dont certains parlent, ne fait pas partie de son imaginaire. Les politiques de dérégulation du marché du travail de ces dernières années, marquées par l'approche néolibérale, ont conduit à des changements structurels et introduit des nouvelles formules de contrat précaire[99].

---

99. Les emplois précaires représentent environ 30 % des emplois en Espagne, selon l'enquête sur la population active réalisée par l'Institut national de statistiques au cours des dernières années.

Le 1er mai est une grande référence historique, symbolique, un rituel de la défense du travailleur, de la manifestation d'une conscience collective revendicative qui régulièrement rend sa présence visible comme sujet collectif : la classe ouvrière. L'intensité de cette mobilisation a changé au fil du temps tout en conservant son contenu revendicatif marqué. Mais, pour ce témoignage, même ce caractère revendicatif pose quelques problèmes :

« Nous ne voulons ni ne croyons dans les consignes du plein emploi et toutes ces histoires dont parlent les syndicats, nous souhaitons plutôt récupérer le 1er mai autrement. Récupérer le 1er mai et en faire une sorte de 'fête de la fierté précaire'. Une sorte de provocation pour dire NON ! »

La distance avec laquelle nous pourrions appeler « le caractère traditionnel de la mobilisation politique » ressort, elle aussi, de certains témoignages. Alors que pour un syndicat et/ou une organisation ouvrière, la représentativité est un élément important, et que la mobilisation collective est tournée vers la recherche d'une solution aux problèmes des personnes qu'ils représentent, pour les secteurs précaires, il est plus difficile de mener à bien cette action. Les raisons sont nombreuses mais citons-en deux : la diversité interne des situations de précarité qui rend la composition sociale très complexe et la difficulté de représenter la précarité de la vie :

« La politique n'est pas la représentation de la vie, mais plutôt la politisation de notre existence. Nous n'entrons donc pas dans un jeu de représentations [...] parce que nous croyons que ce dont on parle, c'est-à-dire de la précarisation de la vie, est impossible à représenter, car la composition sociale actuelle est si complexe, si variée, qu'il est très difficile d'entrer dans le jeu de la représentation. »

Au cours de ces dernières décennies, nous avons assisté à une profonde transformation économique, politique et culturelle, provoquée par les processus de mondialisation. Certaines divisions qui perduraient dans la société industrielle (temps de travail/temps de non-travail ; usine/foyer) dans laquelle le travail occupait une place centrale, se sont fragilisées jusqu'à devenir impossibles à différencier.

C'est la même chose avec certaines de nos catégories traditionnelles d'analyse, quand le travail sort de l'usine et se fait à la maison, ou vice-versa, quand les entreprises laissent leurs employés s'installer à leur travail comme s'ils étaient à la maison, avec leurs petites affaires, et parfois leur animal ; la transformation des espaces publics et des espaces privés ; le processus d'individualisation et de personnalisation de la consommation ; l'utilisation des nouvelles technologies dans les espaces publics et privés, etc. Tous ces processus ont altéré les anciens usages et les significations de nos catégories centrales.

L'ouverture et la flexibilisation : l'expansion de la précarité transforme la mobilisation

Les caractéristiques de l'action collective n'ont pas cessé d'évoluer au cours des quatre derniers siècles (Tilly, 1978). Cependant, au cours des dernières décennies, ces transformations ont eu un impact plus important, tant sur les formes organisationnelles que sur le modèle de mobilisation qui répond au pourquoi et au comment de la participation des activistes.

Une caractéristique de certains mouvements sociaux est sa transversalité, au point où de nombreux activistes comptabilisent, non sans difficulté, un engagement dans plusieurs groupes. En général, il existe une vision positive de cette militance multiple car il s'agit d'une protection lors de moments critiques de certaines organisations auxquelles l'activiste participe.

La participation à plusieurs organisations permet d'éviter la précarité organisationnelle. Une précarité organisationnelle, qui est la norme, malgré le niveau élevé de professionnalisation de nombreux groupes et la tendance croissante à une meilleure gestion organisationnelle de l'action instrumentale menée par les mouvements sociaux (Zald et McCarthy, 1987 ; Jenkins, 1983).

Lors d'une récente recherche auprès de jeunes activistes de différents mouvements sociaux (Cavia *et al.*, 2005), nous concluions qu'au cours des dernières années, un niveau élevé de plasticité avait été atteint dans les formes d'organisation de mouvements comme le mouvement féministe et le mouvement écologiste, et dans l'intérêt des activistes pour faire des choses. Ce phénomène se produit également chez les activistes altermondialistes :

« Donner de la valeur à cela, au fonctionnement, et non à un parti ou à quelque chose de structurel, quelque chose de plus ouvert, selon lequel je ne me 'marierai' jamais avec personne. »

La discontinuité de la participation semble être une caractéristique de notre époque. Bien qu'il existe des différences significatives en fonction des types de mouvement et d'organisation, le maintien de l'activisme pendant une longue période est compatible avec des moments de faible activité, voire nulle, de la part de certains militants (Cavia *et al.,* 2005:55-56).

La participation est plus ponctuelle et moins systématique, plus flexible et elle s'adapte aux situations changeantes de chaque activiste, les formes d'organisation se démocratisent et deviennent horizontales, les débats sont moins idéologiques et plus pragmatiques. Les formes d'action essaient de combiner la revendication et le ludique, sans renoncer à la conscientisation et à la transformation des destins non partagés de la société.

Il faudrait ajouter à cela l'extension des motifs, des lieux, des domaines et des espaces de la mobilisation : l'objet n'est pas l'usine, le travail ou la subsistance mais la métropole, les relations sociales ou l'existence. Nous parlons ici de reproduction sociale plus que du monde de la production. Ces témoignages d'activistes altermondialistes soulignent cette même hybridation :

« La séparation entre travail et non-travail est une ligne presque floue qui n'offre pas de moments de loisirs pendant lesquels on ne produit pas, ou de moments de travail pendant lesquels on ne rêve pas, on ne pense pas à arrêter de travailler. La politique ne peut plus être la même, elle ne peut pas continuer à considérer que le héros prolétaire est appelé à construire le paradis sur terre. »

La précarité affecte les mouvements sociaux : les formes de relations qui peuvent être variées changent, mais aussi les formes de dévouement (qui peuvent être partielles et discontinues), de mobilisation (actions directes, performances, sur de vastes théâtres tels que la ville), et même d'organisation (pragmatique, elle se construit dans l'action même). Mais, avant tout, la précarité affecte la vie, colonise progressivement de plus en plus de domaines de la vie sociale. Il se produit un déplacement du travail et de son corollaire – la classe ouvrière – vers de nouveaux domaines de la précarité et de nouveaux acteurs qui vivent et expérimentent la précarité vitale.

La mobilisation comme forme de visibilisation du sujet précaire

La mobilisation publique est un moment de visibilisation de la protestation. Ce que Melucci définissait comme une myopie lorsqu'il parlait d'évaluer l'action collective quand on ne tient compte que de la partie visible de l'action des mouvements (1996). Cependant, ce moment de la mobilisation n'est pas méprisable et il ne faut pas le sous-estimer. « May Day », en réalité, n'est pas un groupe fermé. C'est un moment de visibilisation de la précarité.

Le concept traditionnel de représentation politique et son dérivé, la représentativité de ceux qui se mobilisent provoquent un certain rejet. Par ailleurs, nous nous sommes intéressés à l'importance qu'a prise pour le mouvement altermondialiste, la mobilisation lors de moments exceptionnels comme les contre-sommets, et la tension entre les moments de mobilisation au niveau local et les moments de mobilisation transnationale (Tejerina, 2009). Mais les expériences partagées sur les bases des structures de la vie quotidienne sont aussi importantes que les moments de mobilisation exceptionnelle. Citons par exemple la constitution d'un réseau dans le domaine de la précarité, des travaux beaucoup plus pratiques, des échanges d'expériences.

La précarité apparaît ici comme une condition rendant possible l'organisation et la constitution de réseaux sociaux, permettant d'agir ensemble, de partager des expériences de mobilisation et de vie, de résistance voire de fuite. En définitive, il s'agit de stratégies ou d'espaces de vie déployés à partir de l'extériorité d'un système fondé sur le travail, comme celui des personnes percevant l'allocation universelle :

« Celui qui rencontre des difficultés pour arriver en fin de mois, pour avoir des conditions matérielles dignes et qui néanmoins ne s'y résigne pas mais ne souhaite pas non plus ressusciter un mort comme l'État-Providence, est le sujet qui, face à cette difficulté, tente de nouvelles formes de fuite, de nouvelles voies pour échapper à la précarité. C'est l'exemple de l'"allocation universelle'. »

La précarité considérée comme une situation structurelle a été analysée fondamentalement comme issue du domaine du travail mais qui s'étend à d'autres domaines de la vie[100]. La précarité vitale peut être définie comme une situation d'origine structurelle ou temporaire caractérisée par une restriction, une impossibilité ou une limitation d'accès aux conditions, aux exigences et aux ressources considérées comme nécessaires pour pouvoir mener une vie autonome. Le degré de restriction ou de limitation peut atteindre plusieurs niveaux d'intensité par rapport aux ressources moyennes disponibles dans une société. La précarité est donc une catégorie relationnelle à double sens ; a) par rapport à la moyenne de la société ; au groupe ou à la catégorie sociale dont il s'agit ; et b) par rapport aux domaines existentiels suivants : travail, rémunération, résidence, niveau d'études, environnement, vie familiale et affective, relations sociales, santé et participation civique. Et ce, parce que comme l'indiquent les personnes rencontrées, la question de la précarité concerne les personnes comme travailleurs et travailleuses, mais a aussi des conséquences sur les autres domaines de la vie. En cas de contrat à durée déterminée, de temps partiel ou de sous-traitance, cela a également un impact sur les possibilités de prendre son indépendance, le niveau du salaire, entre autres. Cela a également des répercussions sur tous les domaines de la vie. La lutte contre la précarité n'est donc pas quelque chose qui se li-

---

100. Il existe cependant, certaines formes de précarité qui peuvent être ou non liées à la précarité du travail.

mite au domaine de l'entreprise, mais il faut aussi lui donner une dynamique sociale plus large.

Le concept de précarité vitale comme d'autres forgés pour définir l'inégalité des ressources disponibles, leur difficulté d'accès ou le partage inégal du capital économique, social et culturel, renvoie à un processus soumis à plusieurs facteurs qui présentent des éléments objectivables en termes quantitatifs et des expériences perçues de manière subjective. Le témoignage suivant mentionne l'origine structurelle commune de la précarité qui peut toucher plusieurs groupes, ce qui faciliterait la coïncidence ou la convergence d'intérêts entre plusieurs groupes touchés :

« Nous partons de trois constats qui semblent plutôt évidents. L'un d'entre eux est que nous produisons tous et cependant, cette production n'est pas reconnue. D'un côté, par le travail, il n'est pas possible de satisfaire les besoins minimaux, les besoins primaires de la population. Il est de plus en plus difficile d'obtenir ce qui était considéré comme normal auparavant : une stabilité économique permettant d'avoir un toit, d'élever des enfants et de vivre en toute indépendance. »

Au-delà de l'apparence d'égalité, soulignons que les groupes sont affectés à différents degrés, en fonction de l'origine nationale, du sexe, de l'âge, etc. Une partie de cette inégalité s'expliquerait par des raisons structurelles (telle que la législation sur l'immigration) et une autre, par des raisons culturelles (comme les préjugés ou le racisme). Dans certains cas, on cite directement l'origine structurelle de la plus grande précarité de certains groupes :

« Aujourd'hui, le marché du travail ne nécessite pratiquement pas de travail et ne permet pas les contrats à durée indéterminée, on exige malgré tout des immigrés un CDI pour pouvoir avoir des droits, pour pouvoir être citoyens. »

Par ailleurs, malgré la large utilisation du concept de « société du savoir » pour tenter de définir la partie la plus dynamique de notre société contemporaine, des groupes tels que les stagiaires du système de recherche scientifique et technologique font figure de groupes précaires[101]. Le

---

101. Leur récente mobilisation a rendu possible la modification de la législation espagnole en matière de conditions de travail des jeunes chercheurs.

« cognitaire » perçu comme le groupe de personnes qui travaillent dans l'industrie du savoir (éducation, science, technologie) est devenu une nouvelle forme de « groupe précaire », même s'il est possible de classer ce groupe comme un groupe privilégié du point de vue de la valeur de sa formation.

L'intérêt porté aux autres domaines de la vie des personnes devient d'autant plus nécessaire si nous tenons compte du changement de la signification que le travail connait depuis ces dernières décennies, dans le sens où sa dimension vocationnelle disparait de plus en plus et son approche instrumentale se développe :

« Je travaille comme tout le monde parce que j'ai besoin de payer mon loyer, mais ma façon de voir le travail, non pas dans un sens théorique, idéal, mais au quotidien, a beaucoup changé. Si je pouvais ne pas travailler et passer la journée sans avoir à travailler, je le ferais. Je travaille avec des personnes avec lesquelles je n'ai rien à voir, uniquement dans un but instrumental, pour les utiliser. »

Le coût supplémentaire d'un travail réalisé comme résultat d'une approche instrumentale, dépourvue d'un principe minimal de gratification et de satisfaction personnelle peut conduire à une certaine aliénation ou à une relative évaluation morale négative, comme dans ce témoignage :

« Pour moi, bien faire mon travail n'est ni plus ni moins gratifiant que de le faire mal. Je le fais bien dans la mesure où cela me permet de continuer à subvenir à mes besoins, mais pas parce que cela me fait du bien de bien faire mon travail d'avocat pour Nestlé. Bien au contraire, je me sens mal quand je fais bien mon travail ».

Malgré la diversité des groupes touchés par la précarité, des situations d'inégalité dans lesquelles ils vivent et agissent, et parfois leur manque d'organisation interne, une caractéristique de la mobilisation altermondialiste est qu'elle rend possible une influence mutuelle, une sorte de contamination interne qui *imprègne les significations entre les différents groupes* :

« Mais il existe bien des points communs, surtout parce qu'il y a une capacité de contamination interne. Ce qui n'existe pas, c'est une éventuelle relation organique. Aujourd'hui, ils parlent de précarité de la même façon, peut-être avec des connotations différentes sur ce que cela signifie pour eux ou pour nous, mais il existe bien une forme de contamination mutuelle. »

Dans les témoignages précédents, on recueille les différentes dimensions de la précarité : a) un élément facilitateur, mécanisme d'identité pour pouvoir se mobiliser, b) acquérir une visibilité par la mobilisation, c) un processus de changement social par lequel la précarité ne reste pas confinée au domaine du travail et économique et passe à d'autres sphères de la vie, d) rendre possible la reconnaissance des semblables et faciliter la contamination entre différents groupes sociaux et secteurs géographiques, le transfert d'expériences, et e) le changement que ces expériences produisent sur la perception du travail comme institution centrale de la société moderne, comme élément d'identification collective, comme substrat de l'éthique professionnelle dans le sens wébérien et comme simple besoin instrumental de la survie matérielle.

4- Points à débattre

Lors des discussions théoriques sur la mobilisation sociale, le débat sur les différences entre les anciens mouvements sociaux et les nouveaux a fait place au rôle plus récent des mobilisations altermondialistes. Dans le contexte de cette mobilisation et du déploiement des processus de précarité et de précarisation, en guise de conclusion, nous envisageons plusieurs aspects significatifs, nés de l'extension de la précarité à différents domaines de la vie sociale :

– Le déclin relatif du travail comme source de mobilisation sociale, et donc des secteurs sociaux liés à des intérêts concrets issus de leur appartenance à une classe ou une catégorie sociale (K. Eder, 1993).

– Le déplacement des motifs de plainte, injustices, griefs, etc. (W. Gamson, 1992), du secteur de l'économie vers d'autres secteurs sociaux (R. Inglehart, 1991).

– L'extension de la protestation des secteurs marginaux aux classes moyennes (J. Habermas, 1975 ; C. Offe, 1988 et K. Eder, 1993), en proposant de nouveaux thèmes de débat public et des revendications liées à l'identité et aux conditions d'existence vitale des individus.

– La possibilité qu'un des aspects de la précarisation des mobilisations altermondialistes soit son caractère fragile, fragmentaire, discontinu, tourné vers des thèmes particuliers et parfois éphémères (mouvements NIMBY « Not in my back yard »), rend difficile ou impossible la coopération entre différents secteurs sociaux et empêche une mobilisation ayant un véritable poids et impact social.

– La difficulté structurelle même de ceux qui possèdent moins de ressources (Zald et MacCarthy, 1987 et Jenkins, 1983) dans la société, fait de toute mobilisation de personnes précaires, une tentative condamnée à l'échec et difficile à cristalliser car la brèche entre les aspects macro (globaux/sociaux) et micro (locaux/personnels) de la mobilisation s'accroît.

Au sein de la mobilisation altermondialiste, divers secteurs d'activistes se retrouvent. Malgré cette diversité, un trait commun est que leurs caractéristiques existentielles sont plus proches de la précarité que de formes stables d'existence. Leurs expériences de la précarité ont un reflet sur leurs revendications, leurs formes d'organisation, les façons d'aborder leurs demandes, la manière d'envisager la compatibilité entre différentes appartenances. La séparation radicale entre conditions sociales d'existence, structures d'interaction de la vie quotidienne et conditions structurelles de la mondialisation, disparaît. La perte du rôle central du travail dans l'existence des activistes, comme nous l'avons vu dans leurs témoignages, n'est que la conséquence de processus de transformation plus profonds dans la cartographie politique et leurs représentations de la société actuelle. Ces activistes ont mené à bien un processus de resignification et de réinterprétation des cadres dans lesquels les mouvements sociaux classiques abordaient la question du travail et de la précarité. Une nouvelle perception des relations entre conditions sociales d'existence et action collective émerge ainsi et constitue un champ de confrontation, de conflit, un territoire disputé pour la signification des actions, le résultat des relations sociales et l'obtention des conditions sociales minimales pour une vie digne. Celles-ci semblent être les bases de la logique sociale des mobilisations altermondialistes.

Postface

Juan Jose CASTILLO[102]

> « Le marxisme est à la sociologie ce que la femme est à l'homme ;
> son alter ego exclu, marginalisé, calomnié, inventé, passé sous silence
> et mythifié. À l'instar de l'homme qui a besoin de la femme,
> la sociologie a besoin du marxisme pour s'identifier à elle-même,
> pour donner un sens à son existence »
> (Michael Burawoy) (Sica-Turner, 2005 : 49).

Les textes réunis dans ce livre se proposent d'aborder une réflexion qui doit inévitablement nous conduire vers une approche critique des catégories et des concepts à partir desquels a été traditionnellement envisagée l'étude du travail et du contexte social et relationnel qui le compose, le crée, le modèle et le transforme. Et ce, parallèlement aux façons de vivre le travail et leurs profondes implications vis-à-vis du bien-être (ou mal-être) qui imprègne la société toute entière. Les différentes parties du livre interrogent les objets centraux de la sociologie sous l'angle de la précarité : le travail, mais aussi les temps sociaux, l'action collective, les formes de consommation, le temps libre, la dynamique des relations hommes-femmes, entre générations et catégories sociales ainsi que les relations ethnico-culturelles.

Le concept de travail s'élabore d'un point de vue théorique et méthodologique. Le renouveau de la sociologie du travail est une condition préalable nécessaire à l'élargissement de

---

102. Je tiens à remercier Sabine Fortino pour ses conseils à l'occasion d'une première version de ce texte.

l'objet théorique et matériel de notre recherche : le travail. C'est dans cette direction que s'orientent et nous orientent, les auteurs qui mènent leurs recherches dans ce domaine. L'un des aspects qui ressort, présent ou sous-jacent de manière systématique dans les argumentaires proposés, est l'augmentation de l'isolement, de la solitude du travailleur. Nous nous y sommes nous-mêmes intéressés (Castillo, 2007, 2008), rappelons-le en citant Richard Sennett dans son bilan d'un long travail de recherche réalisé en 2004 et publié quelques années plus tard. « De cette façon [les changements des dernières années], le social s'est vu entamé, alors que le capitalisme subsiste. L'inégalité est de plus en plus liée à l'isolement » (Sennett, 2006 : 74).

Dans le cas de la France, cette question est non seulement parvenue jusqu'au Sénat qui a produit un rapport sur « Le mal-être au travail » (2010), mais elle figure également dans sa note de synthèse, qui reprend plusieurs éléments sur lesquels les auteurs présents ici travaillent : « Un autre élément d'explication est à trouver dans *l'isolement croissant des salariés :* autrefois, le mal-être au travail était pris en charge par des collectifs qui assuraient solidarité et entraide ; or l'individualisation des rapports de travail, la chasse aux « temps morts », la sous-traitance en cascade, le développement des nouveaux outils de communication qui, à la fois, connectent et isolent, les fréquentes réorganisations ont affaibli les collectifs de travail et laissent, trop souvent, les salariés seuls face à leur souffrance » (Sénat, 2010).

Les arguments repris en détail dans le rapport complet et lors des interventions des experts du Sénat français, recoupent – et ce n'est pas un hasard, vu la présence de certains des auteurs rassemblés ici – des arguments discutés mais réellement novateurs, en l'occurrence sur la précarisation subjective. Il s'agit de l'extension de la précarité que nous pourrions appeler objective – qui a fait l'objet de nombreuses recherches – à des catégories de travailleuses et travailleurs qui semblaient être épargnés par cette situation. Danièle Linhart l'aborde lors d'une intervention reprise ici et renvoie à un ensemble de travaux publiés récemment (Linhart, 2008, 2009), ainsi qu'à ses interventions sur différentes tribunes, notamment l'Assemblée nationale, le Sénat, et à de longs entretiens détaillés que nous avons pu consulter en ligne. La précarisation subjective met également les travailleurs qualifiés en CDI dans une situation où ils sont incapables de satisfaire les exigences constantes et imprévisibles de leurs supérieurs, d'être à la hauteur et du fait de cette intensification « spectaculaire » des exigences de leur travail, ils peuvent arriver à commettre des erreurs qui leur font risquer le licenciement. Selon elle, ils se retrouvent dans une situation finalement objective de précarité « normale ».

Cet argument est complété, selon nous, par le texte d'Yves Clot. Pour le travailleur – ou la travailleuse – non qualifié, la pression de l'intensification du travail prend finalement la forme d'un accident « normal ». Pour la personne qualifiée, cela consiste à « ne pas y arriver », à ne pas pouvoir mettre en œuvre sa capacité de faire, en « une amputation du pouvoir d'agir », en une « précarisation de la créativité ». Sur la base de la distinction désormais traditionnelle issue de l'ergonomie, de l'ancienne organisation du travail, la cause du mal-être, c'est le *travail prescrit*. Dans la nouvelle organisation, avec la « modernisation des entreprises », argument récurrent de Danièle Linhart, c'est le *travail proscrit*, l'interdiction par l'organisation de faire ce que l'on sait pouvoir faire. Ne pas pouvoir se reconnaître comme personne dans ce que l'on fait, affecte autant les « créatifs » que les « précaires objectifs » ou les chômeurs.

Le texte d'Amparo Serrano, María Paz Martín et Eduardo Crespo propose une réflexion sur la limitation du « pouvoir d'agir » et expose le caractère pernicieux des discours actuels sur la flexicurité, largement fondés sur des interprétations psychologisantes du rapport au travail. « Aide-toi et le ciel t'aidera » pourrait être le crédo libéral européen actuel. Ainsi, les travailleurs ont l'obligation de s'engager personnellement, d'être motivés, créatifs, volontaires, même si les situations concrètes de travail et d'emploi empêchent cette implication ou la rendent totalement vaine et stérile. Or l'échec retombe sur la seule responsabilité du travailleur qui n'a pas été suffisamment performant, qui n'a pas su bien se vendre. Les entreprises et plus largement le système économique actuel en sont alors dédouanés alors qu'ils sont à l'origine même de l'intensification du travail et de la précarisation de l'emploi. De fait, les logiques capitalistiques contemporaines tendent à vulnérabiliser les salariés, pour les rendre plus malléables, moins revendicatifs (Askenazy, Cartron, De Connick, 2006). Comment interpréter autrement la fragilisation statutaire et bureaucratique des travailleurs immigrés, étudiée en Espagne, par Lorenzo Cachón ? La plupart des pays européens ont adopté des législations particulièrement sévères et discriminatoires à l'encontre des immigrants. Ils ont restreint leurs droits (de séjour, de vie familiale) et parallèlement, ils ont mis en place des mesures visant à freiner les processus migratoires. L'immigration se poursuit et les immigrants deviennent des clandestins, particulièrement appréciés par les chefs d'entreprises peu scrupuleux. Plus largement, l'immigration est liée à la précarisation, car les travaux les plus pénibles, les plus dangereux et les plus précaires constituent, comme nous le savons, le destin des travailleurs immigrés (souvenons-nous de la triste règle des « 3P » énoncée dans son texte par Lorenzo Cachón).

Les jeunes générations espagnoles, analysées à travers le prisme de la consommation *low cost* par Luis Enrique Alonso, sont particulièrement touchées par la précarité, et ce, de différentes manières : précarité de l'emploi, précarité du travail, des revenus, du logement…. L'importation massive de biens de consommation à bas coût, produits dans des pays où le coût du travail et des matières premières est faible, peut laisser croire à ces jeunes adultes qu'ils font partie intégrante de la société espagnole grâce à leur pouvoir d'achat, à défaut d'en faire partie grâce au travail. Mais il ne s'agit là que d'une illusion d'intégration, d'un succédané d'autonomie, car ils dépendent de leurs parents au quotidien et/ou sont « prisonniers » des crédits bancaires. Quel avenir les attend alors que la génération précédente est déjà plongée dans la précarité, aggravée par la crise particulièrement difficile en Espagne depuis 2008 ? Combien de temps les solidarités familiales intergénérationnelles pourront-elles se maintenir ?

Il est tout à fait légitime de s'interroger, comme Alonso, sur la viabilité de ce modèle social à long terme.

Comme l'ont montré les études réalisées par Ramón Ramos et présentées dans cet ouvrage, de nombreux jeunes précaires ont tendance à se réfugier, parfois avec plaisir, dans une dynamique temporelle « présentiste » et une posture sociale totalement individualiste. Comme ils vont de petits boulots en petits boulots, seul le présent leur offre des (portes de) « sorties », des loisirs et la consommation, une solution face à un avenir incertain voire angoissant. Mais cette culture du présentisme peut prendre d'autres dimensions, notamment dans les situations professionnelles vécues par les autres générations. Elle devient une « culture de l'urgence », de l'instant, de l'immédiat. Elle condamne à l'avance, toute possibilité pour les travailleurs de domestiquer leur travail et ses exigences, de prendre le temps de réfléchir sur les pratiques, d'établir des relations, des liens collectifs avec les autres travailleurs. Souvent, les plaintes exprimées par les travailleurs portent sur le temps (un temps qui file très vite ou passe lentement, qui se conjugue uniquement au présent et jamais au futur). Car le temps est révélateur de l'ampleur des incertitudes et des peurs causées par la précarité du travail et de l'emploi.

Selon une approche différente, la question du genre nous éclaire, encore une fois. Et bien plus encore, elle projette « une lumière aveuglante » sur de très nombreux aspects de la condition de « celles et ceux qui vivent du travail », pour reprendre la formule désormais classique de Ricardo Antunes (Antunes, Braga, 2009). C'est ce que fait Teresa Torns, en soulignant l'énorme « charge de travail totale » toujours invisible, car les activités de soin et de reproduction restent le domaine des femmes, précaires, sans presque aucune des caractéristiques de ce que l'Organisation Internationale du Travail considère comme un travail décent. Sabine Fortino apporte également sa contribution sur la question du genre, en questionnant le rôle déterminant que joue actuellement le processus de précarisation, dans la possibilité pour les femmes peu qualifiées d'accéder à l'autonomie et à l'émancipation. Si d'un point de vue historique, le travail a permis aux femmes d'accéder de plein droit à l'espace public, la précarité questionne leur légitimité dans l'espace professionnel comme dans l'espace privé.

Pascale Molinier questionne et soumet au débat l'un des « indices » les plus souvent mentionnés en faveur de la précarisation subjective : les suicides au travail, ou à cause du travail. Sa réflexion tourne encore autour de la question du genre. Elle souligne ainsi que les cas les plus utilisés sont ceux d'hommes, qualifiés, « les meilleurs », disposant parfois de pouvoir dans les entreprises. Son argumentaire déjà présenté dans différentes publications et dans plusieurs textes, est que le prisme du genre met en lumière le plus grand niveau de « souffrance au travail » si particulier que supportent les femmes. Et bien entendu, ce que la sociologie du travail a constaté il y a longtemps, que le pourcentage de suicides de travailleurs directs est bien plus important que celui des catégories les plus qualifiées. Les suicides au travail ont par ailleurs contribué à faire émerger des enquêtes sur les ravages de l'organisation actuelle du travail, une question d'État ou presque ; un thème symbolisé par des entreprises comme France Télécom ou le centre de recherche de pointe de Renault à Billancourt. Molinier propose de se méfier de l'idéologie, des approches évidentes, des *idées reçues*. Plutôt que de laisser les médias ou les organisations patronales user – et abuser – de catégories descriptives qui déforment la réalité, il convient de mettre en avant « une vulnérabilité générique, qui concerne tous les êtres humains, non seulement les précaires, les femmes, les enfants, les personnes âgées ou les malades mentaux, mais aussi les *cadres* performants, les hommes blancs dominants ».

Il conviendra de le faire en observant de plus près notre société et en tentant d'apprendre à écouter ce que disent, ressentent et souffrent les précaires, tous les précaires. Ouvrir, élargir et approfondir le cadre dans lequel s'inscrit ce qu'ils disent, dans leur propre langue, avec leurs faits ou leurs gestes. Ou avec leur non-faire. Et pouvoir le traduire dans une « langue commune », dans une analyse sociologique solide du point de vue théorique.

Il conviendra également de montrer, comme l'ont fait quelques auteurs de ce livre, que bien qu'ils soient précaires, c'est-à-dire vulnérables, les précaires résistent et parfois même s'organisent. Bien entendu, ce n'est jamais sans difficultés. La thèse de Pablo López Calle est largement vérifiée. Les réorganisations de la production ont joué un rôle essentiel dans la « démobilisation générale » des travailleurs. Les entreprises n'ont eu de cesse au cours des trente dernières années, de fragiliser le pouvoir des organisations syndicales et de se protéger de l'action collective, en sous-traitant, en délocalisant, en réduisant sans cesse leurs employés en CDI pour augmenter la main d'œuvre précarisée.

Parallèlement, l'individualisation s'est emparée des consciences : l'expérience du travail, en particulier chez les jeunes, est vécue de plus en plus sous un angle personnel, individuel, et non sous celui de l'expérience collective. Et sans ce passage de l'individuel au collectif, aucune résistance n'est possible. Les syndicats traditionnels ont un rôle très important à jouer à ce niveau, comme le montre le texte de José Angel Calderón. Les syndicats devront conduire une profonde remise en cause d'eux-mêmes, de leurs pratiques, de leurs programmes de revendication, pour pouvoir être à la hauteur et s'adresser efficacement aux travailleurs en CDI comme aux précaires. C'est seulement de cette manière que la fracture – pour ne pas dire l'abîme – ouverte par la précarité dans différentes catégories pourra trouver une solution.

Mais ce sont parfois les travailleurs eux-mêmes qui, sans attendre les organisations syndicales, s'attaquent à la question. Se produisent alors des combats improbables, inattendus, conduits par des acteurs situés aux marges les plus extrêmes de la société salariale moderne. En France, c'est le cas des travailleurs « sans papiers » étudiés par le collectif de jeunes chercheurs Asplan. Des immigrants, sans papiers, sujets aux discriminations à cause de leur couleur de peau, qui exercent les métiers les plus durs, les plus invisibles et les plus incertains, dans des situations où l'action collective semblait presque inexistante. Pourtant, au printemps 2008, dans les cuisines de nombreux restaurants, dans les sous-sols et les couloirs de quelques grands hôtels parisiens, des grèves éclatèrent et des locaux furent occupés. Dans un premier temps, ces grèves avaient pour but d'exiger la régularisation administrative des clandestins. Une fois obtenue, elles débouchèrent sur des revendications salariales plus classiques sur le temps de travail, la rémunération, etc. Mais la résistance peut également s'organiser en dehors du cadre de la société salariale moderne. C'est notamment le cas d'une partie du mouvement altermondialiste étudié par Benjamín Tejerina et Andrés Seguel, dont la particularité est de réunir des individus au mode de vie précaire, marginalisé et surtout en dehors des objectifs, liens et exigences structurelles du marché du travail. Ces acteurs sociaux particulièrement actifs et mobilisés, se caractérisent par une précarité stabilisée dans le temps. Une précarité qui est devenue partie intégrante de leur identité et de leur positionnement vis-à-vis du monde. Cette précarité ne les conduit cependant pas à se replier sur eux-mêmes, mais bien au contraire, les porte à l'action. Une action qui, logiquement, se déplace du terrain revendicatif du travail, central dans le mouvement social traditionnel, à une revendication en faveur d'une vie digne, acceptable moralement et socialement. En dehors du travail mais pas en dehors de la société. C'est ce que disent ces précaires organisés en l'un des mouvements socioculturels et politiques les plus actifs des dernières années, et aussi parmi les plus internationaux.

CONCLUSION

Notre participation au congrès, dont ces textes ne sont qu'un aperçu des passionnants débats qui suivirent les exposés, nous a permis d'enrichir le cadre d'analyse des recherches menées actuellement par notre groupe de recherche « Charles Babbage » de l'Université Complutense de Madrid. Pour reprendre les mots d'un auteur avec lequel nous nous identifions pleinement – approches qui sont aujourd'hui les nôtres pour le déroulement de notre programme de recherche sur les

« nouveaux modèles de vie et de travail » – ce qui nous guide, c'est le besoin de faire apparaître « les liens entre écrire sur le travail, la société et la citoyenneté » (Strangleman, 2006: 186). De ce point de vue, les différents types de travail étudiés par notre groupe, dans des secteurs aussi différents que les entreprises de haute technologie, les activités de soin et les services à la personne, les employés de maison, etc., ne peuvent pas seulement être analysés comme des modes indépendants avec leurs règles particulières, mais aussi du point de vue de leur articulation et de leur dépendance, qui leur octroient des caractéristiques précises en termes de conditions d'emploi, de travail et de vie. Dans les rapports sociaux qui s'établissent dans chaque « formation sociale territoriale » précise. En pénétrant et imprégnant toutes les formes de travail qui la reproduisent. En allant plus loin et en offrant un cadre de compréhension élaboré, pour l'interprétation, l'identification et la signification des différents processus de production, distribution et consommation, comme un tout interdépendant et cohérent du point de vue structurel. « Dans toutes les formes de société, il se trouve une production déterminée, qui est supérieure à toutes les autres et dont la situation assigne leur rang et leur influence à toutes les autres. C'est une illumination universelle où trempent toutes les couleurs, et qui les modifie dans leur particularité. C'est un éther spécial qui détermine le poids spécifique de toutes les choses mises en relief par lui » (Marx, 1972 : 27-28).

Pour y parvenir, nous étudions non seulement des secteurs *avancés*, mais aussi *en retard*. Ainsi, les secteurs de haute technologie, avec leur cohorte de travailleuses et travailleurs du savoir (par exemple, les programmateurs de logiciel) sont étudiés, parallèlement et dans leur rapport *nécessaire*, avec les travailleurs non qualifiés, précaires, dans tous les domaines, y compris ceux de la reproduction sociale, du travail domestique, des activités de soin, etc. Nous proposons cette option parce que nous sommes convaincus que l'analyse « sectionnée », individuelle ou en fragments de production, empêche de dégager *le travail global d'une société*, et empêche évidemment de donner une explication pertinente de ses conditions de travail et des formes que prend l'intensification du travail, les formes variables de la *plus-value* tirée de la force de travail collective, dans des lieux très différents de ceux où elle finit par se concentrer sous forme de bénéfice. Dans le même mouvement, cette approche nous permet d'entrer dans les foyers et de reconstruire une explication de la répartition du travail domestique et les contradictions complexes de la vie des personnes. Ce que certaines analyses considèrent « hors travail » est une perspective réductrice et erronée. Le travail considéré du point de vue de la société globale, régionale, locale et individuelle finit par être le signe que, loin d'avoir disparu, le travail envahit toutes les sphères de la vie.

BIBLIOGRAPHIE

ACHOTEGUI, J., 2006, « Estrés límite y salud mental : el síndrome del inmigrantes con estrés crónico y múltiple (síndrome de Ulises) », *Migraciones*, nº 19: 59-85.

ADAM, B., 1990, *Time and Social Theory*, Cambridge, Polity.

ALIAGA, C., 2006, « How is the time of women and men distributes in Europe? », *Eurostat Statistics in focus*, 4.

ALONSO, L.E., 2000, *Trabajo y posmodernidad : el empleo débil*, Madrid, Alianza [2001 éd. Fundamentos]

ALONSO, L. E. et MARTÍNEZ LUCIO, M. (éd.), 2006, *Employment Relations in a Changing Society : Assessing the Post-Fordist Paradigm*, Londres, Palgrave/Macmillan.

ALONSO, L. E., 2007, *La crisis de la ciudadanía laboral*, Barcelone, Anthropos.

ALONSO, L. E. et FERNÁNDEZ, C., 2009, « Usos del trabajo y formas de la gobernabilidad : la precariedad como herramienta disciplinaria », *in* E. CRESPO, C. PRIETO ET A. SERRANO (éd.), *Trabajo, subjetividad y ciudadanía. Paradojas del trabajo en una sociedad en transformación*, Universidad Complutense, Madrid (en préparation).

ALONSO, P. et CHARDON, O., 2006, « Quelle carrière professionnelle pour les salariés non qualifiés ? », *Données sociales – La société française*, INSEE.

ANGELOFF, T., 2000, *Le temps partiel : un marché de dupes ?*, Paris, Syros.

ANTUNES, R., BRAGA R (éd.), 2009, *Infoproletarios. Degradaçao real do trabalho virtual*, Sao Paulo, Editorial Boitempo.

APPAY, B., 1997, « Précarisation sociale et restructurations productives », *in* B. APPAY ET A. THÉBAUD-MONY (éd.) *Précarisation sociale, travail et santé*, IRESCO-CNRS.

ASKENAZY, P., CARTRON, D., DE CONINCK, F., GOLLAC M. (coord.), 2006, *Organisation et intensité du travail*, Toulouse, Octarès Éditions.

ASPLAN, 2009, « Travailleurs sans papiers : La précarité interdite », *Les Mondes du Travail*, 7, p.63-74.

BAKHTINE, M., 1984. *Esthétique de la création verbale*. Paris, Gallimard.

BAKHTINE, M., 1986, *Problemas de la poética de Dostoievski*, México, Fondo de cultura económica.

BARBIER, J. C., 2005, « Précarité, une catégorie française à l'épreuve de la comparaison internationale », *Revue Française de Sociologie*, 46 (2) : 351-371.

BARRÈRE-MAURISSON, M.A., 2003, *Travail, famille, le nouveau contrat*, Paris, Gallimard.

BARUCH, Y., 2001, « Employability : a substitute for loyalty? », Human Resources Development International, p. 543-566.

BAUMAN, Z., 1999, *Trabajo, consumismo y nuevos pobres*, Barcelone, Gedisa.

BAUMAN, Z., 2000, *Liquid Modernity*, Cambridge, Polity Press. [*Modernidad líquida*. FCE, Buenos Aires., 2003]

BAUMAN, Z., 2003, *En busca de la política*, Fondo de cultura económica, Buenos Aires.

BAUMAN, Z., 2005, *Amor Líquido*. Acerca de la fragilidad de los vínculos humanos, Madrid, FCE.

BAUMAN, Z., 2006, *Vida Líquida*, Barcelone, Paidós.

BAUMAN, Z., 2007, *Vida de consumo*, FCE, Buenos Aires.

BAUMAN, Z., 2007, *Tiempos líquidos. Vivir en una época de incertidumbre*. Barcelone, Tusquets.

BAUMAN, Z., 2007, *Arte, ¿líquido?,* Madrid, Sequitur.

BEAUD, S. et PIALOUX, M., 1999, *Retour sur la condition ouvrière*, Paris, Fayard.

BECK, U., 2000, *Un nuevo mundo feliz. La precariedad del trabajo en la era de la globalización*, Barcelone, Paidós.

BEFFY, M., 2006, « En 2005, plus d'un million de salariés ont plusieurs employeurs », *Insee Premières*, n°1081.

BERGER, J. et MOHR J., 2002, *El séptimo hombre*, Madrid, Huerga y Fierro.

BERNOUX, P., 1981, *Un travail à soi*, Toulouse, Privat.

BEROUD, S., DENIS, J. M., DESAGE, G., GIRAUD, B. et PELISSE, J., 2008, « Entre grèves et conflits : les luttes quotidiennes au travail », Rapport de Recherche, Centre d'études de l'emploi.

BERTAUX-WIAME, I., 2008, « Les comptes privés de la banque : les cadres et leur famille à l'épreuve de la mobilité », *in* D. LINHART (éd.) *Pourquoi travaillons-nous, une approche de la subjectivité au travail*, Toulouse, Erès.

BERTAUX-WIAME, I., FORTINO, S. ET LINHART, D., 2011, « Des salariés à bout de souffle : quand le management réquisitionne la subjectivité au travail des hommes et des femmes », pp.187-198, in M. Dressen et J. P Durand (dir), *La violence au travail*, Octarès, Toulouse.

BETTIO, F., SIMONAZZI, A., VILLA, P., 2006, « Change in care regimes and female migration : the « care drain» in the Mediterranean », *Journal of European Social Policiy*, vol. 16, n° 3.

BILBAO, A., 1998, « El trabajador precario», *Arxius/2*.

BILBAO, A., 1999, *El empleo precario. Seguridad de la economía. Inseguridad del trabajo*, Madrid, Los libros de la catarata.

BLUMENBERG, H., 1996, *Tempo della vita e tempo del mondo*, Bologna, Il Mulino.

BONNET, C. et GERACI, M., 2009, « Comment corriger les inégalités de retraite entre hommes et femmes ? L'expérience de cinq pays européens », *Population et Sociétés*, n°453.

BOOTH, A., 1985, « The Free Rider Problem and a Social Custom Theory of Trade Union Membership », *Quarterly Journal of Economics*, vol. 100, p. 32-60.

BORDERÍAS, C., CARRASCO, C. et ALEMANY, C. (éd.), 1994, *Las mujeres y el trabajo*, Barcelone, FUHEM-Icaria.

BORZEIX, A. et LINHART, D., 1984, « La participation : un clair obscur temps », *Sociologie du travail*, n°1.

BOUFFARTIGUE, P., 2001, *Les cadres, fin d'une figure sociale*, Paris, La Dispute.

BOURDIEU, P., 1985, *¿Qué significa hablar? Economía de los intercambios lingüísticos*, Akal.

BRANNAN, M., 2005, « Once more with feelings : ethnographic reflections on the mediation of tension in a small team of call centre workers», *Gender, work and organisation*, vol. 12, n°5, p. 420-438.

BROUSSE, C., 1999, « La répartition du travail domestique entre conjoints reste très largement spécialisée et inégale », in *France, Portrait social*, INSEE.

BRUNETEAUX, P., CHARLES, F. et FORTINO, S., 2008, « Prise en charge spécifique ou généraliste des femmes dans deux structures d'insertion professionnelle : étude comparative entre les CIDFF et les Missions Locales », rapport de recherche remis à la MIRE / DREES (convention : 06/749).

BUÉ, J. et SANDRET, N., 2007, « Contact avec le public : près d'un salarié sur quatre subit des agressions verbales », *Premières Synthèses*, Darès, n°15.1.

BURCHELL, B., FAGAN, C., O'BRIEN, C. et Smith, M., 2007, *Working Conditions in the European Union : The gender perspective*, Luxembourg, Eurofound.

CACHÓN, L., 2004, *Colectivos desaventajados en el mercado de trabajo y políticas de empleo*, Ministerio de Trabajo y Asuntos Sociales, Madrid.

CACHÓN, L., 2005, « Inmigrantes jóvenes en España », *in* AA. VV. *Juventud en España. Informe 2004*, Madrid, INJUVE : 695-799.

CACHÓN, L., 2008-a, « L'immigration en Espagne : logique du marché et 'institutionnalisation' (1996-2006) », *Travail et Emploi*, n° 115, Juillet-Septembre : 81-93.

CACHÓN, L., (dir), 2008b, *Conflictos e inmigración : experiencias en Europa*, Madrid, Ayuntamiento de Madrid

CACHÓN, L., 2008-c, « ¿Nuevos tiempos, nuevas respuestas? El papel del mundo local en la gestión de las migraciones », Conferencia en el VI Seminario Inmigración y Europa : « *Retos globales, respuestas locales. Políticas de inmigración e integración en la Unión Europea y acción local* », CIDOB, Barcelone, 11 de diciembre.

CACHÓN, L., 2009, *La « España inmigrante » : marco discriminatorio, mercado de trabajo y políticas de integración,* Barcelone, Anthropos.

CALDERÓN, J. et DUNEZAT, X., 2009, « Du travail collectif aux collectifs de travail », *in* CARDON, P., KERGOAT, D. et PFEFFERKON R., *Les chemins de l'émancipation*, Paris, La Dispute

CALDERÓN, J. et LÓPEZ CALLE, P., 2010, « Transformaciones del trabajo e individualización de las relaciones laborales », *Sociología del Trabajo*, n. 68, Madrid.

CANGUILHEM, G., 2002. *Ecrits sur la médecine.* Paris, Seuil.

CANO, E., 1998, « La lógica de la precariedad laboral. El caso de la industria valenciana del mueble », *Cuadernos de Relaciones Laborales*/13.

CANO, E., BILBAO, A., STANDING, G., 2000, *Precariedad laboral. Flexibilidad y desregulación*, Valencia, Germanía.

CARRASQUER, P. et TORNS, T., 2007, « Cultura de la precariedad : conceptualización, pautas y dimesiones. Una aproximación desde la perspectiva de género», *Sociedad y Utopía*/29.

CASTEL, R., 1995, *Les métamorphoses de la question sociale,* Paris, Fayard. [*La metamorfosis de la cuestión social. Una crónica del salariado,* Barcelone, Paidós, 1997].

CASTEL, R., 1998, « Centralité du travail et cohésion sociale », *in* J. KERGOAT, J. BOUTET, H. JACOT et D. LINHART (éd.), *Le monde du travail*, Paris, La Découverte.

CASTEL, R., 2003, *Qu'est-ce qu'être protégé?* Paris, Éditions du Seuil. [Traducción al español : *La inseguridad social. ¿Qué es estar protegido?,* Buenos Aires, Manantial, 2004].

CASTEL, R., 2007, « Au-delà du salariat ou en-deçà de l'emploi ? L'institutionnalisation du précariat », in S. PAUGAM (dir) *Repenser la solidarité. L'apport des sciences sociales*, PUF, Paris, p.415-434.

CASTEL, R., 2007, *La discrimination négative*, Seuil, Paris.

CASTEL, R., 2006, « Repenser la protection sociale », *Sciences Humaines,* n° 138, février, p. 42-44.

CASTEL, R., et HAROCHE, C., 2005, *Propriété privée, propriété sociale, propriété de soi*, Pluriel/Hachette, Paris, 2 ª éd.

CASTELLS, M.,1997, *La era de la información*. Vol 1. La sociedad red, Madrid, Alianza.

CASTILLO, J.J., 2008, *La soledad del trabajador globalizado. Memoria, presente, futuro*, Madrid, La Catarata.

CASTILLO, J.J., 2007, *El trabajo fluido en la sociedad de la información : organización y división del trabajo en las fábricas de software*. Buenos Aires-Madrid, Miño y Dávila Editores.

CASTILLO, J.J. (dir.), 2005, *El trabajo recobrado*. Madrid, Miño y Dávila.

CASTILLO, S., 2007, *Trabajadores, ciudadanía y reforma social en España : Juan José Morato (1864-1938)*, 2 vol. Madrid, Siglo XXI.

CASTLES, S. et KOSACK, G., 1984, *Los trabajadores inmigrantes y la estructura de clases en la Europa occidental*, México, FCE.

CASTLES, S. et MILLER, M.J., 2003, *The age of migration*, Hampshire, Palgrave Macmillan.

CASTAÑO, C., 2004, *Indicadores laborales básicos de la situación de la mujer en España y sus regiones*, Madrid, Instituto de la Mujer.

CAVIA, B. *et al.,* 2005, *Hacia una nueva cultura de la identidad y la política. Tendencias en la juventud vasca*, Bilbao, Observatorio Vasco de la Juventud.

CHARLES, F. et FORTINO, S., 2001, *Rapports sociaux de sexe et insertion professionnelle. Analyse des parcours de femmes face aux mutations du travail et de l'emploi (volet 1)*, rapport de recherche remis au CNIDFF.

CHARLES, F. et FORTINO, S., 2001, « Rapports sociaux de sexe et insertion professionnelle. Une analyse des parcours de femmes face aux mutations du travail et de l'emploi », *Actes des Huitièmes Journées de sociologie du travail*, pp.59-74, Aix-en-Provence.

CHIAPELLO, E. et BOLTANSKI, L., 1999, *Le nouvel esprit du capitalisme*, Paris, NRF, Essais Gallimard.

CINGOLANI, P., 2005, *La précarité*, Paris, PUF.

CIPOLLA, C.M., 1967, *Clocks and Culture, 1300-1700*, London, Collins.

CLOT, Y., 1995, *Le travail sans l'homme ?* (3ᵉ édition : 2008), Paris, La Découverte.

CLOT, Y., 1999, *La fonction psychologique du travail* (5ème édition : 2006), Paris, PUF.

CLOT, Y., (éd.), 2002, *Avec Vygotski*, Paris, La Dispute.

CLOT, Y., 2006, « Une intensification peut-elle en cacher une autre ? » *in* P. AZKENASY, D. CARTON, F. DE CONINCK et M. GOLLAC (dir), *Organisation et intensité du travail*, Toulouse, Octarès.

CLOT, Y., 2008, *Travail et pouvoir d'agir*, Paris, PUF.

COËFFIC, N., 2002, « Les montants des retraites perçues en 2001 : en moyenne 1126 euros bruts par mois pour les 60 ans et plus », *Drees, Etudes et Résultats*, n°183.

COLIN, C., 2006, « Emploi et chômage en Europe », pp.205-214, in INSEE, *Données sociales : La société française*, Edition 2006. Edition en ligne sur Insee. fr.

COLLECTIF, 2006, « Alain Wisner, une démarche, une référence », *Travailler* n° 15.

COLLECTIF, 2007, « Le travail en accusation (dossier) », *Santé Travail*, n° 50, octobre.

CONCIALDI, P. et PONTHIEUX, S., 1999, « L'emploi à bas salaire : les femmes d'abord », *Travail, Genre et Sociétés*, n°1, Paris, L'Harmattan.

CONSEJO ECONÓMICO Y SOCIAL DE ESPAÑA (CES), 2006, *El papel de la juventud en el sistema productivo español*, Madrid, CES.

COUTROT, T., 2008, « Se sentir capable de faire le même travail jusqu'à 60 ans : le poids des facteurs psycho-sociaux », *Premières synthèses, Premières informations*, Darès, n°29.2.

COUTROT, T., ROUXEL, C., BAHU, M., HERBET, J-B. et MERMILLIOD C., 2010, « Parcours professionnels et état de santé », *Premières synthèses, Premières informations*, Darès, n°001.

CRESPO SUÁREZ, E. et SERRANO, A., 2007, « The paradoxes of the active subject in the discourse of the EU institutions », *in* R. VAN BERKEL et B. VALKENBURG, *Making it personal. Individualising activation services in the EU*, Policy Press., Bristol.

CRESPO, E., REVILLA, J. C. et SERRANO, A., 2005, « La psicologización política del trabajo», *in* A. DORNA (éd.), *Psicología Política. Principios constitutivos y temas transversales*, PSICOM (éd.), Bogotá.

CRU, D., 1986, « Les règles du métier. L'art de vivre. Langue de métier », in C. DEJOURS (dir) *Plaisir et souffrance dans le travail*, Édition de l'AOCIP, Tome I., p 29-49.

CRU, D., GUIHO-BAILLY, M.-P. et MOLINIER, P., 2009, « Introduction » au livre de Dominique DESSORS, *De l'ergonomie à la psychodynamique du travail. Méthodologie de l'action*, Toulouse.

CUBAS, F. et GIL, J. I., 2000, « Encuesta a los representantes sindicales por la FM de CC. OO», *Cuadernos de la Federación*, número 15, Comisiones Obreras, Madrid.

DALY, M. et LEWIS, J., 2000, « The concept of social care and the analysis of contemporary welfare states», *British Journal of Sociology*, vol 51, n. 2.

DAYAN, J.L., 2008, « Vue d'ensemble – L'emploi en France depuis trente ans », *in L'emploi, nouveaux enjeux*, INSEE.

DEAN, H., 2004, *The ethics of welfare. Human rights, dependency and responsibility*, Bristol, Policy Press.

DEJOURS, C., 1980, *Travail : usure mentale*, Paris, Bayard Éditions (réédité en 1993 et 2008).

DEJOURS, C., 1998, *Souffrance en France. La banalisation de l'injustice sociale*, Paris, Seuil.

DEJOURS, C., 2005, « Nouvelles formes de servitude et suicide », *Travailler*, n°13, p. 53-74.

DEJOURS C., 2009, « À la recherche des questions », *Travailler*, n°21, p. 51-61.

DENIS, J. M., 2005, *Le conflit en grève? Tendances et perspectives de la conflictualité contemporaine*, Paris, La Dispute.

DESSORS, D., 1991, « L'intelligence pratique », *Santé et Travail,*, 2, réédition in *Travailler*, n° 21, 2009, p. 61-68.

DESSORS, D., 2009, *De l'ergonomie à la psychodynamique du travail. Méthodologie de l'action*, Toulouse, Éres.

D'IRIBARNE, P., 1989, *La logique de l'honneur*, Paris, Seuil

DONIOL-SHAW, G., 2001, « Le développement de l'emploi nomade par l'intérim et la sous-traitance : travail éclaté, citoyenneté limitée », *in* G. JEANNOT et P. VELTZ (éd.) *Le travail, entre l'entreprise et la cité*, La tour d'Aigues, Editions de l'Aube.

DUJARIER, M.-A., 2006, *L'idéal du travail*, Paris, Le Monde/PUF.

DURKHEIM, E., 1968, *Les formes élémentaires de la vie religieuse*, Paris, PUF.

DU ROY I., 2009, *Orange Stressé*, Paris, La Découverte.

DU TERTRE, C., 2005, « Services immatériels et relationnels : intensité du travail et santé », *Activités,* 2, 1.

EDER, K., 1993, *The new politics of class. Social movements and cultural dynamics in advanced societies*, Londres, Sage.

EHRENBERG, A., 1995, *L individu incertain*, Paris, Hachette.

ELIAS, N., 1989, *Sobre el tiempo*, México, FCE.

ENRIQUEZ, E., 1997, *Les jeux du pouvoir et du désir en entreprise*, Paris, Desclée de Brouwer.

ERIKSON, K. et PIERCE, J. L., 2005, « Farewell to the organisation man. The feminisation of loyalty in high-end and low-end service sectors », *Ethnography*, p. 283-313.

EUROSTAT, 2009, *L'Europe en chiffres : l'Annuaire d'Eurostat 2009*. Edition en ligne sur http://ec.europa.eu/eurostat.

FAGAN, C., UNWIN, P. et MELLING, K., 2006, *Gender inequalities in the risks of poverty and social exclusion for disavantaged groups in thirty European countries*, Luxembourg, Commission Européenne.

FERNANDEZ, G., 2009, *Soigner le travail.* Toulouse, Erès.

FOESSA, 2008, *VI Informe sobre exclusión y desarrollo social en España 2008*, Madrid, FOESSA.

FONT, A. *et al.*, 2007, « Inmigración, condiciones de trabajo y riesgos para la salud », Encuentro Sindical Inmigrantes y Salud Laboral, Madrid, 20 juin.

FORSETH, U., 2005, « Gender matters? Exploring how gender is negotiated in service encounters », *Gender, work and organisation*, vol 12, n°5, p. 441-459.

FORTINO, S., 1999, « La ségrégation sexuelle des postes à la mixité au travail : étude d'un processus », *Sociologie du travail*, n°4/99.

FORTINO, S., 2002, *La mixité au travail*, Paris, La Dispute.

FORTINO, S., 2009, « L'apport des trajectoires sociales pour comprendre la précarité au féminin. L'exemple d'une recherche sur l'insertion professionnelle de chômeuses de longue durée », *Papeles del CEIC,* n° 44, CEIC, Universidad del pais vasco, Espagne.

FRAISSE, G., 2000, « Servidumbre, empleos de servicios y democracia », *in* M. MARUANI, C. ROGERAT et T. TORNS (éd.) *Las nuevas fronteras de la desigualdad. Hombres y mujeres en el mercado de trabajo*, Barcelone, Icaria.

FRASER, J.T., 1980, « Out of Plato's Cave : the Natural History of Time », *The Kenyon Review*, 2, 1, p. 143-162.

FRANSSEN, A., 2003, « Le sujet au cœur de la nouvelle question sociale », *La revue nouvelle*, déc., n°12, vol. 17, p.10-50.

FREUD, S., 1995, *Malaise dans la culture.* Paris, PUF.

GADBOIS, C., 1979, « Les conditions de travail comme facteur d'asservissement du système des activités hors travail », *Bulletin de psychologie, numéro spécial «Psychologie du travail»*, XXXIII, p. 449-456.

GAGGI, M. et NARDUZZI, E., 2006, *El fin de la clase media y el nacimiento de la sociedad de bajo coste*, Lengua de Trapo, Madrid.

GAMSON, W. A., 1992, *Talking politics*, Cambridge, Cambridge University Press.

GALE, R. (éd.), 1968, *The Philosophy of Time.* New Jersey, Humanities Press.

GARRIDO, L., 1993, *Las dos biografías de la mujer en España*, Madrid, Instituto de la Mujer.

GAULEJAC (de), V., 2006, *La société malade de la gestion*, Paris, Le Seuil.

GIDDENS, A., 2000, *In Defence of Sociology*, Cambridge, Polity Press,[2° éd.]

GIRET, J.F., NAUZE-FICHET, E. et TOMASINI, M., 2006, « Le déclassement des jeunes sur le marché du travail », *Données sociales*, INSEE.

GIUGNI, M., 2009, *The Politics of unemployment in Europe. Policy Responses and Collective Action*, Farnham, Ashgate.

GODFREY, M., 2003, *Employment dimensions of Decent Work : Trade-offs and complementarities*, Genève, International Institute for Labour Studies. DP/148/2003.

GONZÁLEZ BLASCO, P. (dir.), 2006, *Jóvenes españoles 2005*, Madrid, Fundación Santa María.

GOUREVITCH, A.J., 1983, *Les catégories de la culture médiévale*, Paris, Gallimard.

GUEST, D. E. et CONWAY, N., 2002, *Pressure at work and the psychological contract*, Londres, CIPD.

GUICHARD-CLAUDIC, Y., KERGOAT, D. et VILBROD, A., 2008, *L'inversion du genre*, Rennes, PUR.

GUIGNON, N., 2008, « Risques professionnels : les femmes sont-elles à l'abri ? », *Regards sur la parité*, INSEE.

GUIGNON, N., NIEDHAMMER, I. et SANDRET, N., 2008, « Les facteurs psychosociaux au travail. Une évaluation par le questionnaire de Karasek dans l'enquête Sumer 2003 », *Premières Synthèses*, Darès, n°22.1.

HABERMAS, J., 1975, *Problemas de legitimación en el capitalismo tardío*, Buenos Aires, Amorrortu.

HALL, S., 2007, *Identités et cultures. Politiques des Cultural Studies*, Éditions Amsterdam.

HARTOG, F., 2003, *Régimes d'historicité. Présentisme et expériences du temps*, Paris, Seuil.

HARVEY, D., 1998, *La condición de la posmodernidad*, Buenos Aires, Amorrortu.

HASSAN, R. et PURSER, R. E., (éd.), 2007, *24/7. Time and temporality in the network society.* Stanford (CAL), Stanford University Press.

HATZFELD, N., 2002, *Gens d'usine. Peugeot-Sochaux, 50 ans d'histoire*, Paris, Éditions de l'Atelier.

HIRATA, H., PRÉTECEILLE, E., 2001, *Exclusion, précarité, insécurité socio-économique. Apports et débats des sciences sociales en France*, International Labour Office, Infocus Programme on Socio-economix Security.

HOCHSCHILD, A.-R., 2002, « Travail émotionnel, règles de sentiments et structure sociale », *Travailler*, n°9.

HONNETH, A., 2002, *La lutte pour la reconnaissance*, Paris, Cerf.

HONNETH, A. 2008, *La société du mépris. Vers une nouvelle théorie critique*, Paris, La Découverte.

INGLEHART, R., 1991, *El cambio cultural en las sociedades industriales avanzadas*, Madrid, CIS-Siglo XXI.

INJUVE, 2005, *Sondeo de opinión Juventud y vivienda : principales conclusiones.* Madrid, Injuve.

INSTITUTO NACIONAL DE ESTADÍSTICA, 2008, *Mujeres y Hombres en España*, Madrid, INE.

JAMESON, F., 1995, *El posmodernismo o la lógica cultural del capitalismo*, Barcelone, Paidós.

JENKINS, J.C., 1983, « La teoría de la movilización de recursos y el estudio de los movimientos sociales », *Zona Abierta*, 69, Madrid, 1994, pp. 5-49.

JODAR, P., 1998, « Reflexiones alrededor de la economía y el trabajo formal e informal. Las relaciones entre economía y sociedad a la luz de algunos estudios sobre el trabajo sumergido », *in* Ybarra, J. A., *Economía sumergida : el estado de la cuestión en España*, Murcia, UGT.

JODAR, P., ALÓS, R. et AMABLE, M., 2003, *El mitjà laboral.* Conférence au « I Cicle : Sis mirades a la desigualtat social», Barcelone, Universitat Pompeu Fabra.

JUSOT, F., KHLAT, M., ROCHEREAU, T. et SERMET, C., 2007, « Un mauvais état de santé accroît fortement le risque de devenir chômeur ou inactif », *Questions d'économie de la santé*, n°125, IRDES.

KERGOAT, D., 1998, « La division du travail entre les sexes », *in* Jacques KERGOAT et alii (éd.) *Le Monde du travail.*

KERN, S., 1983, *The Culture of Time and Space, 1880-1918.* Cambridge (Mass), Harvard University Press.

KEYNES, J. M, 1987, *Teoría general de la ocupación, el interés y el dinero*, Mexico DF, FCE.

KORCZYNSKY, M., 2001, « The contradictions of service work : call centre as customer-oriented bureaucracy », *in* A. STURDY, I. GRUGULIS et H. WILLMOTT (éd.), *Customer service, Empowerment and Entrapment*, Londres, Palgrave, p. 79-101.

LAHERA, A., 2004, « La participación de los trabajadores en la calidad total : nuevos dispositivos disciplinarios de organización del trabajo », *Revista Española de Investigaciones Sociológicas*, n°106, p. 63-101.

LALLIER, M., 1995, *Sous-traitance. Le cas du nucléaire. Etude réalisée au Centre Nucléaire de Chinon.* Chinon, Ed. CGT-CNPE

LANDES, D.S., 1983, *Revolution in Time : Clocks and the Making of the Modern World*, Cambridge (Mass), Harvard University Press.

LAZARSFELD, K., JAHODA, M. et ZEISEL, H., 1996, *Los parados de Marientahl*, Madrid, La Piqueta.

LE BLANC, G., 2004, *Les maladies de l'homme normal*, Editions du passant.

LE BLANC, G., 2007, *Vies ordinaires, vies précaires.* Paris, Seuil.

LE GOFF, J., 1983, *Tiempo, trabajo y cultura en el occidente medieval,* Madrid, Taurus.

LE GOFF, J., 1990, *El imperio de lo efímero. La moda y su destino en las sociedades modernas,* Barcelone, Anagrama.

LENOIR, R., 1993, « Objeto sociológico y problema social », *in* AA. VV, *Iniciación a la práctica sociológica,* Madrid, Siglo XXI, p. 57-102.

LETABLIER, M.T., 2007, « El trabajo de «cuidados» y su conceptualización en Europa », *in* C. PRIETO (dir.), *Trabajo, género y tiempo social,* Madrid, Hacer-UCM.

LHUILIER D., 2002, *Placardisés ; des exclus dans l'entreprise,* Paris, Le Seuil.

LICHTENSTEIN, N., 2005, *Wal-Mart. The face of Twenty-First Century Capitalism,* New York, The New Press.

LINHART, D., 1991, *Le torticolis de l'autruche : l'éternelle modernisation des entreprises,* Paris, Le Seuil.

LINHART, D., 2004, *La modernisation des entreprises,* Paris, La Découverte.

LINHART, D., 2005, « Le travail salarié : un quiproquo fondamental », in D. LINHART et A. MOUTET A. (éd.), *Le travail nous est compté : la construction des normes temporelles du travail,* Paris, La Découverte.

LINHART, D. (éd.), 2006, *Les différents visages de la modernisation du service public,* Paris, La Documentation Française.

LINHART, D., (éd.), 2008, *Pourquoi travaillons-nous ? Une approche sociologique de la subjectivité au travail,* Ramonville, Erès.

LINHART, D., 2009, *Travailler sans les autres ?,* Paris, Coll. Non Conforme, Le Seuil.

LINHART, D., 2009, « Les restructurations et leurs effets sur le travail et l'emploi : introduction », in B. APPAY et S. JEFFERYS (éd.), Restructurations, précarisation, valeurs, Toulouse, Octarès.

LINHART D., (avec B. RIST et E. DURAND), 2009, *Perte d'emploi, perte de soi,* Toulouse, Erès.

LINHART D., MAUCHAMP, N., 2009, *Le travail,* Paris, Le cavalier bleu (coll. Idées reçues).

LINHART R., 1978, *L'établi,* Paris, Éditions de Minuit.

LIPSET, S. M., 1996, *Unions in transition,* Nueva York, ICI Press.

LIPOVETSKY, G., 2006, *Le bonheur paradoxal, essai sur la société d'hyperconsommation,* Paris, Gallimard.

LIPOVETSKY, G., 1986, *La era del vacío. Ensayos sobre el individualismo contemporáneo,* Barcelone, Anagrama.

LÓPEZ CALLE, P, et CASTILLO, J.J., 2002, *Los obreros del Polo : una cadena de montaje en el territorio. El caso de Volkswagen Navarra,* Madrid, Editorial Complutense.

LÓPEZ CALLE, P. et CASTILLO, J. J., 2004, *Los hijos de las reformas laborales*, UGT, Madrid.

LÓPEZ CALLE, P. et CASTILLO, J.J., 2007, « La salud laboral en España hoy : analizar las causas complejas, para proponer políticas adecuadas », *Sociología del Trabajo*, n° 60, p. 149-180.

LÓPEZ CALLE, P., 2008, *La desmovilización general : jóvenes, sindicatos y reorganización productiva*, La Catarata, Madrid.

LOQUET, G., 2008, « Les mouvements de main-d'œuvre en 2006 », *Premières Informations*, n°16.3, Darès.

LUCAS, J., 2002, « Sobre el papel de los derechos humanos en las políticas de inmigración. La necesidad de otra mirada sobre la inmigración en tiempos de crisis », IN AA. VV., *La inmigración en España. Contextos y alternativas. 3er Congreso de Inmigración*, Vol. II, Granada, Universidad de Granada, p.41-56.

LUCAS, J., 2003, « Los inmigrantes como ciudadanos », *Gaceta Sindical. Reflexión y debate*, n° 3, Juin, p.37-55.

LUCAS, J. et SOLANES, A. (éd.), 2009, *La igualdad en los derechos : claves de la integración*, Madrid, Dykinson.

LUHMANN, N., 1976, « The Future Cannot Begin : Temporal Structures in Modern Society » *Social Research*, 43, p. 130-52. (trad. in RAMOS, R. (comp.), *Tiempo y sociedad*, Madrid, CIS, 1992: 161-182).

LUHMANN, N., 1982, « World-time and system history », *in* Luhmann, N. *The Differentiation of Society*, New York, Columbia University Press, p. 289-323.

MACY, S.L., 1980, *Clocks and the Cosmos. Time in Western Life and Thought*, Hamden (Conn.), Archon.

MALRIEU, P., 1978, « Psychologies génétiques, psychologie historique », *Journal de psychologie normale et pathologique, 3*, p.273-289.

MARCHAND, O. et THÉLOT, C., 1997, *Le travail en France, 1800-2000*, Paris, Nathan.

MARRY, C., 1997, « Le diplôme et la carrière : masculin/féminin », *in* J.P.TERRAIL (éd.), *La scolarisation de la France. Critique de l'état des lieux*, Paris, La Dispute.

MARTÍN BARÓ, A., 1983, *Acción e ideología : psicología social desde Centroamérica*, San Salvador, UCA Editores.

MARTÍN VALVERDE, A., PALOMEQUE LÓPEZ, M. C., PÉREZ ESPINOSA, F., VALDÉS DALRÉ, F., CASAS BAHAMONDE, Mª E. et GARCÍA MURCIA, J., 1987, *La legislación social en la historia de España. De la revolución liberal a 1936*, Madrid, Congreso de los Diputados.

MARTUCELLI, D., 2002, *Grammaires de l'individu*, Paris, Gallimard

MARUANI, M. et REYNAUD, E., 2001, *Sociologie de l'emploi,* Paris, La Découverte.

MARUANI M., 2006, *Travail et emploi des femmes,* Paris, La Découverte.

MARUANI, M. et MEULDERS, D., 2005, « Chômage, sous-emploi et précarité », *in* M. MARUANI (éd.), *Femmes, genre et société. L'Etat des savoirs,* Paris, La Découverte.

MARUANI, M., ROGERAT, C. et TORNS, T., (éd.), 2000, *Las nuevas fronteras de la desigualdad. Hombres y mujeres en el mercado de trabajo,* Barcelone, Icaria.

MARX, K, 1984, *El Capital, crítica de la economía política,* Libro I, Madrid, Siglo XXI.

MARX, K, 1972, *Elementos fundamentales para la crítica de la economía política. (Borrador) 1857-1858,* Madrid, Siglo XXI.

MELUCCI, A., 1996, *Challenging codes. Collective action in the information age,* Cambridge, Cambridge University Press.

MAURIN, É., 2006, « Les nouvelles précarités » en AA. VV., *La nouvelle critique sociale,* Seuil, Paris, p.19-27.

MEAD, G.H., 1992, « La naturaleza del pasado », *in* RAMOS, R. (comp.) *Tiempo y sociedad,* Madrid, CIS, p. 63-72.

MERON, M., 2005, « Des femmes et des métiers : encore bien loin de la parité », *in* M. MARUANI (éd.) *Femmes, genre et société. L'état des savoirs.*

METZGER, J.-L., 2000, *Entre utopie et résignation : la réforme permanente d'un service public,* Paris, Coll. Logiques sociales, L'Harmattan.

MIGUELEZ, F. et PRIETO, C. (éd.), 1999, *Las relaciones de empleo en España,* Siglo XXI, Madrid.

MIGUELEZ, F., 2002, « ¿Por qué empeora el empleo? », *Sistema,* 168-169.

MILEWSKI, F., DAUPHIN, S., KESTEMAN, N., LETABLIER, M.T. et MÉDA, D., 2005, *Les inégalités entre les hommes et les femmes : les facteurs de précarité,* Paris, La Documentation Française.

MINISTERIO DE TRABAJO Y ASUNTOS SOCIALES, 2007, *Estadística de Empresas inscritas en la Seguridad Social.*

MINNI, C., 2009, « Emploi et chômage des 15-29 ans en 2008 », *Premières Synthèses, Premières informations,* Darès, n° 39-1.

MOLINIÉ, A.-F. et VOLKOFF, S., 2000, « Intensité du travail et santé dans un organisme administratif : une enquête à l'Agence Nationale pour l'Emploi », PISTES, Vol 2, n°1.

MOLINIER P., DONIOL-SHAW G., DESSORS D., HUEZ D., 1996, « Sous-traitance et exclusion sociale », *Pratiques Psychologiques,* 1, p.35-44.

MOLINIER, P., 2003, *L'énigme de la femme active. Egoïsme, sexe et compassion.* Paris, Payot.

MORENO, L., 2000, *Ciudadanos Precarios. La 'última red' de protección social,* Barcelone, Ariel.

MOSCOSO, L., 2003, « De trabajadores a Ciudadanos y Viceversa : La crisis del Trabajo en la Perspectiva de dos fines de siglo », *Cuadernos de Relaciones laborales,* 21, p. 13-32.

MOSCOVITZ, J.-J., 1971, « Approche psychiatrique des conditions de travail », *Évolution psychiatrique,* n°36, p. 183-221.

MÓSESDÓTIR, L. et SERRANO, A., *Shaping European Systems of Work and Welfare,* Peter Lang, Bruselas (en préparation).

MOULIER BOUTANG, Y., 1998, *De l'esclavage au salariat. Economie historique du salariat bridé,* Paris, PUF [*De la esclavitud al trabajo asalariado. Economía histórica del trabajo asalariado embridado,* Madrid, Akal, 2006]

NAREDO, J. M., 2006, *Raíces económicas del deterioro económico y social,* Madrid, Siglo XXI.

NOIRIEL, G., 1986, *Les ouvriers dans la société française, 19ème, 20ème siècle,* Paris, Le Seuil.

OBSERVATORIO JOVEN DE EMPLEO EN ESPAÑA-OBJOVEM, 2007, *Mujeres, juventud y mercado de trabajo en España,* Madrid, Consejo de la Juventud de España.

OFFE, C., 1988, *Partidos políticos y nuevos movimientos sociales,* Madrid, Sistema.

OLIVER, J., 2004, *La evolución del empleo femenino,* Barcelone, Indice Laboral Manpower.

OURY, J., 2008, « Le travail est-il thérapeutique ? », *Travailler,* n°19, p.15-34.

PALLOIX, C., 1980, *Proceso de producción y crisis del capitalismo,* Madrid, H. Blume Ediciones,

PALPACUER F., SEIGNOUR A., VERCHER C., 2007, *Sorties de cadres. Le licenciement pour motif personnel, instrument de gestion de la firme mondialisée,* Paris, La Découverte.

PARELLA, S., 2003, *Mujer, inmigrante y trabajadora : la triple discriminación,* Barcelone, Anthropos.

PAUGAM, S., 2000, *Le salarié de la précarité. Les nouvelles formes de l'intégration professionnelle,* PUF, Paris.

PÉREZ-AGOTE, A., TEJERINA, B. ET SANTAMARÍA, E., 2005, *Transformaciones y tendencias de la cultura del trabajo en Bizkaia. Enfoque cuantitativo,* Bilbao, BBK Gazte Lanbidean Fundazioa.

PÉREZ, S., HIDALGO, Á. et CALDERÓN, J., 2006, *La economía de las personas jóvenes,* Injuve, Madrid.

PIÑON, J. et CANDELA P., 2007, « Los jornaleros de los servicios sociales y de la cooperación : el trabajo voluntario de los jóvenes en las organizaciones no gubernamentales en Madrid », polycopié, Madrid.

PIORE, M., 1983, « Los trabajadores extranjeros », *in Paro e inflación*, Madrid, Alianza, p.273-289.

PLA, I., BANYULS, J., CANO, E., MARTÍ, A., PITXER, J.V., POVEDA, M. et SÁNCHEZ, A., 2004, *Informalidad del empleo y precariedad laboral de las empleadas de hogar*, Madrid, Instituto de la Mujer

POMIAN, K., 1984, *L'ordre du temps*, Paris, Gallimard.

PONTHIEUX, S. et SCHREIBER, A., 2006, « Dans les couples de salariés, la répartition du travail domestique reste inégale », *Données sociales*, INSEE.

PORTES, A et BÖRÖCZ, J., 1998, « Migración contemporánea. Perspectivas teóricas sobre sus determinantes y sus modalidades de incorporación », *in* G. Malgesini (comp.), *Cruzando fronteras. Migraciones en el sistema mundial*, Barcelone, Icaria, p.43-73.

POVEDA, M. et SANTOS, A., 1998, « El mercado de trabajo devastado : procesos de flexibilidad a la española », *Arxius*/2.

PRIETO, C., 2002, « La degradación del empleo o la norma social del empleo flexibilizado », *Sistema*/168-69.

PRIETO, C., 2006, « The Degradation of Employment in Spain : From the 'Salaried' Employment Norm to the 'Entrepreneurial' Employment Norm », *in* L.E. ALONSO et M. MARTÍNEZ LUCIO (éd.), *Employment Relations in a Changing Society. Assessing the Post-Fordist Paradigm*, Palgrave/Macmillan, Londres, Basingstoke.

PRIETO, C., RAMOS, R. et CALLEJO, J. (éd.), 2008, *Nuevos tiempos del trabajo. Entre la flexibilidad de las empresas y las relaciones de género*, Centro de Investigaciones Sociológica, Madrid, 1-385.

PUECH, I., 2004, « Le temps du remue-ménage. Conditions d'emploi et de travail des femmes de chambre », *Sociologie du travail*, 46, n° 2, p. 150-167.

RAMOS, R., 2007a, « Metáforas sociales del tiempo en España : una investigación empírica », *in* C. PRIETO, (éd.), *Trabajo, género y tiempo social*, Editorial Complutense y Editorial Hacer, Madrid, p.173-204.

RAMOS, R., 2007b, « Presentes terminales : un rasgo de nuestro tiempo », *in* Roche Cárcel (éd.), *Espacios y tiempos inciertos de la cultura*, Editorial Anthropos, Barcelone, p.171-181.

RAMOS, R., 2007c, « Time's Social Metaphors. An empirical research », *Time & Society*, 16 (2/3), p.157-187.

RAMOS, R., 2008 « Tiempos vividos », *in* C. PRIETO, R. RAMOS et J. CALLEJO (éd.), *Nuevos tiempos del trabajo. Entre la flexibilidad de las empresas y las relaciones de género*, Centro de Investigaciones Sociológicas, Madrid, p.107-178.

RECIO, A., 2001, « Una nota sobre los bajos salarios en España », *Cuadernos de Relaciones Laborales*/18.

RECIO, A., 2002, « Paro, precarización laboral e ideologías económicas », *Sistema*/168-69.

RED2RED CONSULTORES, 2006, *Estudio sobre el sistema de becas en la primera inserción y su relación con el empleo. Elaborado para el Ministerio de Trabajo y Asuntos Sociales*, Madrid, Ministerio de Trabajo y Asuntos Sociales.

REYNAUD, J.-D., 1989, *Les règles du jeu. L'action collective et la régulation sociale*, Paris, Armand Colin.

RICŒUR, P., 1983-5, *Temps et récit.* (vol. I, II et III), Paris, Seuil.

ROGER, J.L., 2007. *Refaire son métier. Essai de clinique de l'activité*, Toulouse, Eres.

ROMERO, C., 2003, « De diferencias, jerarquizaciones excluyentes y materialidades de lo cultural. Una aproximación a la precariedad desde el feminismo y la teoría queer », *Cuadernos de Relaciones Laborales*, vol. 21, nº 1.

ROULEAU-BERGER, L., 2006, « L'émergence de cultures de l'aléatoire », *Problèmes politiques et sociales/La Documentation Française*, 921 (février), p. 45-51.

RUBERY, J., FIGUEREIDO, H., SMITH, M. et GRIMSHAW, D., 2004, « The ups and downs of European gender equality policy », *Industrial Relations Journal*/35.

RUESGA, S., 2002, « Desempleo y precariedad laboral en Europa », *Acciones e Investigaciones Sociales*, 14, p.5-33.

SAHLER, B., BERTHET, M., DOUILLET, P. et MARY-CHERAY I., 2007, *Prévenir le stress et les risques psychosociaux au travail*, Lyon,Éditions ANACT.

SAINT-PAUL G., 2000, « L'anatomie du chômage en Espagne : une comparaison avec la France et les États-Unis », *Economie et statistique*, n°332-333, 2000-2/3.

SALLÉ, M..A., 1985, *La situación del servicio doméstico en España*, Madrid, Instituto de la Mujer.

SALMON, A., 2000, *La tentation éthique du capital,* Paris, Éditions du CNRS.

SÁNCHEZ, A., CANO, E., PICHER, J.V. et BANYULS, J., 2003, « Empleo informal y precariedad laboral : las empleadas del hogar », *Sociología del trabajo,* 47.

SANTOS ORTEGA, A., SERRANO Pascual, A., 2006, « El giro copernicano del desempleo actual», *Cuadernos de Relaciones Laborales*, 24 (2), p. 9-19.

SASSEN, S., 1993, *La movilidad del trabajo y del capital. Un estudio de la corriente internacional de la inversión y del trabajo*, Madrid, MTAS.

SCHNAPPER, D., 1989, « Rapport à l'emploi, protections sociales et statuts sociaux », *Revue Française de Sociologie,* 30 (1), p.2-29.

SCHWARTZ Y., 1997, *Reconnaissance du travail. Pour une approche ergologique*, Paris, PUF.

SENAT, *Le mal-être au travail : passer du diagnostic à l'action. Note de synthèse*, 6 juillet 2010, Sénat. République Française, 4 p.

SENNETT, R., 2000, *La corrosión del carácter. Las consecuencias personales del trabajo en el nuevo capitalismo,* Barcelone, Anagrama.

SENNETT, R. 2006, *La cultura del nuevo capitalismo,* Barcelone, Anagrama

SERRANO, A. et MAGNUSSON, L., 2007, *Reshaping welfare states and activation regimes in Europe*, Peter Lang, Bruxelles.

SIMMEL, G., 1986, « Las grandes urbes y la vida del espíritu », *in El individuo y la libertad,* Barcelone, Península, p. 247-62.

SICA, A., TURNER, S., (éd) 2005, *The disobedient generation. Social theorists in the sixties*, Chicago et Londres, The University of Chicago Press.

SOLANES, A., 2009, « La apertura selectiva : nacionalidad y mercado frente a la movilidad humana », *in* J. de LUCAS et Á. SOLANES (éd.), *La igualdad en los derechos : claves de la integración*, Madrid, Dykinson.

STRANGLEMAN, T., 2006, « Dignity, respect and the cultures of work », *Work, Employment and Society*, vol. 20, n. 1, 2006, p. 181-188.

TABOADA, I. et GAULEJAC, de, V., 1994, *La lutte des places,* Bruxelles, Desclée de Brouwer.

TARROW, S., 1994, *Power in Movement. Social Movements, Collective Action and Politics*, Cambridge, Cambridge University Press.

TEIGER C., 1980, « Les empreintes du travail », Société française de psychologie du travail (éd.), *Équilibre ou fatigue par le travail ?*, Entreprise Moderne d'édition, p. 25-44.

TEJERINA, B., 2009, *The logic of alterglobal mobilizations. Between experiences of exceptionality and structures of everyday life*, New Delhi.

TEJERINA B., CAVIA B. y M. MARTÍNEZ, 2010, *Condiciones de empleo y de trabajo de la juventud en España*, Objovem 4º Trimestre, Madrid, Consejo de la Juventud de España.

THOMPSON, E., 1979, « Tiempo, disciplina de trabajo y capitalismo industrial », *in* E.P. THOMPSON, *Tradición, revuelta y consciencia de clase,* Barcelone, Crítica.

TILLY, C., 1978, *From mobilization to revolution*, New York, Mcgraw-Hill.

TORNS, T., CARRASQUER, P. et ROMERO, A., 1995, *El perfil sociolaboral del paro femenino en España*, Madrid, Instituto de la Mujer.

TORNS, T., BORRÀS, V. et CARRASQUER, P., 2003, « La conciliación de la vida laboral y familiar : ¿Un horizonte posible? », *Sociología del Trabajo*, 50.

TORNS, T., 1998, « Chômage et tolérance sociale à l'exclusion : le cas de l'Espagne », in M. Maruani (dir), *Les nouvelles frontières de l'inégalité.*

Hommes et femmes sur le marché du travail, Mage/La découverte, Paris, p. 213-224.

TORNS, T. 2005, « De la imposible conciliación a los permanentes malos arreglos », *Cuadernos de Relaciones Laborales,* n° 23, vol.1.

TORNS, T., MIGUELEZ, F., BORRÀS, V., MORENO, S. et RECIO, C., 2006, *Noves organitzacions del temps de treball. Balanç d'actuacions a la Unió Europea,* Barcelone, CESB-Ajuntament de Barcelone.

TORNS, T., 2008, « El trabajo y el cuidado : cuestiones teórico-metodológicas desde la perspectiva de género », *Empiria,* 15.

TORRENTE, J., 2004, *Le psychiatre et le travailleur. Cheminement de la psychopathologie du travail d'hier à demain,* Paris, Doin éditeurs.

TOSCANO, M.A., 2007, *Homo Instabilis. Sociologia della precarietà,* Milan, Jaca Book.

TOURETTE, L., JOUNIN, N. et CHAUVIN, S., 2008, « Retour du travailleur immigré », *Mouvements. info.* :

http://www.mouvements.info/spip.php?article323

TOVAR, F. et REVILLA, J. C., 2000, « The other side of competency-based management », *in* P. KOISTINEN et T. TORNS, *Paro y tolerancia social de la exclusión : el caso de España, in* MARUANI, M., ROGERAT, C. et TORNS, T., (éd.), 2000, *Las nuevas fronteras de la desigualdad. Hombres y mujeres en el mercado de trabajo,* Barcelone, Icaria.

VEIL, C., 1999, « Phénoménologie du travail », *L'évolution psychiatrique,* n°4, 1954, pp. 693-721, republié dans *Travailler,* n°2, p.13-38.

VIGNA, X., 2007, *L'insubordination ouvrière dans les années 68. Essai d'histoire politique des usines,* Rennes, PUR.

VIRKKI, T., 2008, « The art of pacifying an aggressive client : Feminine skills and preventing violence in caring work », *Gender, work and organisation,* vol. 15, n°1, p. 72-87.

VYGOTSKI, L., 2003, *Conscience, inconscient, émotions.* Paris, La Dispute.

WIKKSTRÖM, S., 1996, « The customer as co-producer », *European Journal of Marketing,* vol. 30, n°4, p. 6-19.

WALLON, H., 1982, *La vie mentale,* Paris, Messidor.

WALTERS, W. et HAAHR, J. H., 2005, *Governing Europe. Discourse, Governmentality and European Integration,* New York, Routledge.

ZALD, M. N. et MCCARTHY, J., 1987, *Social Movements in an Organizational Society : Collected Essays,* New Jersey, Transaction Publishers.

ZARIFIAN, P., 2002, *Travailler au risque de se perdre,* texte sur site ; www.arianesud.com

Mise en page
et suivi de fabrication :

CHAMP SOCIAL ÉDITIONS
34bis rue Clérisseau
30000 Nîmes
06 18 89 42 79

Achevé d'imprimer
sur les presses
de
Présence Graphique
2 rue de la Pinsonnière
37260 Monts

Dépôt légal : juillet 2012